AF284201

„Ich bin der festen Überzeugung, dass es eine gesellschaftliche Verpflichtung ist, Humor anzuwenden, wann immer sich Gelegenheit dazu bietet."

Carlo M. Cipolla

Alexander Schrepfer-Proskurjakov

Wenn die Russen lachen

Über 1000 Witze aus Russland

BoD

Bibliographische Information der Deutschen Nationalbibliothek: Die Deutsche Nationalbibliothek verzeichnet diese Publikation in der Deutschen Nationalbibliografie; detaillierte bibliographische Daten sind im Internet über http://dnb.dnb.de abrufbar.

Herstellung und Verlag:
BoD – Books on Demand, Norderstedt

ISBN: 978-3-7528-2833-7

Inhalt

Einleitung

Humor ist international, Humor ist national, Humor ist individuell, Humor ist zeitlos, Humor ist vergänglich, Humor ist übersetzbar und nicht übersetzbar. Und guter Humor kann ohne gute Witze nicht existieren.

Humor ist international. Der Sinn für Humor ist unabhängig von Land, Nationalität und Kultur. Besonders heutzutage, in Zeiten der voranschreitenden Globalisierung und des Siegeszuges des Internets, verlassen oft viele Witze die Grenzen des Herkunftslandes und verbreiten sich in anderen Sprachen, Ländern und Kulturen weiter. Nicht selten habe ich mit Erstaunen festgestellt, dass ein – aus meiner Sicht – russischer Witz tatsächlich aus dem Englischen kommt. Und Humor ist sehr wichtig für jede Gesellschaft. Nach Überzeugung des italienischen Schriftstellers Carlo M. Cipolla ist Humor „ein Wundermittel, mit dem Spannungen abgebaut, unangenehme Situationen entkrampft und menschliche Beziehungen oder Verhältnisse erträglicher gemacht werden können."

Humor ist national. Lachen verbindet die Menschen zwar weltweit, doch gibt es Unterschiede dahin gehend, worüber in verschiedenen Kulturen gelacht wird. Der Weg zur Pointe eines nationalen Witzes mäandert nicht selten durch kulturelle Besonderheiten und Realitäten des Landes, in dem er entstanden ist. Dazu gehören Kulturcodes, Filmzitate und Wortspiele. Die Russen bilden hier keine Ausnahme. Außerdem reagieren die Russen schnell mit ironischen oder sarkastischen Witzen auf manche Ereignisse im politischen Leben des Landes, sodass der russische Humor als eine Art politisches Barometer fungieren kann. Ein Beispiel: Als Präsident Putin im Mai 2003 erklärte, die russischen Streitkräfte bekämen nun »ihre traditionelle rote Fahne«, konnte man die Reaktion der russischen Witzbolde im Internet bereits am selben Tag lesen: »Und die russische Kriegsmarine bekommt ihre traditionelle schwarze Fahne mit Schädel und Knochen!« Vielleicht sollte man nationalen Humor als Teil der Landeskunde bereits im Schulunterricht einführen? Denn schließlich ist oft ein besonderes kulturelles Wissen vonnöten, um nationalen Humor zu verstehen. Manche Witze aus anderen Ländern finden wir oft nicht lustig, weil wir die fremde Kultur dahinter gar nicht verstehen. Deshalb wurden einige Witzreihen in diesem Buch mit kurzen Einleitungen versehen.

Humor ist individuell. Zwischen Humor und Persönlichkeit besteht ein enger Zusammenhang. Auch innerhalb ein und derselben Kultur können die Reaktionen auf Witze deshalb sehr unterschiedlich ausfallen. Wenn jemand auf einer Bananenschale ausrutscht, löst das bei dem einen schallendes Gelächter, bei einem anderen aber höchstens ein Schulterzucken aus. Über die Faktoren, die die Humor-Wahrnehmung beeinflussen, kann man wahrscheinlich mehrere Bücher verfassen. Bildung, Lebenserfahrung, Beruf, Alter, womöglich auch Sternzeichen und Temperament zählen dazu. Nicht zufällig heißt es: Sag mir, worüber du lachst, und ich sage dir, wer du bist.

Humor ist zeitlos. Einige Witze überdauern ihre Zeit, besonders wenn es um universelle Themen wie Hochmut, Geiz, Eifersucht, Neid, Dummheit oder Faulheit geht, um menschliche Laster also, denn Tugenden werden ja kaum verlacht. Solange es menschliche Laster gibt, also wahrscheinlich noch eine ganze Weile, wird es demnach auch Witze über sie geben – über alle Zeiten hinweg.

Humor ist aber auch vergänglich. Manche Witze beziehen sich auf konkrete Ereignisse und Personen. Wenn diese in Vergessenheit geraten, wirken auch bei den entsprechenden Witzen die Pointen nicht mehr. Mit der Zeit verlieren einige Witze ihren konkreten Bezug zur Realität und sind einfach nicht mehr witzig.

Humor ist übersetzbar, sonst wäre dieses Buch, oder eher Büchlein, gar nicht entstanden. Sogar einige Wortspiele lassen sich manchmal fast eins zu eins übersetzen. Das beweist ein weiteres Mal, dass Humor international ist. Anderenfalls würden viele gute Witze nur in ihrem Sprachraum existieren und blieben für Menschen aus anderen Kulturen unzugänglich. Das wäre einfach schade.

Humor ist aber auch unübersetzbar. Das ist kein Widerspruch. Dazu noch einmal Carlo M. Cipolla: „Humor ist eng an die genaue und besondere Wahl von Worten einer Sprache gebunden, innerhalb derer er sich ausdrückt. Deshalb ist es nur selten möglich, ihn in einer anderen Sprache wiederzugeben." Wenigstens theoretisch kann man jeden Witz übersetzen, auch einen, der auf Wortspielen basiert. Dabei könnte aber für einen Witz aus drei Sätzen eine Fußnote aus dreißig Zeilen mit dem Vermerk „Die Pointe ist hier" notwendig sein – was dann auch nicht mehr witzig wäre.

Polizei

„Festgenommener, Ihr Geburtsort?"
„Schreiben Sie einfach Kasachstan."
„Ich brauche genaue Angaben!"
„Ihr Bullen schreibt doch immer nur Kasachstan."
„Willst du mir vorschreiben, was ich zu tun habe?"
„Na dann: Dorf Janikurgankarmanguly, Bezirk Karmak-
schintsch, Gebiet Kysylorda-Kurgantjube …"
„Schon gut, also Kasachstan."

* * *

In der Polizeiakademie Moskau wird im Laufe der
Aufnahmeprüfungen folgender Test durchgeführt: Die
Bewerber müssen in ein Brett mit Ausschnitten
unterschiedlicher Form (Kreis, Dreieck, Raute usw.)
entsprechende Figuren stecken. Nach dem Test lassen
sich die Bewerber in zwei Hauptgruppen einteilen:
Vollidioten und Muskelprotze.

* * *

Zwei Polizisten machen den Wagen für die Streife bereit.
„Schau mal, ob das Blaulicht funktioniert", sagt der
eine.
Darauf sein Kollege: „Ja. Nein. Ja. Nein. Ja. Nein."

Ein Verkehrspolizist hält ein Auto an. „Ihren Führerschein?"

Der Fahrer reicht ihm seinen Führerschein.

„Wieso haben Sie den überhaupt ausgehändigt bekommen?", fragt der Polizist. „Ihr Foto ist ja nicht in Ordnung."

„Was soll da nicht in Ordnung sein?", wundert sich der Fahrer. „Ich bin doch drauf, der Dritte von links."

* * *

Nach einer Schlägerei auf einer russischen Hochzeit wird ein Teilnehmer verhört.

„Hat jemand die Schlägerei provoziert?", fragt der Polizist.

„Von wegen. Ich tanz mit der Braut, da kommt plötzlich der Bräutigam und tritt ihr zwischen die Beine!"

„Oho-o-o, das hat ihr wahrscheinlich verdammt weh getan, wie?"

„Ihr nicht. Aber mir hat er drei Finger gebrochen!"

* * *

Die Verkehrspolizei hält ein Auto zur Kontrolle an. Auf dem Rücksitz entdecken die Polizisten zwölf lange Messer.

„Wozu brauchen Sie die denn? Das sind doch Stichwaffen", sagt einer der Polizisten.

„Zum Jonglieren", antwortet der Fahrer. „Ich arbeite im Zirkus."

„Na so was", wundern sich die Polizisten. „Können Sie uns das mal vorführen?"

„Klar", sagt der Fahrer, nimmt die Messer und jongliert. Da fährt ein Auto mit einem Ehepaar vorbei. „Ein Glück, dass ich mit dem Saufen Schluss gemacht hab", sagt der Mann. „Ist ja verrückt, was die Bullen sich da als neuen Alkoholtest ausgedacht haben."

* * *

In einer Zoohandlung gibt es einen Papagei, der sprechen kann. Wenn der Bezirkspolizist sich dem Laden nähert, schreit der Papagei jedes Mal: „Scheißbulle!" Der Polizist verlangt eine Entschädigung. Der Ladenbesitzer zahlt, und der Polizist ist zufrieden. Eines Tages fällt dem Polizisten auf, dass der Papagei nicht mehr da ist, und er fragt nach. „Hab ihn an den Pfarrer verkauft", sagt der Händler. „Ich hatte zu viel Ärger mit dem Vieh." Hm, denkt der Polizist, von einem Pfaffen kriegt man bestimmt mehr als von so einem Ladenbesitzer. Er geht zum Pfarrer und sieht den Papagei im Fenster. Der Vogel schweigt beharrlich. Da versucht der Polizist, ihn auf sich aufmerksam zu machen und ruft schließlich: „He, Vögelchen, erkennst du mich denn nicht? Ich bin's, der Scheißbulle!" Da antwortet der Papagei in ernstem Ton: „Mein Sohn, deine Beichte kommt spät."

* * *

Ein amerikanischer Tourist in Moskau muss dringend auf die Toilette, findet jedoch keine. In seiner Verzweiflung will er an einen Zaun pinkeln. Da taucht ein russischer Polizist auf.

„He, das dürfen Sie hier nicht!", ruft der empört.

„Aber ich muss ganz dringend, sonst platzt mir gleich die Blase."

„Gut, dann kommen Sie mal mit."

Der Polizist führt den Touristen zu einem anderen Zaun. „Bitte, hier dürfen Sie."

„Oh, vielen Dank. Ist das die berühmte russische Gastfreundschaft?"

„Nein, die chinesische Botschaft."

* * *

Eine Kompanie russischer Polizisten wird abkommandiert, ein Hanffeld zu vernichten. Danach erklärt sich die Kompanie zur Division und fliegt ins Weltall, um gegen Pokémon zu kämpfen.

* * *

Ein Mann fragt einen Polizisten am Roten Platz: „Wieso hat der Kreml eine so hohe Mauer?"

Sagt der Polizist: „Damit die Idioten nicht rüberklettern."

„Wie? Rein oder raus?"

Terroristen haben in einer Wodkafabrik Geiseln genommen. Laut Polizeimeldungen sind sie immer noch nicht imstande, ihre Forderungen klar zu formulieren.

* * *

Ein Polizist zu seinem Kollegen: „Gestern haben wir eine Leiche gefunden." – „Und, was habt ihr mit ihr gemacht?" – „Ach, das übliche Verfahren: Erst ins Leichenschauhaus, dann in die Ausnüchterungszelle."

* * *

Bei der russischen Polizei gibt es spezielle Hunde, die auf Drogen abgerichtet sind. Die muss man in regelmäßigen Abständen in den Einsatz schicken, sonst kriegen sie Entzugserscheinungen.

* * *

„Wieso haben Sie Ihre Frau nicht gerettet, als sie ins Wasser gefallen ist?", fragt der Polizist den Ehemann. „Ja wie denn? Ich hab ja gar nicht gemerkt, dass sie ertrinkt. Ihr Geschrei war dasselbe wie immer."

* * *

Zwei Polizisten stehen an einer Bushaltestelle und sehen sehr verwirrt aus.
„Was ist denn passiert?", fragt sie ein Fußgänger.

„Unser Hund ist entlaufen."

„Ach, machen Sie sich deshalb keine Sorgen. Der findet schon den Weg zum Revier."

„Ja, der Hund schon …"

* * *

Ein Verkehrspolizist steht an der Autobahn und hält ein Auto an.

„Haben Sie was getrunken?", fragt er den Fahrer.

„Nein."

„Dann blasen Sie mal hier rein. – Oh, das Gerät zeigt aber was an. Ich muss leider Ihren Führerschein einziehen."

„Ach, Herr Wachtmeister, bitte nicht", sagt der Fahrer und steckt dem Polizisten einen Hunderter zu.

„Na gut, aber fahren Sie direkt nach Hause."

Das nächste Auto wird angehalten, und es folgt die gleiche Geschichte. Dann noch ein Auto, und noch ein Hunderter …

Da kommt wieder ein Auto. „Haben Sie was getrunken?", fragt der Polizist.

„Nein."

„Dann blasen Sie mal hier rein."

„Was? Auf keinen Fall! Das ist ja ein Kondom!", empört sich der Fahrer.

„Stimmt, Sie können weiterfahren. Sie sind eindeutig nüchtern."

* * *

Im Stadtzentrum von Moskau ist ein Haus ausgeraubt worden. Aufgrund des vom Räuber hinterlassenen Handabdrucks haben die Kriminalisten festgestellt, dass der Täter ein langes und glückliches Leben haben wird, aber nie seine große Liebe findet.

* * *

Anruf bei der Polizei. Ein Mann fleht: „Herr Wachtmeister, meine innig geliebte Schwiegermutter ist seit gestern verschwunden. Ich bin ganz verzweifelt. Sie müssen sofort etwas unternehmen."
Der Polizist erwidert: „Bleiben Sie ruhig und antworten Sie nur mit Ja oder Nein. Werden Sie mit einer Waffe bedroht?"

* * *

Ein Polizist erzählt seinem Kollegen: „Es war leicht, den Verbrecher zu schnappen. Er hat den Tresor geknackt und das Geld rausgenommen. Dann hat er zwei Flaschen Wodka getrunken und seine Fingerabdrücke hinterlassen." – „An den Flaschen?" – „Nein, auf dem Asphalt!"

* * *

„Gestern nahm die Kriminalpolizei Moskau einen mutmaßlichen Betrüger fest, der gefälschte Diplome verkauft haben soll. Laut unserem Korrespondenten wurde der Festgenommene heute freigelassen, da ihm kein strafbarer Tatbestand nachgewiesen werden konnte, wie Herr Prof. Dr. rer. oec. Dr. sc. mus. Dr. med. Wachtmeister Sergej Iwanow erklärte.

* * *

Die russischen Städte Urjupinsk und Kozelsk sind neuerdings durch eine Einschienenbahn miteinander verbunden. Momentan versucht die Bahnpolizei noch, den Verbleib der zweiten Schiene zu ermitteln.

* * *

Die russische Polizei wendet neuerdings die Taktik „netter Bulle – böser Bulle" an. Wenn ein Verdächtiger nicht auspackt, wird er in eine Zelle gebracht, wo ihn ein Polizist mit dem Gummiknüppel grün und blau schlägt. Packt der Verdächtige danach immer noch nicht aus, kommt der böse Bulle zum Einsatz.

* * *

Die Teilnehmer einer nicht genehmigten Kundgebung mit dem Motto „Die Machthaber behandeln uns wie das Vieh!", die in der Stadt Woronesch stattfand, wurden von Sicherheitskräften in Gewahrsam genommen und in den nächsten Bezirkspferch der Stadtpolizei verbracht.

* * *

Ein Polizist ruft dem anderen zu: „Kolja, ich wisch noch schnell das Blut vom Lügendetektor ab, dann kannst du sofort den nächsten Verdächtigten vorführen."

* * *

Ein Verkehrspolizist hält ein Auto an. Am Steuer sitzt ein Hund, auf dem Rücksitz ein Mann.
Der Polizist: „Geht's eigentlich noch?! Wieso lassen Sie Ihren Hund ans Steuer?"
Der Mann: „Damit habe ich nichts zu tun. Ich fahre nur per Anhalter, und er hat mich mitgenommen."

* * *

Einmal habe ich in einer Zeitung gelesen, dass die Polizei Moskau einen sadistischen Mörder sucht. Ich habe mich gleich bei der Polizei gemeldet, aber die Stellenausschreibung war noch gar nicht raus.

* * *

Aus einem Polizeiprotokoll: Unter der Last der unwiderlegbaren Beweise brachen beim Verdächtigen N. der Unterkiefer, zwei Rippen links und das Nervensystem zusammen.

* * *

Aus einem Polizeiprotokoll: „Nach der dreistündigen

Hausdurchsuchung beim vermeintlichen Schwarzbrenner Sidorow konnten der Wachtmeister Krasjuk und ich die Eingangstür nicht mehr finden. Nachdem Krasjuk im Badezimmer eingeschlafen war, fand ich die Tür doch noch. Ich kann aber nicht erklären, wieso ich diese mit aufs Revier brachte."

* * *

Ein Verkehrspolizist hält ein Auto an. Das Seitenfenster gleitet hinunter. Sagt der Verkehrspolizist streng zum Fahrer: „Sie sind bei Rot über die Ampel gefahren."
Aus dem Auto wird ein 100-Rubel-Schein gereicht.
Der Verkehrspolizist: „Und ich muss auch noch eine Geschwindigkeitsüberschreitung feststellen."
Der Hunderter wird schweigend durch einen Tausender ersetzt.
Der Verkehrspolizist: „Und ich kann auch mit bloßem Auge sehen, dass Sie zuvor Alkohol konsumiert haben."
Der Tausender wird durch 100 Dollar ersetzt.
Der Verkehrspolizist: „Und dieses Auto wurde zur Fahndung ausgeschrieben."
Der 100-Dollar-Schein verschwindet, und im Fenster erscheint der Lauf einer Pistole.
Der Verkehrspolizist eilfertig: „Und ich kann auch mit bloßem Auge sehen, dass Sie zuvor Alkohol konsumiert haben."

* * *

Der russische Innenminister hat bei einem Treffen mit den Journalisten betont, dass in der Stadt Sotschi, wo bald die Olympischen Winterspiele 2014 durchgeführt werden sollen, alle Polizisten fließend Englisch sprechen.

Die überraschten Journalisten: „Wie haben Sie das bloß geschafft?"

Der Innenminister: „Wir haben die Methode des 25. Kaders angewandt."

Die Journalisten: „Etwas genauer, bitte."

Der Innenminister: „Ein Satz auf Englisch wird 25-mal wiederholt. Wenn ein Polizist nach der 25. Wiederholung diesen Satz nicht auswendig kann, kriegt er einen Schlag mit dem Gummiknüppel."

* * *

Ein betagtes Ehepaar erinnert sich an seine Kindheit. Daraufhin besuchen die beiden den alten Schulhof, wo sie sich zum ersten Mal geküsst haben. Auf dem Nachhauseweg finden sie ein Portemonnaie mit Bargeld im Wert von über 100.000 Rubel darin. Sie behalten das Portemonnaie, ohne jemandem etwas davon zu sagen. Am nächsten Tag kommen zwei Polizisten zu ihnen nach Hause. „Guten Tag", sagen die Polizisten. „Wir haben den Auftrag, alle Familien in diesem Bezirk zu befragen, ob jemand gestern ein Portemonnaie gefunden hat." Die Ehefrau leugnet es, der Ehemann hat aber plötzlich Gewissensbisse und will alles gestehen. „Sie müssen ihn bitte entschuldigen", sagt die Ehefrau. „Er ist einfach alt und senil." – „Nein, das stimmt doch gar nicht!", wehrt sich der Ehemann. „Ich bin in vollem Besitz meiner geistigen Kräfte. Es war so: Als meine Frau und ich gestern von der Schule nach Hause gingen ..." – „Schon gut", sagt der eine Polizist mit einem kurzen Seitenblick auf seinen Kollegen. „Entschuldigen Sie bitte die Störung."

* * *

In Moskau findet eine unerlaubte Kundgebung statt. Ein Polizist prügelt mit einem Gummiknüppel auf einen Kundgebungsteilnehmer ein und brüllt: „Aufrufe zum Sturz der Regierung sind verboten!" Der Demonstrant versucht, den Schlägen auszuweichen, und brüllt zurück: „Ich bin ja nur für die fairen Wahlen!" Der Polizist haut noch stärker auf ihn ein: „Die fairen Wahlen bedeuten ja den Sturz der Regierung!"

* * *

Aus einem Polizeiprotokoll: Auf dem von der Polizeistreife entdeckten Leichnam wurden mehrere Leichenflecke in der Größe von 10- und 20-Kopeken-Münzen festgestellt, insgesamt für 3 Rubel und 20 Kopeken.

* * *

Das Polizeirevier Nr. 136 in Moskau bekommt Verstärkung: Ein frischgebackener Polizeileutnant wird beim

Revier eingestellt. Ein älterer Polizist kommt auf ihn zu: „Hör mal, Leutnant, dich kennt noch keiner auf dem Revier. Könntest du dich heute in Zivil in der Kneipe umsehen? Vielleicht schaffst du es, einige Informationen über frühere oder künftige Verbrechen zu sammeln. Du kannst da natürlich einen ausgeben. Und keine Bange, alle Kosten gehen aufs Revier." Der Leutnant willigt ein. Am nächsten Tag fragt der ältere Polizist: „Na, wie war's? Hast du irgendwas herausgefunden?" – „Von wegen! Es war total langweilig. Alle haben geschwiegen wie ein Grab." – „Das ist ja merkwürdig. Erzähl mal. Du bist also in die Kneipe rein, und dann? Was hast du gesagt?" – „Na was wohl? Herr Ober, einen doppelten Kognak bitte. Geht aufs Konto des Polizeireviers Nr. 136."

* * *

„Sie haben soeben einen Polizeibeamten im Dienst einen Bullen genannt. Das kostet Sie 250 Rubel Ordnungsgeld."
„Hier hast du einen Tausender, aber dafür hörst du dir an, was ich noch zu sagen habe."

* * *

Die russische Polizei spricht sich für Tätowierungen aus. So ließe sich ein Leichnam besser identifizieren.

* * *

Anruf beim Morddezernat Moskau:

„Hier ist Sergeant Petrow. Ich ermittle mit Inspektor Kuznezow wegen Mordes in einer Wohnung in der Leninstraße 35.“

„Und, was ist da los?“

„Eine 56-jährige Frau hat ihren 38-jährigen Sohn mit 17 Messerstichen ermordet, weil er mit den Schuhen auf den frisch gewischten Boden getreten ist.“

„Und? Haben Sie die Frau festgenommen?“

„Nein, das geht nicht, der Boden ist immer noch feucht.“

Vor Gericht

Der Richter: „Angeklagter, Sie haben den Briefträger mit einem Schraubenschlüssel umgebracht..."

Eine Männerstimme aus dem Saal: „So ein Miststück!"

Der Richter: „Ruhe im Gerichtssaal! Dann haben Sie den Zeitungsverkäufer mit einem Hammer erschlagen..."

Die gleiche Stimme: „So ein Arschloch!"

Der Richter: „Noch einmal: Ruhe im Gerichtssaal! Und schließlich haben Sie den Milchmann mit einem Schraubenzieher brutal niedergestochen."

Die Stimme: „Was für ein Schwein!"

Der Richter: „Ich verstehe Ihre Empörung, aber ich bitte trotzdem um Ruhe!"

Der Mann im Gerichtssaal: "Herr Richter, Sie können meine Empörung nicht verstehen: Der Angeklagte war 5 Jahre lang mein Nachbar, und jedes Mal, wenn ich mir bei ihm einen Schraubenschlüssel, einen Hammer oder einen Schraubenzieher borgen wollte, hat er gesagt, er hätte keinen!"

* * *

„Angeklagter, Sie sind 85 Jahre alt. Sie werden beschuldigt, am 12. Mai dieses Jahres um 20.00 Uhr die Studentin Anja N. im Moskauer Vorort Medwedkowo, um 21.00 Uhr die Verkäuferin Vera S. im Ismajlowski-Park und um 22.00 Uhr die Sekretärin Sonja B. am Jaroslawski-Bahnhof vergewaltigt zu haben. Erklären Sie dem Gericht: wie war das in Ihrem Alter denn überhaupt möglich?

„Warum soll das nicht möglich sein? Ich hab' ja ein Motorrad!"

* * *

„Angeklagter, was hat Sie dazu bewogen, Ihre Frau k.o. zu schlagen?"

„Na stellen Sie sich vor, Eure Ehren: ich habe in der Hand eine schwere Bratpfanne, die Tür hinter mir ist offen, und in diesem Augenblick dreht mir meine Frau den Rücken zu!"

* * *

Aus einem Gerichtsurteil: „Wegen Veruntreuung der Gelder, die für den Bau eines Fußballstadions mit 27 000 Plätzen vorgesehen waren, wird der Bauleiter zu zwei Jahren Freiheitsentzug auf Bewährung verurteilt und sein Stellvertreter zu 6 Monaten auf Bewährung. Die gebaute Einrichtung übernimmt die Stadtverwaltung als Zeitungskiosk."

* * *

Der Richter: „Frau Sidorowa, erzählen Sie dem Gericht, wann und wo dieser Schuft Sie vergewaltigt hatte."

„Das war gegen 14.00 Uhr im Stadtgarten."

„Am helllichten Tag also! Haben Sie denn um Hilfe

gerufen?"

„Nein, er hat mich bedroht."

„Womit?"

„Er hat gesagt, wenn ich schreie, kriege er keinen hoch."

* * *

„Angeklagter, Ihr letztes Wort."

„1 000 000 Rubel!"

„Freispruch!"

* * *

Ein Richter kommt aus dem Verhandlungsraum und lacht. Sein Kollege fragt ihn, worum es gehe. „Ich habe gerade einen tollen Witz über Putin gehört". „Na, dann erzähl mal!" „Tut mir leid, das darf ich nicht - den Erzähler habe ich gerade zu 2 Jahren Freiheitsentzug verurteilt."

* * *

Der Richter: „Herr Ivanov, wieso verlangt Ihre Frau die Scheidung?"

Der Mann: „Ach, mein Süßer, woher soll ich das wissen?"

* * *

„Euer Ehren, ich beantrage die Scheidung von meinem

Mann, da er sich um unsere Familie überhaupt nicht kümmert. Er ist nicht mal der Vater unseres jüngsten Kindes!"

* * *

Im Gerichtssaal findet die Verhandlung eines Scheidungsfalles statt.

Der Richter: „Klägerin, wieso wollen Sie sich von Ihrem Mann scheiden lassen?"

Die Klägerin: „Er kann mich nicht befriedigen!"

Eine Frauenstimme im Saal: „Na so was! Alle kann er befriedigen, bloß sie nicht!"

Eine Männerstimme im Saal: „Sie kann sowieso niemand befriedigen!"

* * *

„Angeklagter, wieso haben Sie heute versucht, in den Gerichtssaal einen Schlagring und ein Kampfmesser zu schmuggeln?!"

„Euer Ehren, mein Anwalt hat mich heute früh angerufen und gesagt, dass er heute verhindert ist und dass ich mich vor Gericht somit selbst verteidigen muss."

* * *

Der Richter zum Angeklagten: „Haben Sie sich nicht geschämt, als Sie von Herrn Sidorow das Schmiergeld in Höhe von 50 000 Rubel angenommen hatten?"

Der Angeklagte: „Klar, habe ich mich geschämt! Aber mehr wollte er einfach nicht geben!"

* * *

Aus einem Gerichtsurteil: „Der Angeklagte sei vom Verdacht einer Vergewaltigung von Schuld und Strafe freizusprechen, da das Erscheinungsbild des vermeintlichen Opfers gemäß Sachverständigengutachten die Möglichkeit jeglicher sexuellen Handlung grundsätzlich ausschließt ".

* * *

Der Gerichtsschreiber verschickte einen Brief an Herrn Iwanow, um ihn zu einer Gerichtsverhandlung als Zeuge zu laden. Der Brief kam zurück mit dem Stempel „Briefempfänger verstorben". Zur Kontrolle wurde ein neuer Brief verschickt. Diesmal kam der Brief zurück mit dem handschriftlichen Vermerk „Briefempfänger immer noch tot".

* * *

Der Richter an den Zeugen: „Herr Iwanow, vergessen Sie für einen Augenblick, dass Sie als Abteilungsleiter beim Staatlichen Komitee für Statistik arbeiten und sprechen Sie mir nach: Ich schwöre, die Wahrheit zu sagen, die ganze Wahrheit und nichts anderes als die Wahrheit, so wahr mir Gott helfe! "

„Es wird gemunkelt, dass es gefährlich sei, im Bitzewo-Park spazieren zu gehen, es sei da ein Triebtäter am Werk. Komisch... Ich gehe dort schon seit Jahren spazieren und habe keinen einzigen Triebtäter gesehen."

„Angeklagter! Hören Sie auf, sich wie ein Clown aufzuführen und das Gericht abzulenken! Sie werden also des 49-fachen Mordes angeklagt, welche Sie nach Angaben des Untersuchungsrichters im Bitzewo-Park in Moskau begangen haben sollen."

* * *

„Angeklagter, schwören Sie, die Wahrheit zu sagen, die ganze Wahrheit und nichts anderes als die Wahrheit?"

„Ich schwöre es, Sie fette hässliche Frau mit einem ekelhaften Schnurrbart."

* * *

Ein empörter Anwalt hält sein Plädoyer vor Gericht ab: „Die Tatsache, dass mein Mandant den Diebstahl am hellichten Tag begangen hatte, bezeichnete der Staatsanwalt als Strafschärfungsgrund. Ich möchte das Gericht daran erinnern, dass der Staatsanwalt bei der Gerichtsverhandlung in Sachen meines anderen Mandanten letzte Woche die Tatsache, dass der Diebstahl unter dem Schutz der Nacht verübt wurde, ebenfalls als Strafschärfungsgrund bezeichnete. Jetzt stellt sich die logische Frage, Euer Ehren: wann, bitte schön, sollen meine Mandanten aus Sicht des Staatsanwalts denn überhaupt stehlen?!"

Der Richter wendet sich an den Angeklagten: „Sie behaupten also, dass Sie zu dem Zeitpunkt, als Sie Herrn Petrow einen Schlag mit einem Bierkrug auf den Kopf verpasst haben, unzurechnungsfähig waren? Können Sie das auch beweisen?"

Der Angeklagte: „Klar doch! Es war noch Bier drin!"

* * *

Der Richter: „Angeklagter, erheben Sie sich zur Urteilsverkündung!"

Plötzlich kommt ein Gerichtsschreiber in den Gerichtssaal und flüstert dem Richter ins Ohr: „Euer Ehren, der Richter Iwanow bittet um Rat. Es geht um Entwendung staatlichen Eigentums in Höhe von 64 Mio. Rubel durch einen Beamten der Stadtverwaltung aus dem Betrag, der für die Sanierung von Autostrassen in unserer Stadt vorgesehen war."

Der Richter: „Ja, das ist eine beträchtliche Summe. Wie hoch war der Betrag insgesamt?"

Der Gerichtsschreiber: „2,7 Mrd. Rubel."

Der Richter holt einen Taschenrechner hervor: „64 Mio. von 2,7 Mrd. ... Moment mal, das sind doch weniger als 3 %! Und wegen so einer Lappalie stören Sie mich? Der Beamte ist zu einer Busse von 100 000 Rubel zu verurteilen und fertig!"

Der Richter wendet sich wieder an den Angeklagten: „Also, nach Angaben der Staatsanwaltschaft haben Sie auf dem Markt einen Sack Kartoffel gestohlen. Sie werden zu 3 Jahren Freiheitsentzug im Straflager unter strengen Haftbedingungen ohne die Möglichkeit einer vorzeitigen bedingten Haftentlassung verurteilt. Das Urteil trifft mit der Verkündung in Kraft, gegen das Urteil kann keine Berufung eingelegt werden!"

* * *

Ein 80-jähriger Greis wird zu 20 Jahren Freiheitsentzug verurteilt. In seinem letzten Wort wendet sich der Angeklagte an den Richter: „Euer Ehren, ich danke Ihnen ganz herzlich für das Vertrauen, das Sie mir entgegenbringen!"

Beim Arzt

Ein Physiotherapeut, ein Psychotherapeut, ein Chirurg und ein Pathologe gehen zusammen auf die Jagd. Als erster sieht der Physiotherapeut eine Ente. Er zielt und will schon den Abzug drücken, überlegt dann aber - „Bin ich ganz sicher, dass es eine Ente ist?" Während er noch überlegt, verschwindet die Ente. Es taucht eine weitere Ente auf. Jetzt ist der Psychotherapeut dran. Er zielt und will den Abzug drücken, überlegt dann aber: „Ich weiß zwar, dass es eine Ente ist. Aber ist sie sich dessen bewusst? Und weiß sie, dass man auf sie schießen darf?" Während er darüber nachdenkt, verschwindet auch diese Ente. Nach einer Weile ist wieder eine Ente in Sicht. Jetzt ist der Chirurg dran. Er schießt ohne zu überlegen und sagt zum Pathologen: „Schau mal, ob es eine Ente war."

* * *

Ein Reporter kommt zum Chefarzt einer psychiatrischen Anstalt, um für einen Artikel über die Rehabilitation von Geisteskranken zu recherchieren. „Wie können Sie feststellen, dass ein Patient geheilt ist?", fragt er. „Dafür gibts unterschiedliche Methoden, antwortet der Chefarzt, vor allem spezielle medizinische Tests." „Können Sie ein Beispiel anführen?" „Ja, wir füllen z.B. eine Badewanne mit Wasser, legen ins Badezimmer einen Löffel und eine Suppenkelle, und schlagen dem Patienten vor, die Wanne zu leeren", sagt der Arzt. „- Na klar", lächelt der Korrespondent, „wer geheilt ist, nimmt natürlich die Suppenkelle." „Na ja", lächelt jetzt der Chefarzt, „wer geheilt ist, zieht normalerweise den Stöpsel raus."

* * *

„Herr Doktor, mich juckt's zwischen den Zehen!"
„Zwischen welchen denn?"
„Zwischen den beiden großen."

* * *

In der Apotheke: „Junger Mann, ich sage es noch einmal: Wenn Sie Gift kaufen wollen, ist eine entsprechende Erlaubnis erforderlich. Das Foto von ihrer Schwiegermutter reicht nicht!"

* * *

Beim Arzt: „Herr Doktor, bitte helfen sie mir! Mir tut alles weh, ganz egal, wo ich mit dem Finger hinfasse, es tut mir weh! Hier tut's mir weh, da tut`s weh..."
„Moment, Moment", sagt der Arzt, „Ihr Finger ist ja gebrochen!"

* * *

„Herr Doktor, können Sie mir helfen? Ich habe einen Ehemann und fünf Liebhaber, aber keiner kann mich

befriedigen. Bin ich etwa eine Nymphomanin?"
„Ich schreibe Ihnen gleich ein Rezept aus, lassen sie nur für einen Augenblick meinen Schwanz los..."

* * *

Ein Russe komm zum Arzt und zeigt ihm seine völlig schwarze Zunge.
„Mein Gott", sagt der Arzt, „was ist Ihnen denn passiert?"
„Ach wissen Sie, Herr Doktor, ich habe neulich eine schöne Flasche Wodka auf frisch gelegten Asphalt fallen lassen".

* * *

Im Spital: Der Chirurg beginnt mit der Operation.
Plötzlich ertönt unter dem OP-Tisch ein „Miau!"
Der Chirurg: „Schnauze!"
Die Katze: „Miau!"
Der Chirurg: „Verpiss dich!"
Die Katze: „Miau, miau!"
Der Chirurg macht einen Schnitt mit dem Skalpell: „Verdammtes Mistvieh, da hast du dein Stück Leber, aber lass mich jetzt endlich in Ruhe!"

* * *

Ein Patient liegt auf dem OP-Tisch.
Es erscheint ein Mann mit einem weißen Kittel, der sich

unsicheren Schrittes dem Patienten nähert. Der Patient riecht deutlich eine Alkoholfahne und sagt: „Wer sind Sie?"

Der Mann: „Ich b-bin der A-An-nästhesis-s-st!"

Der Patient: „Mein Gott, Sie sind ja besoffen!"

Der Anästhesist : „A-a-ach was! Da ha-haben Sie wohl den Chirurgen noch nicht gesehen!"

* * *

Ein Arzt untersucht eine junge Frau, die über zahlreiche Pickel im Gesicht klagt. Nach der Untersuchung murmelt er leise: „Sie hat Pickel, also bumst sie keiner. Keiner bumst sie, also hat sie Pickel. Ist das ein Teufelskreis!"

* * *

„Herr Doktor, meine Frau hat rote Schamhaare. Kann man irgendetwas dagegen tun?"

„Warum stört sie denn das?"

„Mich stört es eigentlich nicht, aber meine Freunde lachen mich aus."

* * *

Eine Frau um die 40 kommt zum Arzt.

„Herr Doktor, kann ich nach 40 noch Kinder haben?"

„Na wissen Sie, nach dem 40. Kind würde ich an Ihrer Stelle Schluss machen!"

Ein schüchterner junger Mann kommt ins Sprechzimmer eines Facharztes für Geschlechtskrankheiten. „Ach, Herr Doktor, ein Freund von mir glaubt, dass er sich eine üble Krankheit zugezogen hat." Der Arzt: „Na dann knüpfen Sie Ihre Hose auf und zeigen Sie mir Ihren Freund!"

* * *

„Herr Kollege", sagt ein Arzt zu einem anderen, „haben Sie schon mal versucht, Abführmittel und Schlafmittel zusammen zu verabreichen? Das gibt eine echt interessante Wechselwirkung!"
Sein Kollege: „Es gibt noch eine interessantere Kombination: harntreibendes Mittel und Viagra!"

* * *

Eine Oma sagt zum Arzt: „Herr Doktor, könnten Sie mir bitte die Verhütungspille verschreiben, damit ich besser schlafen kann."
Der Arzt: „Ich verstehe den Zusammenhang nicht."
Die Oma: „Na, das ist doch einfach: Ich tue die Pille in den Tee für meine Enkeltochter, und wenn sie dann in die Disko geht, kann ich ruhig schlafen!"

* * *

Beim Gynäkologen:
Eine junge Frau tritt ein und zieht sich aus. Der Arzt

sieht auf ihrem Bauch den großen Buchstaben „N" und fragt sie, wo der herkomme. „Ach wissen Sie, Herr Doktor", sagt sie, „mein Freund ist Fußballer und kommt aus New York. Als wir miteinander Sex hatten, hat sich der erste Buchstabe von seinem T-Shirt an meiner Haut abgezeichnet".

Eine zweite Patientin tritt ein und zieht sich aus. Auf ihrem Bauch sieht der Arzt den großen Buchstaben „L" und fragt sie, wo der herkomme. „Ach wissen Sie, Herr Doktor", sagt sie, „mein Freund ist Fußballer und kommt aus Los Angeles. Als wir miteinander Sex hatten, hat sich der erste Buchstabe von seinem T-Shirt an meiner Haut abgezeichnet".

Eine dritte Frau tritt ein und zieht sich aus. Auf ihrem Bauch sieht der Arzt den großen Buchstaben „W". „Na", sagt er, „Sie brauchen nichts zu sagen, ich weiß es: Ihr Freund ist Fußballer und kommt aus Washington. Als Sie mit ihm Sex hatten, hat sich der erste Buchstabe von seinem T-Shirt auf Ihrer Haut eingeprägt."

„Nein, Herr Doktor, das war meine lesbische Freundin aus Moskau."

* * *

„Herr Doktor, es juckt mich überall!"

Der Arzt nach der Untersuchung: „Hm... Haben Sie schon mal versucht, ein Bad zu nehmen?"

„Ja, schon, aber nach etwa einem Monat juckt es mich schon wieder!"

„Herr Doktor, wird mein Mann leben?"

„Eins, zwei, drei (zählt die Geldscheine) hm-m-m ... noch nicht."

* * *

Beim Psychiater:

Die Tür zum Sprechzimmer geht auf und ein Mann robbt herein.

„Na, sagt der Arzt, wen haben wir denn da: Eine Schlange? Eine Eidechse?"

„Nein, Herr Doktor, ich habe Höhenangst!"

* * *

„Herr Doktor, helfen Sie mir bitte, ich habe starke Schmerzen im linken Hoden."

„Es tut mir leid, aber da sind Sie falsch. Haben Sie das Schild an der Eingangstüre nicht gesehen? Ich bin Doktor des Rechts, verstehen Sie, des Rechts!"

„Ihr Ärzte spinnt ja mit eurer Spezialisierung. Links, rechts - wo ist da der Unterschied?"

* * *

Zu einem Gynäkologen kommt eine junge sympathische Frau.

„Machen Sie sich frei", sagt der Arzt.

„Ach, Herr Doktor, ich geniere mich."

„Na gut, dann mache ich das Licht aus."

Pause.

„Herr Doktor, wo soll ich meine Kleidung hinlegen?"
„Na legen Sie sie auf meine!"

* * *

„Herr Doktor, ich sehe dauernd rosa Krokodile, die um mich herum fliegen. Sie kommen immer wieder. Auch wenn ich sie wegjage!"
Der Arzt: „Aber doch bitte nicht zu mir 'rüber!"

* * *

Auf einer Station des Unfallkrankenhauses kommt der Oberarzt zu seiner Morgenvisite. „Gestern wurden auf der Station acht Männer eingeliefert, alle mit Kopfverletzungen", rapportiert der Assistenzarzt. „Was war es in Ihrem Fall?", fragt der Oberarzt den ersten Patienten. „Ein Nudelholz". „Und bei Ihnen?", fragt er den zweiten. „Ein Nudelholz." „Und bei Ihnen?", fragt er den dritten. „Auch ein Nudelholz." Verblüfft wendet er sich an den Assistenzarzt: „Mein Gott, was soll denn das?" „Es ist eigentlich ganz einfach, Herr Doktor", antwortet der Assistenzarzt. „Sehen Sie diesen Mann im Koma? Er wollte in einem Supermarkt vor seiner Ehefrau weglaufen und versuchte im Gedränge unterzutauchen".

* * *

Herzlich willkommen bei der Hotline der psychiatrischen Notfallambulanz Moskau!

Wenn Sie an Triebhaftigkeit leiden, drücken Sie mehrmals ruckartig die Eins.

Wenn Sie an einem Abhängigkeitssyndrom leiden, bitten Sie jemanden, die Zwei zu drücken.

Wenn Sie an Persönlichkeitsspaltung leiden, drücken Sie die Drei, Vier und Fünf.

Wenn Sie an Halluzinationen leiden, drücken Sie die Sechs, und Sie – und nur Sie! - werden rechts von Ihnen ein orangefarbenes Krokodil erblicken.

Wenn Sie an Verfolgungswahn leiden: wir wissen, wer Sie sind, wie Sie heißen und was Sie wollen, bleiben Sie, wo Sie sind, Ihr Anruf wird zurückverfolgt.

Wenn Sie an Schizophrenie leiden, hören Sie einfach aufmerksam zu, und eine leise Stimme wird Ihnen zuflüstern, welche Taste Sie drücken müssen.

Wenn Sie an Depressionen leiden, spielt es keine Rolle, welche Taste Sie drücken, es wird sowieso niemand antworten.

* * *

„Hallo, ist da die Notfallaufnahme? Bitte kommen Sie schnell, hier wird ein Mann von einer Straßenwalze überfahren! Die Adresse? Die Lenin-Straße 35 … inzwischen auch schon 37... und jetzt 39 ...“

* * *

Ein Tippfehler auf einem Plakat über dem Eingang in das Städtische Krankenhaus Woronesch: „Selbst Behandlung ist gefährlich für Ihre Gesundheit!"

* * *

Zwei Zahnärzte treffen sich. Der eine sagt:
„Rate mal, wie viele Zähne ich habe?"
„32?"
„Richtig! Und in welcher Hand?"

* * *

„Herr Doktor, was können Sie zu den Ergebnissen der Laboruntersuchungen sagen?", fragt der Patient.
„Die Virendatenbank wurde erfolgreich aktualisiert!", antwortet der Facharzt für Geschlechtskrankheiten.

* * *

„Herr Doktor, sagen Sie, habe ich eine Grippe?"
„Ja!"
„Ist das etwa die Schweinegrippe?"
„Eindeutig! Nur ein Schwein kann die Notfallambulanz um 04:00 Uhr morgens alarmieren, nur weil seine Körpertemperatur auf 37,2° angestiegen ist!"

* * *

Der Psychiater fragt seinen neuen Patienten:

„Also, was war der Auslöser für Ihre Depression?"
„Es war so, Herr Doktor: Meine Ex-Frau hat meine jetzige Frau kennengelernt. Zunächst hatten sie Zoff miteinander, dann aber haben sie sich vertragen. Und danach haben sie zusammen meine zukünftige Frau verprügelt."

* * *

Der Chefarzt einer russischen Klinik wendet sich an das ärztliche Personal: „Verehrte Kolleginnen und Kollegen! Aus Gründen der medizinischen Ethik schreiben wir im Patientenbericht ab sofort statt „Patient verstorben" „Patient bedarf keiner weiteren Behandlung".

* * *

Nach seiner Vollnarkose kommt ein Patient wieder zu Bewusstsein.
„Herr Doktor, ich kann meine Beine nicht ertasten! Was ist da los?!"
„Herr Iwanow, es ist alles in bester Ordnung! Wir haben Ihnen einfach die Arme amputiert!"

* * *

„Herr Doktor, wieso lacht meine Frau immer beim Sex? Ich mache diese ... äh ... Friktionen, und sie lacht! Und die Hauptsache: Ich habe ja extra nachgeschaut, sie liest dabei Dostojewski, das ist doch keine leichte Lektüre - und lacht trotzdem!"

„Herr Kollege", sagt ein Arzt zum anderen, „ist es nicht merkwürdig: Ihr Arbeitsplatz ist nur 2 cm von meinem entfernt, aber der Fachbegriff ändert sich gewaltig: Von der Gynäkologie zur Proktologie!"

* * *

Ins Sprechzimmer eines Chirurgen kommt ein Mann mit einer Gabel im Bauch gestürmt.
„Herr Doktor, helfen Sie mir!"
„Tut mir Leid, ich habe bereits Feierabend, es ist schon 18:00 Uhr vorbei."
„Aber Sie sind doch Arzt, unternehmen Sie etwas, bitte!"
„Na gut."
Der Arzt zieht die Gabel aus dem Bauch, steckt sie dem Mann ins Auge und sagt:
„Gehen Sie zum Augenarzt, er hat heute bis um 19:00 Uhr Sprechstunde".

* * *

Eine Medizinprofessorin bei der Vorlesung: „Bei den Männern gibt es kein anatomisches Merkmal, dass sie ihre Jungmännlichkeit verloren haben. Abgesehen von ihrer frechen, freudestrahlenden, zufriedenen Fresse."

* * *

Der Zahnarzt zu seinem Patienten: „Entschuldigen Sie bitte, mich behindern ein bisschen Ihre Hände. Könnten

Sie diese von meiner Gurgel wegnehmen?"

* * *

Die Patienten haben die psychiatrische Klinik in ihre Gewalt gebracht. Ihre Forderung: Eine Million Hubschrauber und einen Dollar.

* * *

Die Krankenschwester rüttelt einen fest schlafenden Patienten an der Schulter: „Herr Iwanow, wachen Sie auf! Na wachen Sie endlich auf! Aufwachen!"
Der verschlafene und gähnende Patient: „Ja-a-a-a... Was ist denn los?"
Die Krankenschwester: „Sie haben Ihr Schlafmittel noch nicht genommen!"

* * *

Die Vollnarkose ist eigentlich ein Schutzmittel und dient während der Operation dem Schutz des Chirurgen vor dem Patienten.

* * *

Eine Frau kommt zum Schönheitschirurgen, zeigt ihm ein Bild von Picasso und sagt: „Ich will genau so aussahen, wie die Frau auf diesem Bild".

Der Chirurg führt eine Operation durch, die Patientin wird bald nach Hause in gutem Zustand entlassen.

Ein paar Wochen später kommt sie wieder in die Sprechstunde.

„Haben sie irgendwelche Komplikationen?", fragt der Chirurg.

„Herr Doktor, Sie haben alles bestens gemacht. Ich habe nun aber ein kleines Problem: wenn ich einen fahren lasse, fliegt mir der Hut vom Kopf ..."

* * *

Der Chirurg im OP-Saal: „Gratuliere, Kollegen, die Operation ist prima verlaufen. Schade nur, dass der Patient es nie erfahren wird."

* * *

Ein Mann mittleren Alters sagt zur Verkäuferin in einem Geschenkladen: „Geben Sie mir bitte diesen roten Plüscharsch."

Die empörte Verkäuferin: „Was reden Sie denn da! Das ist doch ein Herz!"

„Wissen Sie, ich arbeite seit 20 Jahren als Herzchirurg, ich weiß wohl, wie ein Herz aussieht. Geben Sie mir also bitte diesen roten Plüscharsch!"

* * *

Ein Medizinprofessor fragt seinen Studenten in der Prüfung:

„Welche Abweichungen von einer normalen Geburt sind ihnen bekannt?"

„Na Frühgeburt, Spätgeburt und Fehlgeburt." - „Etwas ausführlicher, bitte." - „Also... Frühgeburt: das Kind kommt ein halbes Jahr vor der Hochzeit zur Welt. Spätgeburt: das Kind wird ein Jahr nach dem Tod des Ehemannes geboren. Fehlgeburt: statt der Ehefrau kommt die Nachbarin nieder."

* * *

Ins Sprechzimmer eines Arztes platzt ein Mann mit seiner verbundenen linken Hand rein.

„Herr Doktor, helfen Sie mir! Meine linke Hand tut mir so weh! Ist es vielleicht eine Fraktur?"

„Haben Sie vielleicht Probleme mit den Augen?"

„Nein, es ist nur die Hand!"

„Und haben Sie vielleicht Schmerzen am Penis?"

„Nein, nur in der Hand! Verdammt noch mal, warum stellen Sie mir solche dummen Fragen?"

„Weil an meiner Tür in großen Buchstaben „DR. KROTOW, UROLOGE" steht!"

* * *

„Guten Tag, Herr Doktor, Herr Doktor, Herr Doktor. Bitte helfen Sie mir, helfen Sie mir, helfen Sie mir! Immer wenn ich irgendetwas mache, mache, mache, wiederhole ich alles dreimal, dreimal, dreimal. Ich bin davon schrecklich müde, müde, müde, obwohl meine Frau total begeistert ist, begeistert ist, begeistert ist ..."

* * *

Der Arzt zum Patienten: „Ich muss Sie dringend operieren."
Der Patient: „Ich bin nicht einverstanden. Ich will lieber sterben als mich operieren lassen."
Der Arzt: „Na ja, das eine schließt das andere nicht aus."

* * *

Eine Medizinvorlesung. Der Dozent: „Der Thorax, umgangssprachlich auch Brustkorb genannt, hat die Form eines umgedrehten Eies mit abgeschnittenem unteren Rand und ist außerdem anterior-posterior abgeflacht."
Ein verblüffter Student: „Wie sieht denn so etwas aus?"
Der Dozent: „Na können Sie sich etwa keinen Brustkorb vorstellen?"
Der Student: „Jetzt nicht mehr..."

* * *

„Herr Doktor, mein Mann hat sich mit Tripper angesteckt. Was soll ich bloß tun?!"
„Wieso ist er denn nicht selber gekommen?"
„Er weiß davon noch nichts!"

„Was ist das Schwierigste an meiner Arbeit? Die Patientinnen zu überzeugen, sich für die Untersuchung nackt auszuziehen", sagte mal ein erfahrener Augenarzt.

* * *

Ein Medizinprofessor befragt in der Prüfung eine Studentin, die wohl nicht zu den Hellsten gehört. Er zeigt auf seine Stirn und fragt: „Welcher Knochen ist das?" Die Studentin: „Das ist das Schambein!" "Sind Sie sicher?" „Ja!" Der Professor zeigt auf seine Nase: „Und was ist dann das nach ihren anatomischen Vorstellungen?"

* * *

Ein Mann kommt in die Apotheke und fragt nach einem Mittel gegen Bandwürmer.
Der Apotheker: „Für Kinder oder Erwachsene?"
Der Mann: „Tut mir leid, ich habe ja keine Ahnung, wie alt meine Bandwürmer sind!"

* * *

Ein Arzt reicht seinem Patienten drei Tabletten-packungen: „Eine blaue Tablette bitte jeweils morgens mit drei Gläsern Wasser einnehmen. Ein grüne Tablette jeweils mittags mit drei Gläsern Wasser einnehmen. Und eine rote Tablette jeweils abends ebenfalls mit drei Gläsern Wasser einnehmen."

„Danke, Herr Doktor. Was fehlt mir denn?"

„Sie leiden an Dehydratation. Also zu wenig Wasser im Körper."

* * *

Ein Mann kommt zum Urologen.

„Herr Doktor, helfen Sie mir! Meine Hoden tun mir so weh!"

Nach der Untersuchung bestreicht der Urologe den linken Hoden des Patienten mit Brillantgrün, schreibt irgendetwas auf einer Karte und steckt diese in einen Umschlag. Dann überreicht er den Umschlag dem Patienten und schickt ihn zum Therapeuten.

Auch der Therapeut untersucht den Patienten, bestreicht den rechten Hoden mit Jod, schreibt irgendetwas auf der Karte aus dem Umschlag, steckt die Karte wieder zurück und schickt Patienten mit dem Umschlag wieder zum Urologen.

Der verblüffte Patient macht unterwegs den Umschlag auf und liest auf der Karte: „Frohe Ostern, Herr Kollege!" „Danke, Ihnen auch! "

* * *

Ein Zahnarzt tigert nervös im Gang einer Gemeinschaftspraxis vor seinem Sprechzimmer herum. Ein Kollege kommt auf ihn zu.

„Was haben Sie denn, Herr Kollege? Einen schwierigen Fall?"

„Und was für einen! Der Patient hat Geld wie Heu, aber seine Zähne sind absolut gesund!"

* * *

„Herr Doktor, wie ist meine Operation verlaufen?"
„Wir sind noch nicht fertig, aber wenn die Narkose sowieso nicht mehr wirkt, könnten Sie vielleicht diese Klemme mal festhalten?"

* * *

„Herr Doktor, der Hausmeister in Ihrer Klinik sieht unglaublich attraktiv aus!"
„Unsere Klinik hat in der letzten Zeig gewisse finanzielle Probleme, deshalb bezahlen wir ihn sozusagen mit Naturalien, mit Schönheitsoperationen also."

* * *

Ein Zahnarzt nähert sich einer hübschen Patientin mit dem Bohrer in der Hand. Plötzlich spürt er, wie eine zärtliche Hand ihn fest an die Eier packt und eine bezaubernde Stimme ihm zuflüstert: „Herr Doktor, wir werden doch einander nicht weh tun?"

* * *

Eine hübsche junge Frau schaut im Krankenhaus im Sprechzimmer eines Gynäkologen vorbei: „Herr Doktor, habe ich meinen Schlüpfer etwa bei Ihnen liegen lassen?" Der Arzt schaut sich um und sagt: „Nein, bei mir ist er nicht." Die Frau geht. Nach einer Weile sieht der Arzt sie zufällig im Gang wieder und fragt: „Haben Sie ihn gefunden?" „Ja," antwortet sie fröhlich, „ich habe ihn beim Zahnarzt vergessen."

* * *

„Herr Doktor, tut dieser Eingriff weh?"
„Na ja, je nachdem."
„Moment mal, was bedeutet das?"
„Na mir tut es nicht weh, Ihnen aber schon."

* * *

„Herr Doktor, die Krankenschwester hat soeben nackt auf dem Tisch getanzt, und jetzt steht sie nebenan in ihrem weißen Kittel. Stimmt es wirklich?"
„Perfekt! Die Wirkung der Narkose lässt nach!"

* * *

„Herr Doktor, darf ich Wodka trinken?"
„Ja, das dürfen Sie."
„Dann ist ja alles so gut?"
„Nein, es ist alles so schlecht. Es spielt einfach keine Rolle mehr."

* * *

Der leitende Arzt einer Klinik wendet sich an seine MitarbeiterInnen: „In diesem Jahr gibt es eine Weihnachtsgratifikation nur für diejenigen, die am meisten Stammpatienten haben."

„Da haben wir die Bescherung," seufzt der Pathologe.

* * *

Der Zahnarzt zieht einer jungen Frau einen Zahn. Er kann aber die Blutung nicht stoppen und ruft deswegen einen älteren Kollegen an. „Fragen Sie sie, ober sie gerade ihre Tage hat, dass könnte der Grund dafür sein", rät ihm der Kollege. „Entschuldigen Sie," wendet sich der Zahnarzt an die junge Frau, „haben Sie vielleicht gerade ihre Tage?" „Nein, Herr Doktor," antworte sie lächelnd, „aber heute Abend habe ich schon was vor!"

* * *

Der Arzt sagt zu seinem Patienten: „Na Sie sind noch rechtzeitig zu mir in die Sprechstunde gekommen."
Der besorgte Patient: „Herr Doktor, was fehlt mir denn?"
Der Arzt: „Noch ein paar Tage, und da wären Sie von alleine gesund geworden."

* * *

In einer Entbindungsabteilung: „Gnädige Frau, Sie haben aber eine sehr schnelle Entbindung gehabt!" „Ach, Herr Doktor, wenn Sie nur wüssten, wie rasant die Empfängnis über die Bühne ging!"

* * *

Die Gerüchte über einen Arzt werden normalerweise von seinen Patienten in Umlauf gesetzt. Deshalb wird es einem Pathologen immer unheimlich, wenn er erfährt, dass jemand Gerüchte über ihn in Umlauf setzt.

* * *

Ein guter Freund von mir ist Psychiater. Er hat mal für seinen Urlaub ein kleines Haus auf dem Lande gemietet. Am nächsten Tag hatte er gemerkt, dass jemand ins Haus nebenan einzog. Er ging dahin, um seinen Nachbarn zu begrüßen. Es stellte sich heraus, dass dieser sein ehemaliger Patient war, der an Verfolgungswahn litt. Na ja, was heißt schon „litt"... Der Patient glaubt seitdem den Ärzten nicht, wenn sie ihm sagen, dass ihn niemand beobachtet.

* * *

Wie erkennen Sie, wer ist wer in einer russischen psychiatrischen Klinik?
Ganz einfach: Kommen Sie auf die erstbeste Person zu und spucken Sie ihr ins Gesicht.
Wenn diese Person zu weinen beginnt, dann ist es ein Patient.

Wenn diese Person zu schimpfen beginnt, dann ist es ein Besucher.

Wenn diese Person Ihnen eins in die Fresse gibt, dann ist es jemand vom Pflegepersonal.

Wenn diese Person zurückspuckt, dann ist es ein Arzt.

* * *

In Russland herrscht die Wirtschaftskrise 2008. Ein Mann mittleren Alters bringt seinen betagten Vater in eine Klinik zur stationären Behandlung.

Ein Mitarbeiter in der Aufnahme: „Haben Sie seine Hausschuhe dabei?"

Der Mann: „Ja."

Der Mitarbeiter: „Haben Sie einen Bademantel mitgenommen?"

Der Mann: „Ja."

Der Mitarbeiter: „Die Bettwäsche?"

Der Mann: „Ja."

Der Mitarbeiter: „ Eine Matratze, eine Decke und ein Kissen?"

Der Mann: „Ja, alles vorbereitet."

Der Mitarbeiter: „Gut. Und wer ist der Mann neben Ihnen mit dem weißen Kittel?"

Der Mann: „Ich habe sicherheitshalber auch einen Arzt mitgebracht, für den Fall, dass Sie keinen haben."

* * *

„Herr Iwanow, haben Sie irgendwelche Beschwerden?"
„Ja, Herr Doktor."
„Was fehlt Ihnen denn?"
„Ein entsprechender Datenschutz in Ihrer Klinik: Ein Mitarbeiter des städtischen Beerdigungsunternehmens ist hier schon eine halbe Stunde vor Ihrer Visite gewesen."

Neue Russen

Der Begriff „neue Russen" entstand in Russland in den 1990er-Jahren als Bezeichnung einer neuen sozialen Klasse. Viele „neue Russen" sind in der Regel nicht einfach „Neureiche", sondern schlichtweg reich gewordene Bandi-ten. Sie sind frech und gewalttätig, reden miteinander in der Gaunersprache, kommen oft in peinliche Situationen und haben dennoch für jede Gelegenheit eine Ausrede parat.

Ein neuer Russe wacht nach einer wilden Orgie mit einer Frau im Bett auf. Mit Entsetzen stellt er fest, dass seine Hände blutbeschmiert sind. Offensichtlich hatte die Frau gerade ihre Tage. Er torkelt auf den Badezimmerspiegel zu und sieht, dass aus seinem Mund ein weißer Faden hängt. „Oh Gott", stöhnt er, „hoffentlich ist es ein Teebeutel!"

* * *

Zwei neue Russen besteigen einen Berg in den Schweizer Alpen. Plötzlich rutscht einer aus und fällt in eine Kluft. Der zweite zieht sein Handy hervor, ruft ihn an und fragt: „Vasja, lebst du noch?" „Ja", antwortet der. „Hast du dir nichts gebrochen?" „Nein". „O.K., wie tief bist du gefallen?" „Keine Ahnung, ich falle ja immer noch ..."

Ein neuer Russe zieht in der Kirche ein paar Hunderter Dollarscheine aus seiner Brieftasche und steckt sie in den Opferstock. Dann steigt er in seinen 600er Mercedes, der Motor springt an ... und plötzlich prallt ein Lastwagen in seinen Mercedes und verschwindet dann hinter der Kurve. Der neue Russe kommt aus dem Mercedes gekrabbelt und sieht, wie ein anderer neuer Russe ein paar Hunderter in den Opferstock zu stecken versucht. „He, Bruder", schreit der erste, „tu das nicht, dieser Opferstock ist außer Betrieb!"

* * *

Der Sohn eines neuen Russen schreibt an seinen Vater: „Lieber Vater, den Mercedes, den du mir gekauft hast, schicke ich dir zurück. Ich will kein Außenseiter sein und fahre lieber wie die anderen Studenten mit der Straßenbahn." Der Vater antwortet: „Lieber Sohn, dein Wunsch ist akzeptiert. Ich habe dir eine Straßenbahn gekauft, fahr nur wie alle Anderen."

* * *

Suche eine 5-Zi.-Wohnung. Bürge für Ruhe und Ordnung im jeweiligen Stadtbezirk. Neuer Russe.

* * *

In einem Nachtzug: Eine hagere Oma fragt schüchtern einen neuen Russen: „Entschuldigung, dürfte ich vielleicht den unteren Schlafplatz haben?" Der neue Russe: „Kein Problem, Alte. Ich welchem Abteil?"

* * *

Ein Konzertbesucher zeigt auf den Dirigenten und fragt seinen Nachbarn, einen neuen Russen: „Ist das Beethoven?". Darauf der neue Russe: „Keine Ahnung, er steht mit dem Rücken zu mir".

* * *

Ein neuer Russe streitet mit einem 'Kollegen'. In diesem Moment kommt die Sekretärin in sein Büro. „Wie viele Nullen hat denn eine Million?", fragt er sie. „Sechs", folgt die Antwort. „Na, hörst du`s? Dann haben zwei Millionen zwölf Nullen!"

* * *

Ein Verkehrspolizist hält einen „Mercedes" an. Am Steuer sitzt ein neuer Russe.
Seine Augen haben einen merkwürdigen Glanz.
„Haben Sie was getrunken?"
„He, Mann, klar habe ich was getrunken! Zunächst habe ich zwei Flaschen Rotwein runtergekippt, dann ein Flasche Wodka und zum Schluß noch zwei Gläser Kognak."
„Steigen Sie bitte aus zur Alkoholkontrolle."
„Was?! Du glaubst mir nicht?!"

Ein neuer Russe erzählt: „Einmal war ich angeln, vor fünf Jahren war das. Und ich habe einen Frosch gefangen. Ich wollte ihn totschlagen, aber plötzlich sagte er mit menschlicher Stimme: „Bring' mich nicht um, ich kann dir deine Wünsche erfüllen!" O.K., sagte ich, ich will reich sein und alle sollen mich respektieren. „Es sei so", sagte der Frosch, und ich habe ihn zurück ins Wasser geworfen. Ich wurde reich, wirklich steinreich, und alle respektierten mich. Und dann dachte ich: „Ich muss doch irgendwas für diesen Frosch tun". Dann bin ich an den Ort gegangen, wo das alles geschehen ist. Und der Frosch ist wieder da. „Du, Frosch, du hast meinen Wunsch erfüllt, kann ich irgendwas für dich tun?", frage ich. „Nimm mich von hinten!", antwortet der Frosch. Ziemlich erstaunt, nehme ich ihn bei den Hinterpfoten ... und in diesem Augenblick, Herr Untersuchungsrichter, verwandelt sich dieses Miststück in einen 15-jährigen Knaben!"

* * *

Ein Verkehrspolizist hält einen „Jeep" mit einem neuen Russen am Steuer an. „Wieso ist das Auto so dreckig?", fragt er den Fahrer. „Dieses Auto hat eine erhöhte Geländegängigkeit. Hier ist der Kfz-Brief". „Und was haben Sie da auf dem Rücksitz? Das ist doch eine „Kalaschnikow"!" „Das darf ich. Hier - mein Waffen-schein." „Machen Sie bitte den Kofferraum auf... Da liegt ja eine Leiche!" „Klar, ich arbeite für ein Bestattungsbüro. Hier - mein Arbeitsausweis." - „Moment, Moment, und wieso hat der Mann einen Lötkolben im Arsch?!"

„Das war der letzte Wille des Verstorbenen! Hier - sein Testament".

* * *

Ein neuer Russe langweilt sich in einem Museum. Plötzlich bemerkt er einen schönen Sessel, der in der Nähe steht. Ohne lange zu überlegen, macht er es sich in dem Sessel bequem. Ein Museumswärter kommt auf ihn zu: „Was tun Sie, das ist doch der Sessel von Katharina II.! " „Du denkst wohl, ich habe gar keine Manieren? Wenn sie kommt, stehe ich natürlich auf!"

* * *

Ein Auto kollidiert an einer Straßenkreuzung mit einem 600er „Mercedes", in welchem vier neue Russen sitzen. Die neuen Russen steigen aus und holen den Fahrer, einen alten Opa, aus seinem Auto. Einer zieht die Knarre und brüllt den armen Opa an: „Du zahlst uns gleich alles, und zwar cash!" „Aber ich habe kein Geld dabei", antwortet der Alte mit zitternder Stimme. „Dann hol jemanden von deinen Verwandten!" „Ich habe nur einen Sohn." „Und was macht der?" „Er leitet eine Geflügelfarm." „Dann hol ihn, der wird uns alles bezahlen." Der Opa ruft an. Ein paar Minuten später erscheint ein Polizeiauto, aus dem fünf maskierte Männer springen. Blitzschnell überwältigen sie die vier neuen Russen und legen ihnen Handschellen an. Einer der Maskierten zieht seine Maske ab und sagt zum Opa: „Vater, wie oft soll ich dir das noch sagen: ich leite keine Geflügelfarm, sondern die mobile Einsatzgruppe 'Habicht'!"

* * *

Ein neuer Russe führt seine zwei Bullterrier aus. Ein anderer neuer Russe nähert sich ihm. Er führt einen komischen kleinen plumpen Hund aus. „Ha, was ist das denn für ein Vieh?", lacht der erste. „Er beisst deine zwei in wenigen Minuten tot", entgegnet der zweite. „Glaube ich nicht!" „Wetten wir?" Die Hunde werden aufeinander gehetzt und der komische Mischling beisst seine Gegner wirklich in wenigen Minuten tot. „Ich will auch so einen", sagt der erste, „was kostet er denn?". „6 000 $." „Verdammt teuer, warum denn?!" „3 000 $ kostet das Krokodil, und 3 000 $ - die plastische Operation".

* * *

Ein neuer Russe bringt sein Auto in die Werkstatt. „Sie haben da einen Kurzschluss", sagt der Meister. „Mann", brummt der neue Russe und zieht einen Hunderter hervor, „dann mach ihn doch schnell mal länger!"

* * *

Ein neuer Russe zeigt einem 'Kollegen' seine neue Wohnung. „Hier ist mein Arbeitszimmer, da haben wir drei Wohn- und fünf Schlafzimmer, das ist unser Badezimmer" „Das ist ja alles klasse", sagt sein Kollege, „aber die Fliesen im Badezimmer finde ich etwas zu klein". „Lies erst, was auf jeder Fliese drauf steht", entgegnet der neue Russe. Und sein Kollege liest: „Pentium IV".

* * *

In ein vornehmes Restaurant in Moskau platz ein neuer Russe herein und brüllt: „Ich muss pinkeln! Wo ist das Klo?" Der Ober antwortet unbeeindruckt: „Gehen Sie bitte hier nach links und dann die Treppe hinunter. Rechts sehen Sie eine Tür, auf der „Gentlemen" steht. Aber Sie dürfen trotzdem hinein."

* * *

Ein neuer Russe sagt zu seinem 'Kollegen': „Guck mal, ich habe dieses Puzzle innerhalb von sechs Monaten zusammengesetzt. Was meinst Du, ist das schnell genug?"
„Na klar", sagt der andere, „schau mal, was auf der Packung steht: 2 bis 5 Jahre!"

* * *

Ein neuer Russe kommt zu einem Regierungsbeamten und sagt: „Ich will den Weltraumbahnhof Baikonur kaufen. Was kostet das?" „Wissen Sie", antwortet der Beamte höflich, „Baikonur befindet sich nicht in Russland, sondern in Kasachstan." Es entsteht eine Pause. „Und, was schweigst du denn?", fragt schließlich der neue Russe verblüfft. Der Beamte: „Was kann ich sonst noch sagen?" Der neue Russe: „Na was wohl! Und was kostet dieses Kasachstan?"

* * *

Ein neuer Russe kauft eine neue Wohnung und fragt: „Ist die Wohnung ruhig?" „Sehr ruhig. Der Vorbesitzer wurde in der Wohnung erschossen, und keiner hat was gehört."

* * *

„Herr Rabinowitsch, Sie sind so reich und erfolgreich. Wollen Sie nicht ein Buch „Wie ich meine erste Million verdient habe" schreiben?"
„Sie meinen also, ich soll eine Selbstanzeige erstatten?"

* * *

Ein neuer Russe bestellt in einem noblen Pariser Restaurant eine Flasche »Veuve Clicquot«. Er bekommt die Flasche, trinkt sie in einem Zug und bestellt sofort ein Bier.
Der entsetzte Garcon: „Monsieur, wollen Sie etwa Bier

nach Champagner trinken?!"
Der neue Russe: „Nein, nicht *nach* Champagner, sondern *vor* Wodka!"

* * *

Zwei neue Russen, Wowan und Toljan, waren auf einem pompösen Bankett, wo zum Schluss eine Wohltätigkeitslotterie durchgeführt wurde. Wowan gewann eine Zahnpasta, und Toljan eine Klobürste. Am nächsten Tag ruft Toljan Wowan an: „Sag mal, Bruder, wie ist so deine Zahnpasta?"
„Na eine coole Zahnpasta, alles in Ordnung! Und deine Klobürste?" „Nö, das ist nichts für mich. Das Klopapier ist viel-viel besser."

* * *

Ein Verkehrspolizist hält bei einer Routinekontrolle einen „Jeep" an. Am Steuer entdeckt er verwundert einen heruntergekommenen Penner. Sorgfältig überprüft der Verkehrspolizist alle Papiere. Diese sind aber völlig in Ordnung, der teure „Jeep" gehört tatsächlich dem Fahrzeuglenker. „Sagen Sie mal, wie sind Sie zu diesem teuren Auto gekommen?", fragt der Polizist den Penner. „Ich hatte eine Wette mit zwei neuen Russen abgeschlossen: Wenn ich sie zum Lachen bringe, dann gehört der Wagen mir." „Und wie haben Sie das geschafft?" „Mein Urin hat heilende Kräfte. Ich habe einem kahlköpfigen Mann auf seine Glatze gepinkelt, und ihm ist sofort eine dichte Mähne gewachsen. Die beiden haben sich totgelacht," antwortet der Penner. Der Polizist setzt seine Mütze ab. Zum Vorschein kommt eine Glatze. „Könnten Sie das Gleiche für mich tun?", fragt er den Penner und bückt sich. „Klar doch," antwortet der und pinkelt dem Polizisten auf den Kopf. Aus dem Gebüsch in der Nähe hört man schallendes Gelächter und einen Aufschrei: „Das gibts doch nicht! Ich werde ihm auch noch eine Wohnung schenken!"

* * *

Ein junges bildhübsches Topmodel heiratete einen betagten neuen Russen. „Sag mal, Schatz, werden wir beide wie in einem Märchen zusammenleben?", fragte sie einmal ihren Ehemann. „Selbstverständlich. Wir werden glücklich zusammenleben und an einem Tag sterben," antwortete er. „Moment mal, ich bin doch fast 30 Jahre jünger als du!" „Das macht nichts, Liebste. Ich habe meinem Sicherheitschef bereits entsprechende Anweisungen gegeben."

* * *

„Die Weltbevölkerung beträgt momentan über 7 Milliarden Menschen. Was rücken Sie mir auf die Pelle schon seit einer halben Stunde mit dieser blöden Frage 'Wo kommen die zwei Leichen in Ihrem Kofferraum her?'", sagt ein empörter neuer Russe zu zwei Polizisten.

Das Problem der ewigen Jugend für seine Ehefrau hat der neue Russe Nikolaj W. erfolgreich gelöst. Sie ist immer 18 Jahre alt. Es ist einfach eine neue Ehefrau jedes Jahr.

Politik und Politiker

Heute ist im Kreml um 9.30 Uhr nach langer schwerer Krankheit Boris Jelzin, ohne das Bewusstsein wieder erlangt zu haben, erneut an seine Arbeit gegangen.

* * *

Nach einem sechsstündigen verzweifelten Versuch, seine Neujahrsansprache an das russische Volk aufzunehmen, ist Boris Jelzin zurückgetreten.

* * *

Wieso hatte Boris Jelzin fünf Mikrophone am Rednerpult? Klar - eins zum Reden, zwei - zum Festhalten, und noch zwei - für seine Sauerstoffversorgung.

* * *

Während einer Sitzung im Rathaus bricht im Erdgeschoss Feuer aus. Rasch versammeln sich Schaulustige. Die Feuerwehr ist noch nicht da, das Gebäude ist voller Rauch. In einem Fenster in erstem Stock erscheint der Bürgermeister. Die Bürger unten spannen eine Decke auf und schreien: „Los, Bürgermeister, spring runter, wir fangen dich auf!" Der Bürgermeister, der seine Bürger gut kennt, fragt zunächst: „Werdet ihr die Decke auch nicht zur Seite ziehen?" „Nein, nein", lächeln die von unten, „spring, wir mögen dich!" Der

Bürgermeister springt und landet mit dem Hinterteil auf dem Boden - die Bürger haben die Decke im letzten Augenblick doch weggezogen. Im selben Fenster erscheint jetzt der Chef der Stadtwerke, sieht den Bürgermeister, der sich auf dem Boden krümmt, und hält sich verzweifelt am Holzrahmen fest. „Spring doch, Stadtwerker", hört er von unten, dir wird nichts passieren." Er springt und landet auf seinem Hinterteil neben dem Bürgermeister. Im Fenster erscheint der Militärkommandant. „Hallo, Oberst, keine Bange, spring runter, wir mögen dich!", schreit die Menge. „Nein!", schreit der zurück, „ich kenne euch ja! Decke auf den Boden legen und drei Schritte zur Seite!"

* * *

Bill Clinton trifft sich in Moskau mit Putin. Nach dem Treffen gibt es ein feierliches Abendessen. Plötzlich merkt Clinton, dass seine goldene Uhr weg ist. Diesen peinlichen Vorfall teilt er Putin mit. „Mit wem haben Sie grade gesprochen?", fragt ihn der russische Präsident. „Mit dem Herrn da", zeigt Clinton mit der Hand. „Ach ja, das ist der Chef der Kremlverwaltung." „Oh-o-o, Entschuldigung, ich wusste das nicht, so ein anständiger Mensch kann doch unmöglich ..." „Augenblick", unterbricht ihn Putin, geht auf den Chef der Verwaltung zu, spricht kurz mit ihm, kommt zurück und reicht dem amerikanischen Präsidenten seine goldene Uhr. „Oh, nein!", sagt Clinton empört, „war er es doch! Hat er irgendwas zu seiner Rechtfertigung gesagt?!"

„Gesagt? Nicht mal was gemerkt hat er!"

* * *

1971 kommt ein Blitztelegramm aus dem Parteikomitee einer Provinzstadt in Moskau an: „Schicken Sie dringend einige Kesselwagen mit Wodka. Die Bürger hier sind plötzlich nüchtern geworden und fragen: Wo ist unser Zar?"

* * *

In einer Duma-Sitzung versucht ein Mann mit einem langen schwarzen Koffer in der Hand jemanden in den ersten Reihen zu erspähen. „Möchten Sie ein Fernglas?", fragt ihn höflich einer der Anwesenden. „Nein, danke, ich habe ein Zielfernrohr..."

* * *

1985 stehen auf dem Roten Platz in Moskau zwei junge Männer mit dem Plakat „Wir danken dem Genossen Stalin für unsere glückliche Kindheit!" Zwei Polizisten kommen auf sie zu: „Ihre Papiere!" Einer der Polizisten guckt in die Pässe und sagt verdutzt: „Sie sind doch erst 30! Was schreiben Sie denn da auf dem Plakat – als Sie Kinder waren, war Stalin schon längst tot!" Die Männer: „Na eben deshalb danken wir ihm!"

* * *

Ein Telegramm aus Moskau an George W. Bush: „Sehr geehrter Herr Präsident, ich führe schwere Kämpfe gegen meine Schwiegermutter, Mitglied der Taliban seit 1989. Bitte um Feuerunterstützung! Meine Adresse: 113303 Moskau, Sadowaja-Ring 5"

* * *

Zwei Russen unterhalten sich.
„Vasja, sagt der eine, weisst du, wer in Russland politische Witze am meisten liebt?"
„Nein, und wer?"
„Putin."
„Nein!"
„Doch! Er sammelt sie sogar ... zusammen mit den Erzählern."

* * *

Der russische Präsident Dmitri Medwedew und der Ministerpräsident Wladimir Putin haben bei ihrem Besuch in der südrussischen Stadt Rostow am Don auch die Entbindungsabteilung der Städtischen Klinik besucht. Da dort vor einigen Stunden zwei Kinder zur Welt kamen, wurden die Neugeborenen zu Ehren der hohen Gäste Wladimir und Dmitri getauft. Obwohl es Mädchen waren.

* * *

Herr Präsident, hier ist ein Brief von den russischen Schullehrern mit zwei Fragen an Sie.

„Welche sind es?"

„1. Können Sie das Lehrergehalt in Russland erhöhen?"

„2. Weshalb nicht?"

* * *

„Herr Präsident, die Bergarbeiter sind in den Hungerstreik getreten!"

„Was sind ihre Forderungen?"

„Etwas zu essen!"

* * *

Der russische Präsident hat versprochen, dass es möglichst bald in jedem russischen Dorf eine Internetverbindung geben wird. Dank dem Internet wird die Landbevölkerung bequem in Erfahrung bringen können, wann die Dörfer endlich Gasleitungen, Warm-wasser, Heizung und Kanalisation bekommen.

* * *

Wie das russische Statistische Amt mitteilte, haben allein in der ersten Hälfte der 90er Jahre über 80 000 russische Wissenschaftler das Land verlassen. Um diesem Braindrain aus Russland effizient entgegenzuwirken, hat das besorgte russische Parlament das „Bundesprogramm zur allgemeinen Verblödung der Gesellschaft" verabschiedet.

Die russische Bundesverfassung garantiert den Bürgern Meinungsfreiheit. Allerdings garantiert kein Gesetz die Freiheit den Bürgern, nachdem diese ihre Meinung bereits geäußert haben.

* * *

In Russland finden die Präsidentschaftswahlen 2018 statt. Ein Wähler bekommt seinen Stimmzettel und schaut sich ihn an. Auf dem Zettel stehen vier Wahlmöglichkeiten:
1. Wladimir
2. Wladmirowitsch
3. Putin
4. Gegen alle Kandidaten
habe ich nichts einzuwenden.

* * *

„Mami, darf ich auf den neuen Spielplatz spielen gehen?"
„Nein, Lena, das geht nicht. Der Präsident, der unsere Stadt besuchte hatte, hat den neuen Spielplatz bereits gesehen. Jetzt wird der Spielplatz abgebaut und in die nächste Stadt abtransportiert, die der Präsident besuchen wird."

* * *

Das Demokratie-Niveau in Russland ist dermaßen hoch, dass niemand Angst hat, Sie wissen sicher was über Sie wissen schon wen laut zu sagen.

* * *

Die russische Regierung hat vor kurzem erklärt, dass es keinen Grund für die Erhöhung der Lebensmittelpreise in Russland gibt. Aus diesem Grund werden die Preise grundlos erhöht werden.

* * *

Bei einem offiziellen Empfang im Kreml nach den Filmfestspielen in Moskau sagte Brigit Bardot zum sowjetischen Parteichef Leonid Breschnew: „Wieso öffnen Sie nicht die Grenzen der Sowjetunion für alle, die ausreisen wollen?" Leonid Breschnew: „Aha, Kleine, ich habe dich durchschaut! Du willst wohl mit mir tête-à-tête bleiben?"

* * *

„Guten Tag! Wir führen eine Befragung hinsichtlich der bevorstehenden Parlamentswahlen durch. Für wen würden Sie stimmen?"
„Für einen ehrlichen, anständigen Kandidaten, der die Korruption bekämpfen wird!"
„Alles klar, so schreibe ich es auch auf: 'Gegen alle'."

Die russische Staatsduma hat eine wichtige Änderung im Duma-Reglement verabschiedet, welche es den Abgeordneten verbietet, für einen abwesenden Abgeordneten mitzustimmen. Das entsprechende Dokument wurde mit 338 Stimmen bei 226 Anwesenden gutgeheißen.

* * *

Der russische Präsident hat ein neues Fest eingeführt: Tag der Abstinenz. Die Russen stehen unter Schock: Wie soll man bitte dieses Fest schon feiern?!

* * *

Neue Super-Show in Moskau: „Wer wird Millionär?" Teilnehmer: alle russischen Milliardäre. Moderator: Wladimir Putin.

* * *

Wladimir Schirinowski besuchte einen Kindergarten in Moskau. Wie er später dem Staatsanwalt erklärte, hätten die Kinder die Schlägerei als erste angefangen.

* * *

Peinlicher Vorfall im Kreml: das Geld, das im Staatshaushalt für das Gesundheitswesen vorgesehen war, wurde aus Versehen tatsächlich für das Gesundheits wesen ausgegeben!

Putin fragt seinen Referenten: „Woher erhalten unsere Bürger Informationen über die Korruption in Russland?" „Aus den Massenmedien, Herr Präsident", antwortet der Referent. „Sollen wir die Korruption stärker bekämpfen?" „Nein. Aber die Massenmedien", antwortet der Präsident.

* * *

Die Abgeordneten der russischen Staatsduma haben den Begriff „Hochverrat" im StGB erweitert. Ab sofort wird die Erklärung, Russland werde von Idioten regiert, als Verrat eines Staatsgeheimnisses qualifiziert.

* * *

Auf der letzten Sitzung der russischen Staatsduma stürmten in den Sitzungssaal zwei bewaffnete Banditen. Sie haben sich erst für die Verspätung entschuldigt und dann ihre Plätze genommen.

* * *

Zwei Freunde unterhalten sich.
„Sergej, was hältst du von Akrobaten?"
„Toll, was die leisten. Gute Körperbeherrschung, Dehnung und Kraft."
„Und was hältst du von Jongleuren?"
„Auch tolle Jungs. Perfekte Koordination und Reaktion."
„Und was hältst du von Clowns?"

„Willst du mich etwa zu regierungsfeindlichen Äußerungen verleiten?!"

* * *

Die russische Staatsduma plant eine tiefgreifende Reform des Strafvollzugs. Die Gesetzesgeber diskutieren die Einführung von separaten Gefängniszellen für Verurteilte für leichte und schwere Verbrechen sowie für Raucher und Nichtraucher. Künftig sollen auch separate Zellen für Schuldige und Nichtschuldige eingeführt werden.

* * *

Um zu beweisen, dass das russische Satellitennavigationssystem GLONAS besser als das US-amerikanische GPS ist, hat der russische Vize-Premier Sergej Iwanow sein Auto mit einem GLONAS-Gerät ausgerüstet und ist vor ca. 24 Stunden von Moskau nach St. Petersburg losgefahren. Wie die Polizei Moskau heute Morgen meldet, läuft die Suche nach dem Vize-Premier zwar auf Hochtouren, aber bisher ohne Erfolg.

* * *

Nach einer Kundgebung in Moskau wurden zwei tobende Teilnehmer in die Psychiatrie zwangseingewiesen. Der erste schlug sich gegen die Brust und behauptete, er sei Napoleon Bonaparte. Der zweite schlug sich gegen die Brust und behauptete, er sei

Wladimir Schirinowski. Zunächst wurde bei den beiden Größenwahn diagnostiziert. Allerdings mussten die Ärzte den zweiten Patienten bald aus der Klinik entlassen: gemäß seinem Pass war es tatsächlich Wladimir Schirinowski.

* * *

Zum Bedauern der russischen Regierung wird die Reform der Wohnungs- und Kommunalwirtschaft durch die simple Überlegung gebremst, dass die Kosten für die kommunale Versorgung den Marktpreis einer Kalaschnikow nicht übersteigen dürfen.

* * *

Russland mitten in einer Wirtschaftskrise. Ein Fernsehjournalist macht eine Reportage über den Konkurs eines Betriebs. Dabei entschlüpft ihm der Ausdruck „diese abgefuckte Regierung". Kurz danach ruft ihn sein Chef an. „Hör mal, wir erleben momentan schwierige Zeiten, die Menschen sind entnervt, und du benutzt bei der Reportage solche unflätigen Ausdrücke, während wir live auf Sendung sind", sagte der Chef. „Mehrere empörte ZuschauerInnen haben uns deswegen bereits angerufen. Also für die Zukunft: Versprich mir, dass Du nie wieder dieses üble Wort benutzt: Regierung."

* * *

Russland wählt 2012 einen neuen Präsident. Bei einer Fernsehdebatte stehen sich zwei Präsidentschaftskandidaten gegenüber: der Wirtschaftsmagnat Michail Prochorov und der Ministerpräsident Wladimir Putin. „Russland ist nicht gerade ein reiches Land. Genieren Sie sich etwa nicht, in einem solchen Land Milliardär zu sein?", fragt der Fernsehmoderator. „Überhaupt nicht. Warum sollte ich mich denn genieren?" „Vielen Dank, Herr Putin, aber die Frage war eigentlich an Herrn Prochorov gerichtet."

* * *

„Herr Schirinowski, stimmt es, dass wir in Russland eine große Wohnungsknappheit haben?"
„Quatsch. Diese unbegründeten dummen Gerüchte setzten bloß jene in Umlauf, die keine Wohnung haben."

* * *

Präsident Putin in einer TV-Fragestunde: „Wir führen einen erbitterten Kampf gegen die Korruption und Veruntreuung von Staatsgeldern. So habe ich heute während einer Regierungssitzung im Kreml erfahren, dass der Finanzminister schon wieder 100 Millionen Rubel aus dem Staatsetat veruntreut hat. Sofort habe ich ihm eine schallende Ohrfeige verpasst!" Ein entsetzter Journalist: „Und das soll ihm eine Lehre sein?" Putin: „Die Schnelle und Unvermeidbarkeit der Strafe ist wichtiger als die Härte!"

Wladimir Putin hat heute vor versammelter Presse erklärt, dass er müde sei, weiterhin Präsident zu bleiben. Die feierliche Krönungszeremonie soll in einer Woche im Kreml vollzogen werden.

* * *

Die russische Regierung ist äußerst besorgt um die demografische Situation in Russland: die Russen sterben einfach nicht so schnell aus, wie man es gerne hätte.

* * *

Vor einer Woche hat die russische Regierung die ersten Details eines neuen Programms der wirtschaftlichen Entwicklung des Landes der breiten Öffentlichkeit bekannt gegeben. Dieses Programm wurde nach dem koreanischen Wirtschaftsmodell entwickelt. Die breite Öffentlichkeit ist allerdings immer noch am Rätseln: Meint die Regierung dabei Süd- oder Nordkorea?

* * *

Präsident Putin hat erklärt, dass es besser sei, Gouverneure und Bürgermeister zu ernennen als sie vom Volk wählen zu lassen. Denn er wisse ja aus Erfahrung, dass das Volk nur irgendeinen Idioten wählen kann.

* * *

Russlands First Lady Ljudmila Putina hat von den russischen Internet-Providern verlangt, alle Links zu löschen, welche Flüche auf den Präsidenten enthalten. Ansonsten würde sie die Provider wegen Urheberrechtsverletzung verklagen.

* * *

„Hast Du das gehört? Ivan Sidorow ist ein Held: er hat einen Mann aus einem brennenden Haus gerettet, und dieser Mann ist Abgeordneter in der Staatsduma. Dafür wurde Ivan mit einem Orden ausgezeichnet!"
„Dann ist wohl das Dorf, aus dem Ivan herkommt, ganz stolz auf ihn?"
„Ehrlich gesagt hat Ivan seitdem Angst, sich in seinem Dorf blicken zu lassen."

* * *

Die häufigste Frage der Russen nach der Ansprache des Präsidenten Putin an das Volk lautet wie folgt: „Wo befindet sich dieses schöne Russland und wie kommt man dahin?"

* * *

Präsident Putin hat die Russen zum Schulterschluss in diesen schwierigen Zeiten aufgerufen. Die Russen müssen nur für den Schulterschluss sorgen, die schwierigen Zeiten bleiben Aufgabe des Präsidenten.

Der greise Generalsekretär der Kommunistischen Partei Leonid Breschnew tritt vor dem gesammelten Politbüro auf: „Verehrte Genossen! Mit Bedauern muss ich feststellen, dass die Mitglieder des Politbüros langsam senil werden. So bin ich gestern bei der Beerdigung des Ministerpräsidenten Alexei Kossygin – wieso ist er übrigens abwesend? - der Einzige gewesen, der geistesgegenwärtig genug war, um beim Erklingen der Musik eine Dame zum Tanz aufzufordern!"

* * *

Es ist der 31. Dezember 1999. Der offensichtlich angeheiterte Boris Jelzin versucht in mehreren Anläufen vergeblich, seine Neujahrsansprache an das russische Volk abzuhalten, die in wenigen Stunden im Fernsehen ausgestrahlt werden soll. Der verzweifelte Kameramann: „Herr Präsident, sprechen Sie einfach das russische Alphabet auf, ich werde das Ganze dann schon zurechtschneiden!"

* * *

Ein angeheiterter Mann kommt in eine Bar in Moskau und ruft sofort lautstark: „Alle Politiker sind Arschlöcher!" Von einem Barhocker erhebt sich ein muskelbepackter Schlägertyp und sagt mit bedrohlicher Stimme: „Diesen Vergleich lasse ich mir aber nicht gefallen! Nimm deine Worte sofort zurück! Der Mann: „Bist du etwa ein Politiker?" Daraufhin der Schlägertyp: „Nein, ein Arschloch!"

Mit großem Bedauern stellte die US-Außenministerin Hillary Clinton 2009 gravierenden Mangel an Demokratie in Russland fest. Gleichzeitig musste sie auch gestehen, dass die USA den armen Einheimischen leider nicht helfen können: Der Demokratie-Export in dieses Land machen die qualitativ hochwertigen russischen Luftabwehr-Raketen S-400 praktisch unmöglich.

* * *

Zwei Mitarbeiter einer Firma in Moskau unterhalten sich während der Mittagspause. „Ich habe gehört, dass die Abgeordneten der Staatsduma bald ein neues Gesetzt verabschieden wollen. Nach diesem Gesetz sollen auf den Zigarettenpäckchen äußerst unangenehme Bilder angebracht werden. Diese Bilder sollen die Raucher so richtig anwidern, damit sie möglichst bald mit dem Rauchen aufhören", sagte der eine. „Und was sollen denn diese Bilder überhaupt zeigen?", fragte der andere. „Weiß ich noch nicht. Aber höchstwahrscheinlich werden es die Fotos von den Abgeordneten selbst sein."

* * *

Am 20. Dezember 2009 gratulierte Wladimir Puten dem russischen Geheimdienst FSB zum Tag der Gründung dieses Dienstes. In seiner feierlichen Ansprache hieß es: „Verehrte 34567 und 94832! 34629 55201 78459 79488! 56739 09801 und 57831! Ausserdem 56992 60945 32994, sowie 56723 68934 34951, 95230 und 56932!"

Nach einem erfolglosen Attentat auf Boris Jelzin wurde der Attentäter vom Geheimdienst FSB geschnappt. Beim Verhört haben die Geheimdienstler festgestellt, dass der Festgenommene ein sehr erfahrener Scharfschütze ist. „Wieso haben Sie denn daneben geschossen?", fragte ein FSB-Offizier den Attentäter. „Na versuchen *Sie* mal unter solchen Bedingungen zu treffen: Ich war ja in der Menschenmenge auf dem Roten Platz. Als ich die Waffe schussbereit machte, wurde ich von allen Seiten geschubst mit den Worten 'Lass mal mich abdrücken'!"

Beim Militär

„Als ich beim Militär war, war es natürlich hart, manchmal fast unerträglich. In der Gasmaske kriege ich keine Luft, die Kalaschnikow hämmert gegen meinen Rücken, die Feldbluse kann man auswringen, die Stiefel sind voll Schweiß, und die Frau des Herrn Obersten ist immer noch nicht befriedigt!"

* * *

„Schütze Iwanow, haben Sie noch etwas Wasser in der Feldflasche?"
„Na klar, Kumpel!"
„Was soll das denn?! Ich bin für Sie kein Kumpel, sondern der „Herr Feldwebel"! Ich wiederhole meine Frage: Haben Sie noch Wasser in der Feldflasche?"
„Keinen einzigen Tropfen, Herr Feldwebel!"

* * *

Ein Feldwebel erklärt seinen Soldaten: „Und wenn eine Atombombe in der Nähe explodiert, müsst ihr eure Kalaschnikows mit ausgestreckten Armen halten!"
„Wieso denn das?!"
„Damit die Tropfen vom schmelzenden Metall eure Stiefel nicht kaputt machen!"

* * *

„Wieso haben die Panzersoldaten eine Katze auf dem Gefechtsturm?"

„Sie haben das Nachtsichtgerät versoffen!"

* * *

Ein junger Leutnant kommt in einer gottverlassenen Garnison in Sibirien an. Er schaut sich um: weit und breit keine einzige Frau. Er fragt den Einheitskommandeur: „Herr Oberst, wie kommen Sie hier ohne Frauen aus?" „Na ja, es ist manchmal hart, aber für alle Fälle ha-ben wir unseren Onkel Fjodor." Der Leutnant: „Nein, das komm nicht in Frage, ich bin doch nicht schwul!" „Wie Sie wollen. Aber falls doch noch - das Angebot steht."
Nach einem Monat kommt der Leutnant wieder zum Kommandeur: „Herr Oberst, ich halte es nicht mehr aus. Dann soll es eben doch Onkel Fjodor sein." Der Oberst: „Klar, werde ich heute noch veranlassen." Der Leutnant: „Aber ich habe eine Bitte an Sie: Das Ganze soll absolut diskret bleiben." Der Oberst: „Das ist kein Problem. Nur sieben Personen werden davon wissen." Der Leutnant: „Sieben?! Wieso denn so viele?" Der Oberst: „Na Sie, ich, Onkel Fjodor und noch die vier Offiziere, die ihn fest-halten!"

* * *

Ein Soldaten steht auf seinem Posten neben einem Munitionslager. Plötzlich sieht er, wie zwei Soldaten über den Zaun neben dem Lager klettern. Der Soldat bringt seine Kalaschnikow in Anschlag: „Halt! Sag das Losungswort!" „Leck mich am Arsch!", hört er als Antwort. Der Soldat nimmt die Waffe wieder am Riemen: „Merkwürdig: Ich stehe hier schon seit einem Jahr Wache, und das Losungswort hat sich nicht geändert..."

* * *

„Herr Oberst, Ihr Befehl wurde ausgeführt!"
„Ich hab' ja gar nichts befohlen!"
„Ich habe auch nichts gemacht!"

* * *

Ein General sieht drei Soldaten, die beim Exerzieren besonders eifrig sind.
„Vortreten! Wie heißen Sie?"
„Müller! Huber! Meier!"
„Prachtkerle! Sind Sie Brüder?"
„Nein, Genosse General, bloß Namensvetter."

* * *

Ein Soldaten steht gelangweilt neben einem Zaun. Sein Feldwebel kommt vorbei.
„Schütze Iwanow, was machen Sie da?"
Der Soldat (ironisch): „Ich versuche, Zeit und Raum miteinander zu verbinden."
Der Feldwebel: „Kein Problem! Jetzt holen Sie einen Spaten und graben eine Grube, und zwar von diesem

Zaun bis zur Mittagspause!"

* * *

Der Feldwebel steht vor seinem Zug.
„Schütze Iwanow, welche Farbe hat meine Uniform?"
„Grün wie das Gras, Herr Feldwebel!"
„Gut! Schütze Petrow, welche Farbe haben meine Schulterklappen?"
„Rot wie die Sonne, Herr Feldwebel!"
„Gut! Schütze Sidorow, welche Farbe haben meine Zähne?"
„Schwarz wie der Exerzierplatz, Herr Feldwebel!"
„Ach so ... Dann nehme ich nun meine Zahnbürste und gehe mir die Zähne putzen, und Schütze Sidorow nimmt seine Zahnbürste und geht den Exerzierplatz putzen!"

* * *

„Schütze Sidorow! Sie sind ein Idiot!"
„Aber, Herr Hauptmann..."
„Keine Widerrede! Das ist ein Befehl!"

* * *

Als ich bei den Luftlandetruppen war, hat uns unser Spieß erklärt, dass ein Fallschirmabsprung eigentlich eine freiwillige Sache sei: Willst du springen, so springst du ab. Willst du nicht springen, so wirst du mit einem Fußtritt in den Arsch aus dem Flugzeug befördert.

Ein General inspiziert eine Einheit und hält eine Ansprache an die Soldaten:

„Soldaten! Sie dürfen nicht vergessen, dass die Preisgabe von militärischen Geheimnissen unter Strafe steht! Denken Sie daran, wenn Sie Briefe an Ihre Familienangehörigen schreiben! Einer hat nämlich bereits geschrieben, dass man ihn auf Kuba schickt, der andere, dass sein Kommandeur ein Vollidiot ist!“

* * *

„Schütze Sidorow, was machen Sie denn in der Kaserne?! Ich habe doch befohlen, Sie sollen die Blumenbeete gießen!“

„Aber Herr Feldwebel, draußen gießt es wie aus Kübeln!“

„Und wozu haben wir denn Regenmäntel?!“

* * *

Vor einem geheimen russischen Militärstützpunkt steht ein bewaffneter Wachposten. Drei Militärs wollen hinein. Der Dialog mit dem Wachposten:

„Parole!“

„Nachteule.“

„Sie dürfen passieren.“

„Parole!“

„Nachteule.“

„Sie dürfen passieren.“

„Parole!"

„Falke."

„Falsch. Nicht Falke, sondern Nachteule."

„O.K., dann halt Nachteule."

„Sie dürfen passieren."

* * *

„Herr Oberst, während Ihrer Abwesenheit gab es in der Kompanie keine besonderen Vorkommnisse!"

„In der Kompanie? Schön. Aber was machen Sie, Herr Leutnant, im Bett meiner Frau?!"

* * *

„Soldaten, Sie sollen Ihren Feind nicht aus den Augen lassen! Schütze Sidorow, was starren Sie mich so an?!"

* * *

„Ein Freund von mir wollte sich vor dem Militärdienst drücken und hat deswegen eine Menge psychiatrische Fachliteratur gelesen, um eine Geisteskrankheit zu simulieren."

„Und? Hat`s geklappt?"

„Und wie! Er sitzt inzwischen seit 8 Jahren in der Klapsmühle!"

* * *

Vier Personen fahren in einem Zugabteil. Auf einer Seite sitzen eine attraktive 40-jährige Frau und ihre bezaubernde 20-jährige Tochter. Auf der anderen Seite sind ein junger Soldat und ein älterer Major, sein Kommandeur. Der Zug fährt in einen Tunnel. Es wird völlig dunkel. Plötzlich hört man den Knall einer gewaltigen Ohrfeige. Der Zug verlässt den Tunnel, alle Fahrgäste sitzen auf ihren Plätzen, als ob nichts geschehen wäre. Die Gedanken der Fahrgäste:

Die Mutter: „Ich habe aber eine kesse Tochter! Sie kann sich wehren, wenn sie begrapscht wird!"

Die Tochter: „Wow! Ich habe aber eine coole Mutter! Auch mit 40 zieht sie die Männer noch an!"

Der Major: „Dieses Arschloch von einem Soldaten begrapscht alle Weiber, die er nur zu fassen kriegt, und ich kriege dafür eine geklebt!"

Der Soldat: „Bald kommt der nächste Tunnel, dann werde ich dem Major noch eins in die Fresse geben!"

* * *

Ein Offizier vom Wachdienst kommt eilig auf einen bekannten Unteroffizier zu, der früher bei den Luftlandetruppen diente. „Hör mal," sagt er zum Unteroffizier hastig, „ich muss dringend das Lebensmittellager öffnen, sonst bleibt unsere Einheit ohne Abendessen. Und vor dem Lager steht ein bewaffneter Wachsoldat aus meinem Zug und lässt mich nicht ran. Könntest du ihn ohne ernsthafte Körperverletzungen unschädlich machen? Du warst doch Fallschirmjäger, du kannst das!" Darauf der Unteroffizier: „Wieso lässt er dich denn nicht ran? Hast du etwa das Losungswort vergessen? Dann frage doch im Stab nach!" „Geht nicht: nicht *ich* habe das Losungswort vergessen, sondern dieser Depp von einem Wachsoldaten!"

* * *

Ein Arzt führt bei der Musterung einen Augentest durch.

„Sehen Sie diesen Buchstaben?", sagt der Arzt zum Rekruten.

„Nein", antwortet der.

„Treten Sie näher. Und jetzt?"

„Nein."

„Noch näher. Und jetzt?"

„Immer noch nicht."

„Noch näher. Und jetzt?"

„Könnte wohl ein „A" sein ..."

Der Arzt nimmt ein Metermaß. „Abstand 50 cm. Sehr gut! Schwester, tragen Sie in seine Akte ein: „Tauglich zum Bajonettkampf."

* * *

Nach Angaben des russischen Verteidigungsministeriums sei heute die Interkontinentalrakete „Bulawa" erfolgreich getestet worden. Die Rakete wurde von einem U-Boot in der Barentssee abgefeuert. Der Gefechtskopf der Interkontinentalrakete sei punktgenau auf dem Kontinent eingeschlagen. Inzwischen versuchen die Experten des Verteidigungsministeriums zu klären, welcher Kontinent es war.

* * *

Der 1. Brief eines jungen Soldaten an seine Eltern: „Liebe Eltern, wegen Geheimhaltung ist es mir streng verboten, euch mitzuteilen, wo genau ich meinen Wehrdienst leiste. Aber eins darf ich schreiben: Heute habe ich einen Eisbären erschossen, als ich Wachdienst hielt."

Der 2. Brief eines jungen Soldaten an seine Eltern: „Liebe Eltern, wegen Geheimhaltung ist es mir streng verboten, euch mitzuteilen, wo genau ich meinen Wehr-dienst leiste. Aber eins darf ich schreiben: Heute habe ich im Ausgang mit einem jakutischen Mädchen getanzt."

Der 3. Brief eines jungen Soldaten an seine Eltern: „Liebe Eltern, wegen Geheimhaltung ist es mir streng verboten, euch mitzuteilen, wo genau ich meinen Wehr-dienst leiste. Aber eins darf ich schreiben: Heute hat mir der Facharzt für Geschlechtskrankheiten gesagt, dass es für mich besser gewesen wäre, wenn ich mit einem Eisbären getanzt hätte".

* * *

„Wo hast du deinen Wehrdienst geleistet?"
„In der Nähe von Paris."
„Wow! Das ist aber geil! Und wo genau?"
„In der Stadt Tscheljabinsk."
„Moment mal, Tscheljabinsk liegt ja an der Grenze

zwischen Mittlerem und Südlichem Ural?"
„Ist ja wurscht, unser Kommandeur hat gesagt, dass die
Anflugszeit nur 22 Minuten beträgt."

* * *

„Wie könnte ich mich vor dem Wehrdienst drücken?"
„Du könntest ja ein Verhältnis mit der Tochter des
Chefs der Musterungskommission anfangen."
„Der hat aber einen Sohn!"
„Na wenn du so wählerisch bist, dann muss du wohl
zum Militär."

* * *

Als ein Zug russischer Soldaten einen General begrüßen
musste, dachte plötzlich jeder Soldat gleichzeitig, dass es
beim Begrüßen im Chor keiner merkt, wenn *nur* er
„Leck mich am Arsch!" schreit.

Die Tschuktschen

So wie die Deutschen über die Ostfriesen und die Schweizer über die Österreicher lachen, lachen die Russen über die Tschuktschen. Die Tschuktschen sind ein kleines Naturvolk, das auf der ostsibirischen Halbinsel Tschukotka mit der Hauptstadt Anadyr im äußersten Nordosten Russlands lebt. Die Tschuktschen sind Jäger, Fischer und Rentierzüchter. Die Russen sagen den kleinen, schlit-zäugigen Tschuktschen eine ausgeprägte Primitivität und Naivität nach, besonders beim Umgang mit moderner Technik, zugleich jedoch eine gewisse Jägerlist, die häufig die Logik des „weißen Menschen" übertrifft. Die moderne Technik bekommen die Tschuktschen jedoch auch lang-sam in den Griff, was sich manchmal in den Witzen widerspiegelt.

Ein Tschuktsche sagt zu seinem Sohn: „Pass auf, Junge, es gibt bei uns einen neuen Raubvogel. Er frisst sogar Menschen! Deltasegler heißt er. Gestern musste ich dreimal schießen, bis er den Menschen losgelassen hat!"

* * *

Ein Tschuktsche wird eingezogen und als Fallschirm-jäger ausgebildet. Bald kommt der erste Einsatz. Nach dem Absprung vergisst er alles, was er gelernt hat, und kann den Fallschirm nicht öffnen. Da merkt er, dass ihm ein Tschuktsche von unten entgegenfliegt.
„Hallo, Landsmann", freut er sich, „weißt du vielleicht,

wie man dieses Ding aufkriegt?"

„Keine Ahnung", antwortet der, „ich bin von einem Bombenentschärfungskommando".

* * *

Die Russen testen die neue geheime Interkontinental-rakete SS-50M. Mitten im Flug geht etwas schief und die Rakete stürzt irgendwo in Sibirien ab. Ein Such-trupp wird losgeschickt. Nach langem Suchen sieht der Chef des Trupps einen Tschuktschen, der auf die Jagd geht. „Frag' ihn mal", sagt sein Kollege, „ob er etwas gesehen hat". „Der hat doch keine Ahnung, was eine Interkontinentalrakete ist!" „Na und, beschreibe das irgendwie!" „He, du, Tschuktsche, ist hier vielleicht ... Mist ... ein ... ja, ein Feuerpfeil vorbeigeflogen? „Ein Feuerpfeil?" Der Tschuktsche macht ein nachdenkliches Gesicht. „Zwei Flugzeuge - Tu -144 und MiG-25 sind vorbeigeflogen, eine Interkontinentalrakete SS-50M, ein Hubschrauber Mi-8 ... - aber ein Feuerpfeil?!"

* * *

Einmal haben die Tschuktschen ihren Schamanen gefragt, ob der nächste Winter kalt oder warm wird. Der Schamane macht sein Ritual und denkt dabei: „Ich sage am besten, dass der Winter kalt wird, dann machen sie wenigstens genug Holzvorräte". So tut er es auch. Die Tschuktschen bedanken sich und gehen. Am nächsten Tag sieht der Schamane, dass die Tschuktschen wie wild

Holz hacken. Neugierig geht zu einem russischen Meteorologen. „Könntest du mir sagen, wie der nächste Winter wird: kalt oder warm?" Der Meteorologe hat noch keine Daten von den Satelliten erhalten. Er findet aber, es sei besser, wenn er den kommenden Winter für kalt erklärt, damit die Tschuktschen genug Holzvorräte anlegen können. Er blättert eine Weile in seinen Tabellen und sagt: „Unseren Angaben nach wird der nächste Winter kalt." Der glückliche Schamane bedankt sich und geht nach Hause. Der Meteorologe sitzt in seinem Büro, sieht aus dem Fenster, dass die Tschuktschen wie wild Holz hacken und denkt: „Wie wird der nächste Winter wohl wirklich?" Dann er geht zu seinem Chef. „Chef, haben Sie schon die Daten von den Satelliten?" „Nein, noch nicht. Warum?" „Ich wollte nur wissen, wie der nächste Winter wird - kalt oder warm." „Ach, mein junger Kollege, man braucht nicht immer Daten und Tabellen, auch Bauernregeln muss man kennen! Schauen Sie einfach aus dem Fenster - da wird Ihnen sofort klar, dass der nächste Winter kalt wird: die Tschukschen hacken Holz wie wild!"

* * *

Ein Tschuktsche kommt auf einen Geologen zu. „Du, Geologe", fragt er, „gibt es Frauen, die völlig weiß sind?" „Klar", antwortet der Geologe, „die gibt's". „Und Frauen, die völlig schwarz sind?" „Ja, solche gibt's auch". „Und gibt's Frauen, die halb schwarz und halb weiss sind?" - „Ne-e, solche gibt es nicht" „Mist", brummt der Tschuktsche, „dann war das schon wieder ein Pinguin."

* * *

Ein Tschuktsche vor Gericht:

„Angeklagter, wieso haben Sie einen Hirsch abgeschossen? Das ist doch Wilderei?"

„Was heißt „wieso"? Ich brauchte sein Fleisch!"

„Und wieso haben Sie einen Bären angeschossen? Das ist auch Wilderei?"

„Was heißt „wieso"? Ich brauchte sein Fell!"

„Und wieso haben Sie einen Geologen abgeschossen? Das ist doch Mord?"

„Was heißt „wieso"? Ich brauchte seine Stechhölzer, das Salz und das Handy!"

* * *

Ein Geologe fragt einen Tschuktschen-Hirten:

„Sag mal, wie viel Kilo Geweih bekommst du von deinen Rentieren pro Saison?"

„Von den schwarzen oder den weißen?"

„Na zum Beispiel von den schwarzen."

„Von den schwarzen bekomme ich 20 Kilo Geweih."

„Und von den weißen?"

„Auch 20 Kilo."

„Und wie viel Futter brauchen die Rentiere pro Tag?"

„Die schwarzen oder die weißen?"

„Na zum Beispiel die schwarzen."

„Die schwarzen brauchen fünf Kilo pro Tag."

„Und die weißen?"

„Auch fünf Kilo."

Der wütende Geologe:

„Willst du mich auf den Arm nehmen oder was? Wieso fragst du die ganze Zeit schwarz oder weiß, wenn das Ergebnis doch immer das gleiche ist?"

„Na die schwarzen Hirsche gehören doch mir!"

„Ach so ... Und die weißen?"

„Auch mir!"

* * *

Hartnäckig hat ein Tschucktsche einen Bären aufgespürt und schließlich getötet. Das Fleisch hat er seiner Frau gebracht, das Fell hat die Schwiegermutter gekriegt, und das Zirkus-Fahrrad hat er seinem Sohn geschenkt.

* * *

Ein Tschuktsche wird in eine Gefängniszelle gebracht. Das sitzt bereits ein Russe.

„Weswegen hat mach dich eingebuchtet?", fragt der Russe.

„Ich hab einen Eisbären wegen seines Fells getötet, und das ist verboten."

„Und wie lange musst du absitzen?"

„Drei Jahre. Und du?"

„Acht Jahre."

„Wegen was?"

„Ich hab meine Frau getötet."

„Acht Jahre?! Wahnsinn! Das Fell von ihr war doch kaum größer als meine Handfläche!"

* * *

Ein Tschuktsche hat in Moskau sexy Dessous gekauft. Zu Hause angekommen, lässt er sie seine Frau diese anprobieren. Danach erzählt er seinen Freunden: „Tolle Sache, diese Dessous. Ich sehe durch sie einfach alles von meiner Frau: Ihren Schaffellmantel, ihre Filzstiefel, ihre Fäustlinge ..."

* * *

Ein Tschuktsche und ein Geologe sind an der Küste des Nordpolarmeeres, als sie einen hungrigen Eisbären entdecken, der sich ihnen mit hoher Geschwindigkeit nähert. Die Situation scheint aussichtslos: sie haben ja keine Waffen dabei. Der Tschuksche schnallt aber seelenruhig seine Skier an.

Der Geologe: „Das wird dir nichts nützen. Du kannst sowieso nicht schneller als ein Eisbär laufen".

Der Tschuktsche: „Das muss ich ja gar nicht. Ich muss nur schneller als du laufen!"

* * *

Ein Tschuktsche sagt zu einem Russen: „Rate mal, wie

viele Hirsche ich habe. Wenn du ins Schwarze triffst, werde ich dir die beiden schenken!" Darauf der Russe: „Zwei!" Der enttäuschte Tschuktsche: „Mist, du bist wohl ein Schamane!"

* * *

Ein Tschuktsche ist nach Moskau umgezogen. Ein paar Monate nach dem Umzug trifft er einen Bekannten von der Tschuktschen-Halbinsel. „Na wie sind denn deine neuen russischen Nachbarn?", fragt er ihn. „Die meisten sind ganz nett, aber einer ist leider ziemlich schwer von Begriff. Der schläft nämlich mit meiner Frau. Ich habe ihm schon hundertmal gesagt, dass es *meine* Frau ist, aber er kapiert es einfach nicht!"

* * *

Ein Tschuktsche und ein Russe fahren zusammen mit dem Zug in einem Abteil. Die Fahrt wird noch mehrere Stunden dauern. Der Russe sagt zum Tschuktschen: „Lass uns Rätseln lösen. Jeder hat drei Versuche, der Einsatz beträgt 100 Rubel. Ich fange an." Der Tschuktsche ist einverstanden. Der Russe: „Dieses Ding glänzt, es ist außen schwarz und innen rot."
Der Tschuktsche: „Ist das ein Hirsch?" „Nein." „Ist das eine Robbe?" „Nein." „Ist das ein Seehund?" „Nein." „Dann gebe ich auf." Der Russe bekommt 100 Rubel. „Was ist denn das?", hackt der Tschuktsche nach. „Das ist ein Gummischuh der Moskauer Schuhfabrik."

Das gleiche Abteil in 5 Stunden. Der Russe: „183 Dinger glänzen, sie sind außen schwarz und innen rot." Der Tschuktsche: „Sind es 183 Hirsche?" „Nein." „Sind das 183 Robben?" „Nein." „Sind das 183 Seehunde?" „Nein." „Dann gebe ich auf." Der Russe steckt den 183. Hunderter in sein Portemonnaie. „Was ist denn das?", hackt der Tschuktsche nach. „Das sind 183 Gummischuhe der Moskauer Schuhfabrik."

* * *

Ein Geologe kommt zu einem Tschuktschen und sagt: „Ich weiß, dass du Gold hast, und ich habe momentan finanzielle Probleme. Könntest du mir 100 Gramm Gold für ein Jahr leihen?" Der Tschuksche willigt ein, der Geologe bekomme sein Gold und geht. In einem Jahr kommt der Geologe wieder zum Tschukschen und sagt: „Tut mir leid, ich kann dir das Gold in diesem Jahr nicht zurückgeben. Könntest du mir vielleicht noch 100 Gramm leihen? Dann gebe ich dir in einem Jahr 200 Gramm zurück." Der Tschuksche willigt auch diesmal ein. Noch in einem Jahr sieht der Tschuksche eines Tages den Geologen, der offensichtlich zu ihm geht. „Oh nein," sagt er zu seiner Frau, „der will wohl noch mehr Gold. Ich verstecke mich unter dem Bett und du sagst ihm, dass ich auf meiner Weide 50 km von hier bin." Der Geologe kommt ins Haus, begrüsst die Frau und erkundigt sich, wo der Tschuksche sei. „Der ist auf seiner Weide 50 km von hier," antwortet sie. „Schade," sagt der Geologe, „ich wollte ihm die 200 Gramm Gold zurückgeben." Dann holt er eine Flasche Wodka hervor und schenkt der Tschukschen-Frau ein. Nach einer Weile kriegt der Geologe die Frau ins Bett. Der Tschuksche liegt unter dem rhythmisch knarrenden Bett und denk: „Das ist wohl nicht mein Tag. Ich muss mein Gold zurückhaben, den Geologen umbringen und dieser untreuen Schlampe die Fresse polieren. Und ich bin auf meiner Weide 50 km von hier!"

* * *

Ein Tschuksche und ein Geologe gehen zusammen auf die Bärenjagd. Der Tschuksche finden eine Bärenhöhle und stochert dort ordentlich mit einem Stock herum. Aus der Höhle springt ein wütender Bär heraus und geht auf die beiden los. Der Tschuksche und der Geologe rennen so schnell sie können weg. Plötzlich denkt der Geologe: „Wieso rennen wir weg? Wir haben doch Waffen!" Er dreht sich um, legt an und erledigt den Bären mit einem Schuss. Der Tschuksche neben ihm seufzt enttäuscht: „Der weiße Mann ist ein guter Schütze, aber ein dummer Jäger. Kannst du dir vorstellen, wie lange wir nun diesen Fettwanst von einem Bären bis zu unserem Dorf schleppen müssen?"

* * *

Ein Tschuksche angelt von einem Schlauchboot in der Beringstraße. Plötzlich taucht in der Nähe ein US-amerikanisches U-Boot auf. Der Kapitän des U-Boots wendet sich an ihn: „Hast du hier ein russisches U-Boot gesehen?" „Ja", antwortet der Tschuktsche, „Nord-Nordost". „Danke", sagt der Kapitän, und das U-Boot verschwindet. Der Tschuksche angelt weiter. Nach einer Weile taucht in der Nähe ein russisches U-Boot auf. Der Kapitän des U-Boots wendet sich an den Tschukschen: „Hast du hier ein US-U-Boot gesehen?" „Ja," antwortet der Tschuksche, „Süd-Südwest". Der Kapitän: „Na hör schon auf, so besserwisserisch daherzureden, zeig es einfach mit dem Finger!"

Alkoholprobleme

Für die Russen gilt das Klischee, dass sie in Sachen Alkoholkonsum Weltmeister seien. In Wirklichkeit gibt es schon einige Länder, die Russland die führende Position in dieser zweifelhaften Ratingliste abspenstig machen. Das sind zum Beispiel Moldawien, Litauen, Ungarn, die Ukraine, Estland, Rumänien und Weißrussland. Trotzdem wird in Russland allgemein viel mehr Alkohol konsumiert als in den meisten westeuropäischen Ländern. Und es war und bleibt ein Problem für die Wirtschaft und für die Volksgesundheit, auch wenn einige Russen meinen: „Wir haben kein Problem mit Alkohol – nur ohne". Da aber dieses Problem nicht so einfach zu lösen ist, versuchen die Russen ihm wenigstens mit Humor zu begegnen.

Ein Flugzeug stürzt ab. Die Stewardess sagt den Fluggästen, dass die Maschine überladen sei und dass sich jemand opfern und abspringen müsse. Ein Engländer steht auf, verlangt ein Glas Whisky, trinkt es aus, ruft „God save the Queen!" und springt ab.
Nach einer Weile wiederholt die Stewardess ihre Bitte. Ein Deutscher steht auf, verlangt ein Glas Schnaps, trinkt es aus, ruft „Es lebe Deutschland!" und springt ab.
Nach einigen Minuten sagt die Stewardess, dass nun ein letztes Opfer notwendig sei. Ein Russe steht auf, verlangt eine Flasche Wodka, trinkt sie aus, ruft „Es lebe Afrika!" und wirft zwei Schwarzafrikaner aus dem Flugzeug.

Russische Variante von Rotkäppchen:
Das Rotkäppchen klopft an die Tür des Hauses seiner Großmutter.
Die Tür geht auf. Auf der Schwelle stehen zwei Großmütter und beide sagen gleichzeitig vorwurfsvoll: „Kind, was stromerst Du so sternhagelvoll durch den Wald?!"

* * *

Zwei Männer unterhalten sich:
„Weißt du, ich habe so oft gelesen, wie schädlich Rauchen und Alkoholkonsum sind, dass ich beschlossen habe, im neuen Jahr damit Schluss zu machen."
„Mit dem Rauchen oder mit dem Alkoholkonsum?"
„Mit dem Lesen!"

* * *

„Wieso hast Du solche Augenringe? Wohl die ganze Nacht gesoffen?"
„Na, nicht gleich diese Vorwürfe! Ich bin einfach auf zwei Gläsern eingeschlafen!"

* * *

„Einmal bin ich ziemlich angeheitert durch die Strasse gelaufen, hab eine geöffnete Kanalisationsluke übersehen und bin direkt in den Dreck runtergefallen."
„Wie tief?"
„Bis zu den Knöcheln."

„Na das ist noch nicht so schlimm!"
„Kommt drauf an: Ich bin kopfüber gefallen ..."

* * *

In Europa wurden die Flüge von russischen Flugzeugen wegen hoher Lärmbelastung verboten. „Na gut", sagte die Leitung der „Aeroflot", „wir verbieten ab sofort den Verkauf von Wodka in den Flugzeugen, dann wird es leiser."

* * *

Ein angeheiterter Mann nähert sich auf einer U-Bahnstation in Moskau der Rolltreppe, da versperrt ihm eine Kontrolleurin den Zugang. „Tut mir leid", sagt sie, „aber Sie sind betrunken, und Betrunkene dürfen nicht U-Bahn fahren". - „Liebe Frau", sagt der Mann, „lassen Sie mich bitte rein, man hat mir gesagt, dass es da unten so schön ist". - „Tut mir leid, das ist verboten. Sie könnten z.B. auf der Rolltreppe fallen und sich verletzten. Nehmen Sie lieber einen Bus. Und außerdem steht am Gleis eine Polizeistreife, die würde Sie dann festnehmen." - „Liebe Frau", fleht der Mann, „lassen Sie mich doch rein. Ich war noch nie auf einer U-Bahnstation, man hat mir gesagt, da unten ist alles so schön, wie in einem unterirdischen Palast oder so." „Kommen Sie aus einer Provinzstadt?" - „Nein, ich bin gebürtiger Moskauer, aber so geht es mir jeden Abend."

Ein Mann kommt besoffen nach Hause. Vor der Eingangstür stolpert er, fällt ins Gebüsch und zerkratzt sich das Gesicht. „Ich muss die Kratzer unbedingt los werden", denkt er, „sonst merkt meine Frau morgen sofort, dass ich besoffen war:" Er setzt sich vor den Spiegel und klebt die Kratzer sorgfältig mit Pflastern zu.

Am nächsten Morgen weckt ihn seine Frau mit den Worten: „Na, gestern warst Du wohl stockbesoffen." Der Mann: „Wie hast Du das erfahren?" „Kunststück! Der ganze Spiegel im Badezimmer ist mit Pflastern zugeklebt!"

* * *

An einem Rangierbahnhof wird ein Kesselwagen mit Ethylalkohol abgestellt. Auf der Außenhaut des Wagens steht's „C2H5OH". „Mist", denk der Bahnhofchef, „wenn meine Lastenträger das rauskriegen, sind sie morgen alle besoffen." Er nimmt eine Büchse mit Farbe und versucht, die Überschrift zuzumalen. Nach „C2H5" geht im die Farbe aus. „Na was soll's", denkt er, „was „OH" bedeutet, weiß sowieso keiner".

Am nächsten Tag ist der Kesselwagen geöffnet, und alle Lastenträger sind stockbesoffen. „Wie habt ihr das rausgekriegt", brüllt der Bahnhofchef. „Na ja", sagt einer, „da stand auf einem Kesselwagen „OH". Da haben wir gedacht: - „Oh-o-o-o-o, Alkohol!"

* * *

Ein Mann kommt spät in der Nacht besoffen nach Hause.

„Lass mich doch rein", bittet er seine Frau.

„Ich mache die Tür nicht auf, du bist ja besoffen wie ein Schwein", antwortet die.

„Nein, bin ich nicht, entgegnet der Mann."

„Ich werde es gleich prüfen. Puste mal durchs Schlüsselloch.. Pfu-u-i, Idiot, eigentlich mit dem Mund!"

* * *

Das russische Walfangschiff „Der Unsinkbare" ist gestern Nachmittag vor der Küste Australiens gestrandet. Zum Glück gab es keine Menschenopfer, da die gesamte Mannschaft zum Zeitpunkt des Unglücks bereits seit drei Tagen an einem Saufgelage in der fernöstlichen Hafenstadt Wladiwostok beteiligt war.

* * *

„Alexander, du hast schon genug Wodka gehabt, du sollst nach Hause kommen!"

„He, Sergej, ich bin völlig in Ordnung!"

„Ich bin deine Frau, du Idiot!"

* * *

„Wann entwickelt ein Mann die größte Geschwindigkeit: Wenn er einer Frau hinterherläuft oder wenn er dringend eine Flasche Wodka holen will?"

„Wenn er von seiner Ehefrau mit einer Flasche Wodka in der Hand wegrennt!"

* * *

Zwei Männer sitzen in einer Wohnung. Sie laborieren noch an den Folgen eines Saufgelages. Einer sitzt im Sessel und versucht mit Bier seinen Kater zu bekämpfen, der andere durchwühlt die Wohnung. Plötzlich klingelt das Telefon. Der Mann im Sessel nimmt ab.
„Ja?"
„Guten Tag, Herr Iwanow! Sie können das Auto abholen."
„Moment mal, welches Auto?"
„Den TOYOTA Land Cruiser, natürlich."
„Welchen Land Cruiser?!"
„Na Sie haben doch gestern eine Anzahlung von 90% des Kaufpreises gemacht, das Auto steht zum Abholen bereit!"
Der Mann drückt den Hörer mit der Hand zu: „Kolja, hör auf zu suchen, wir haben das Geld nicht versoffen, wir haben ein Auto gekauft!"

* * *

Der Kranführer Petrow lässt aus 30 Metern Höhe eine Flasche Wodka fallen. Zum Glück geht die Flasche nicht kaputt, da diese knapp vor dem Aufprall vom aufgeschreckten und japsenden Petrow aufgefangen wird.

Den alten Mitrofan hat man in seinem Dorf nicht gemocht. Er hat ja schließlich 1936 eine Flasche Wodka fallen lassen.

* * *

Ein Teenager kommt in einen Laden und sagt zur Verkäuferin:
„Eine Flasche Wodka bitte!"
„Hör mal, ist es nicht zu früh für dich?"
„Nein, wieso? Gestern habe ich mit meinen Klassenkameraden um 15:00 Uhr abgemacht, und es ist Viertel vor!"

* * *

Ich rauche eigentlich nur dann, wenn ich Alkohol trinke. Da ich aber jeden Tag trinke, haben viele Menschen in meiner Umgebung den falschen Eindruck, ich sei Raucher.

* * *

Damit Ihre philosophischen Gedanken über den Sinn des Lebens und die Ursprünge des Daseins nicht auf eine brüske Weise unterbrochen werden, schließen Sie die WC-Tür von innen immer ab!

* * *

„Papi, erzähl mir ein Märchen!"
„ Also hör zu: Morgen komme ich nüchtern nach Hause und bringe Blumen für Mami und ein Fahrrad für dich mit!"

* * *

Aus dem Telefongespräch zweier Freundinnen:
„Ach, es ist zum Kotzen mit meinem Mann: es ist schon spät am Abend, und er hockt mit seinen Freunden immer noch im Bierlokal!"
„Da soll er sich vom meinem Mann eine Scheibe abschneiden: Der ist bereits vor drei Stunden von seinen Freunden nach Hause getragen worden!"

* * *

Sie sind noch nicht wirklich besoffen, wenn sie liegen können, ohne sich am Boden festzuhalten.

* * *

Die objektive Realität ist ein Wahn, der durch den Mangel an Alkohol im Blut verursacht wird.

* * *

Die Preisliste in einer Moskauer Bar: „Verehrte Kundschaft! Die unten angeführten Preise gelten für die Männer, die wünschen, dass der Barkeeper die Anrufe ihrer Ehefrauen entgegennimmt.

„Er hat die Bar soeben verlassen" - 100 Rubel

„Er war heute gar nicht da" - 200 Rubel

„Ich habe ihn seit mehreren Tagen nicht mehr gesehen"
- 300 Rubel

„Wer ist das überhaupt?" - 500 Rubel

* * *

Ich habe meine Frau bereits im Kindergarten kennengelernt. Sie hat dort als Erzieherin gearbeitet, und ich lag besoffen im Sandkasten.

* * *

Einer Touristengruppe sind bei einer Flussüberquerung in der sibirischen Taiga 2 Kisten Wodka abhanden gekommen. Die armen Menschen mussten fast 2 Wochen lang nur mit Lebensmitteln und Wasser ausharren.

* * *

Eine russische Beobachtung: Wenn man beim Tauziehen in der Mitte eines Seils eine Flasche Wodka befestigt, ziehen die Mannschaften viel verbissener als sonst.

* * *

In Sachen Tierschutz hat in Russland bei der Jagd

Wodka viel mehr bewirkt, als alle Greenpeace-Organisationen zusammen.

* * *

Eine Bar in Moskau. Die Tür springt auf und eine ganze Schar von kleinen grünen Teufelchen platzt rein. Der müde Barkeeper hebt den Kopf: „Jungs, ihr seid heute zu früh. Wassilij kommt erst in 2 Stunden."

* * *

Ich bin schließlich zur Arbeit gekommen, um zu arbeiten. Und ich muss mir keine blöden Fragen gefallen lassen: wieso liege ich besoffen unter dem Bürotisch?

* * *

„Ich rauche nicht und trinke auch keinen Alkohol!"
„Ach was! Ich habe gestern doch gesehen, wie du rauchst!"
„Das zählt nicht, da war ich besoffen!"

* * *

Ein Polizeistreife in Washington ruft bei der russischen Botschaft an:
„Hallo! Hier schläft ein Typ auf einer Bank im Stadtpark. Ist das vielleicht einer von ihnen?"

„Ist er nüchtern?"

„Nein, ziemlich blau. Neben ihm steht eine 0,7 Wodkaflasche!"

„Ist die Flasche leer?"

„Halb voll."

„Dann ist es keiner von uns."

* * *

„Herr Bürgermeister, in einem Betrieb nahe des Dorfes Knjaschewo gab es einen Notablass der Tanks, das Dorf wurde zur Hälfte überflutet."

„Sind viele Beschwerden eingegangen?"

„Keine einzige. Nur ein Dankschreiben."

„Moment mal, was ist das für ein Betrieb?"

„Eine Branntweinbrennerei."

* * *

„Entweder trinken oder fahren", lautet der neue Slogan der sozialen Werbung der Verkehrspolizei. Da ich kein Auto habe, lassen sie mir also überhaupt keine Wahl.

* * *

„Wir verkaufen keinen Wodka an Personen, die jünger als 18 Jahre sind. Tut mir leid, aber so ist das Gesetz. Nimm diese Flasche einfach so mit, Kleine – das ist ein Geschenk."

Aus den Sportnachrichten: Der russische Biathlonist Sidorow wurde bei dem internationalen Biathlonwettbewerb mit dem „Preis für unbedingten Siegeswillen" ausgezeichnet. Er hat immerhin vor dem Beginn des Wettbewerbs eine Stunde lang im Schnee gebadet, um wieder nüchtern zu werden.

* * *

Die Regeln in unserem Gymnasium sind sehr streng. Wir dürfen nicht mal Kaugummi kauen. Deshalb kippen wir nach einem Kaugummi immer ein Glas Wodka, um den Geruch zu neutralisieren.

* * *

Bei seinem Auftritt in Moskau ging der US-amerikanische Illusionist David Copperfield nicht nur durch eine Mauer, sondern trug auch 30 Kisten Wodka aus einem Wodkalager völlig unbemerkt hinaus. So erzählte es jedenfalls der Lagerwächter dem zuständigen Kriminalkommissar.

* * *

„Kommt, lasst uns mit dem Saufen aufhören!"
„Ein cooler Trinkspruch!"

* * *

„Ich heiße Alexej, und ich bin Alkoholiker. Ich trinke Wodka."

„Ich heiße Anatoly, und ich bin Alkoholiker. Ich trinke Whiskey."

„Ich heiße Sergej, und ich bin Barkeeper. Bestellung angenommen."

* * *

„Wie hast du sie bloß ins Bett gekriegt?!"

„Wir haben uns die Sterne angeschaut, ich habe ihr romantische Gedichte vorgelesen - und das Eis ihrer Zurückhaltung ist gebrochen. Na ja, und natürlich eine Flasche Wodka auch ..."

* * *

Wenn Sie die Möglichkeit haben, einen Platz im Flugzeug selbst zu wählen, wählen Sie einen vorne: Bei einem Flugzeugabsturz wird der Wagen mit den alkoholischen Getränken noch einmal an Ihnen vorbeikommen!

* * *

Nach ungefähr zwei Liter Bier merke ich, dass sich die nüchternen Menschen, die mich umgeben, irgendwie komisch verhalten.

* * *

„Wer ist dein Mann vom Beruf?"
„Er ist Alkoholiker."
„Das ist doch kein Beruf, dass ist eher Hobby!"
„Ach was! Er geht an die Sache sehr profimäßig heran!"

* * *

„Es tut mir sehr leid wegen gestern, ich möchte dir meine Entschuldigung ..."
„Du kannst mich mal ..."
„... und drei Flaschen Whisky überbringen!"
„... fest umarmen!"

* * *

Ein betrunkener Typ kommt auf einen anständig aussehenden Mann zu und fragt ihn: „Hey Mann, trinkst du Wodka?"
Der Mann: „Nein! Ich bin Abstinenzler!"
Der Betrunkene: „Endlich! Könntest du bitte kurz diese Flasche halten, ich muss geschwind meine Schnürsenkel binden. "

* * *

„Hey, Mann, du siehst je so traurig aus! Was ist denn passiert?"
„Man hat mich wegen Sauftour rausgeschmissen!"
„Und was hättest du erwartet?! Wegen Sauftour wird jeder rausgeschmissen!"

„Aber doch nicht aus einer Ausnüchterungszelle!!!"

* * *

„Oh Gott, mein Hals tut mir so weh!"
„Was ist denn los?"
„Na gestern hatte ich solche Rückenschmerzen, und meine Frau schlug vor, mir den Rücken mit Schnaps einzureiben."
„Ein altes Hausmittel! Was hat es aber mit dem Hals zu tun?"
„Versuch mal du, Schnaps vom Rücken abzuschlecken!"

* * *

„Lasst und mit dem Rauchen aufhören!"
„Wozu?"
„Na man kann doch so viel Geld sparen!"
„Dann lasst uns lieber mit dem Saufen aufhören!"
„Oh Gott, so eine Unmenge an Geld kann man doch unmöglich ausgeben!"

* * *

Ein Mann kommt sternhagelvoll nach Hause.
„Du bist schon wieder besoffen," schreit ihn seine Frau an.
„Tut mir leid, Schatz, aber es ging nicht anders, denn man hat mich bedroht", rechefertigt sich der Mann.
„Mit was denn?!"

„Meine Freunde haben gesagt: 'Wenn du nicht mehr trinkst, werden wir dir nicht mehr einschenken!'"

* * *

Als ich eine neue Wohnung gemietet habe, ging ich schon davon aus, dass ich eine Weile womöglich die Post für die früheren Mieter erhalten werde. Aber ich habe gar nicht damit gerechnet, dass man mir die früheren Mieter persönlich stockbesoffen mit dem Taxi bringen würde.

* * *

Das Gespräch eines besoffenen Kunden mit dem Barkeeper:
„Brkp... eh..."
„Ja bitte?"
„`n dplt Wdk ..."
„Einen doppelten Wodka?"
„Prchtkrl ..."

* * *

Als der Russe eine dritte Flasche Wodka herausholte, stellte sich der Brite tot.

* * *

„Die Zeit ist nur eine subjektive Wahrnehmung der Realität. Was misst schon zum Beispiel eine Uhr? Im

Grunde genommen nur sich selbst. Die Angaben einer Uhr kann man nur mit den Angaben anderer Uhren vergleichen und somit ..."

„Junger Mann, ich sage es Ihnen noch einmal: Das Gesetz verbietet den Verkauf von Alkohol nach 22:00 Uhr!"

* * *

Einmal kam ich heraus aus einer Bar, und plötzlich trat irgendein Depp mir auf die Krawatte. Dann lief ich weiter, und mehrere Laternenmasten liefen mir über den Weg. Und dann stand plötzlich auch noch der Asphalt auf, und deswegen musste ich im Stehen schlafen.

* * *

Ein besoffener Feuerwehrmann fiel von einer 40-Meter-langen Feuerwehrleiter herunter. Er hat aber diesen Fall überlebt und trug auch keine Verletzungen davon: er stand ja zu diesem Zeitpunk lediglich auf der zweiten Sprosse.

* * *

Heute schmeiße ich eine Party anlässlich meines Geburtstages. Aber meine feierliche Stimmung hat mein Hausarzt völlig vermasselt. Er hat nämlich gesagt, dass ich an der Alkoholkrankheit in der letzten, unheilbaren Phase leide. Und so frage ich mich die ganze Zeit:

Wieso habe ich ihn denn überhaupt zu meinem 90. Jubiläum eingeladen?!

* * *

Wenn man eine Flasche Wodka lange stehen lässt, wird der nicht verfaulen, aber dieses Risiko würde ich lieber nicht eingehen.

* * *

„Oh Gott, wer hat dich denn so gebissen?"
„Mein eigener Hund!"
„Wie denn das?!"
„Ich kam nüchtern nach Hause, und er hat mich nicht wiedererkannt!"

* * *

„Liebe Freunde! Ich hatte gestern die Ehre, mit euch zusammen ein paar Gläschen zu trinken. Falls jemand von euch ein braunes Portemonnaie findet, welches vor kurzem noch mir gehörte, würde ich es gerne wieder in Empfang nehmen. Im Gegenzug werde ich den schwarzen Aschenbecher zurückgeben, den ich offensichtlich anstelle des Portemonnaies in meine Jackentasche gesteckt habe."

* * *

„Schatz, ich liege dir zu Füßen!"
„Stehe schon auf, du besoffener Idiot!"

Ein russischer Astronaut meldet an die Flugleitzentrale: „Mein Kollege und ich können im Bordfenster ein großes blaues Ungeheuer mit einer Antenne auf dem Kopf beobachten. Es schaut uns unverwandt an und hält eine Fotokamera in seiner Pratze. Was sollen wir tun?" - „Sie bekommen in wenigen Minuten konkrete Anweisungen. Lächeln Sie solange ihm zu", sagt der Flugdienstleiter. Dann drückte er die Taste „mute" und wendet sich an seinen Kollegen nebenan: „Sagt mal, wie schaffen sie es bloß bei all diesen Kontrollmaßnahmen jedes Mal Wodka an Bord zu schmuggeln?"

* * *

Ein Mann wacht in einer Gefängniszelle mit einem furchtbaren Kater auf und kann sich an nichts mehr erinnern. Die Tür geht auf. Ein Polizist sagt, dass der Mann von einem Untersuchungsrichter erwartet wird.
Der Untersuchungsrichter: „Erzählen Sie, was gestern passiert ist."
Der Mann: „Ein Freund hat mich zur Wildschweinejagd eingeladen. Dann habe ich mein Jagdgewehr mitgenommen und bin in den Wald gefahren. Dort haben wir uns getroffen und sind dann zusammen durch den Wald gegangen. Aber es gab keine Wildschweine."
Der Untersuchungsrichter: „Haben Sie dabei Alkohol konsumiert?"
Der Mann: „Ja, ein bisschen. Dann sind wir weiter gegangen. Aber es gab immer noch keine Wildschweine."

Der Untersuchungsrichter: „Und auch weiterhin getrunken?"

Der Mann: „Ja, ein bisschen. Und es gab immer noch keine Wildschweine."

Der Untersuchungsrichter: „Und was haben Sie danach gemacht?"

Der Mann: „Dann haben wir noch ein bisschen getrunken. Und dann haben wir endlich die Wildschweine gesehen! Ich habe versucht anzulegen, aber plötzlich ging die Hölle los: Viele Menschen kamen auf uns zugerannt, haben mir das Gewehr aus der Hand gerissen und auf mich eingedroschen. An den Rest kann ich mich nicht mehr erinnern."

Der Untersuchungsrichter holt mit einem tiefen Seufzer ein Formular hervor: „Na gut, fangen wir an: Als Herr Ivanov die Schweinefarm erreicht hatte, war er bereits stark alkoholisiert."

* * *

Wenn ein richtiger Russe spät in der Nacht die Kneipe verlässt, klopfen seine Manschettenknöpfe ganz munter auf dem Asphalt.

* * *

Ein Verkehrspolizist hält ein Auto an. Im Auto befinden sich ein Mann am Steuer, seine Ehefrau und ihr 5-jähriger Sohn. Der Fahrer muss sich einem Alkoholtest unterziehen. Das Gerät zeigt 1,7 Promille.

Der Verkehrspolizist: „Ich muss Ihren Führerschein wegen Trunkenheit am Steuer einziehen."

Der Fahrer: „Das stimmt nicht, ich bin nüchtern, Ihr Alkoholtester muss wohl kaputt sein. Testen Sie doch meine Frau."

Der Verkehrspolizist macht es, der Tester zeigt 1,2 Promille.

Der Fahrer: „Da, sehen Sie!"

Der Verkehrspolizist: „Dann hat Ihre Frau auch was getrunken."

Der Fahrer: „Nein! Testen Sie doch unseren Sohn!"

Der Verkehrspolizist macht es, der Tester zeigt 0,8 Promille.

Der triumphierende Fahrer: „Na also! Ihr Tester ist einfach kaputt!"

Der Verkehrspolizist: „Na gut, Sie dürfen weiterfahren."

Der Fahrer wendet sich nach ca. 5 Minuten Fahrt an seine Frau: „Ich habe es dir doch gesagt: ein Gläschen Wodka würde dem Knirps nicht schaden!"

* * *

„Hast du dir schon wieder einen hinter die Binde gegossen?"

„Stimmt doch gar nicht! Ich bin einfach müde, ich habe gegen die Trunksucht entschieden gekämpft!"

„Und wieso hast du dann eine Kiste Bier in den Händen?"

„Die habe ich gefangen genommen. Ich werden sie verhören, um zu erfahren, wo ihr Stab ist."

Zwei Zeugen Jehovas, die an der Tür eines besoffenen russischen Philosophieprofessors geklingelt haben, sind in einer halben Stunde noch vor der Türsprechanlage zum Buddhismus übergetreten.

* * *

Ein Arzt füllt die Krankenakte aus. Der Patient sitzt traurig vor seinem Tisch.
Der Arzt: „Trinken Sie Alkohol?"
Der Patient (lebhaft): „Was haben Sie denn?"

* * *

Ein Mann kommt von einer Reise nach Italien zurück und zeigt seiner Ehefrau die Fotos von der Reise. Als sie ihren Mann auf einem Foto mit dem Schiefen Turm von Pisa im Hintergrund sieht, sagt sie empört: „Das hätte ich mir denken können! Auch dort hast du wohl die ganze Zeit nur gesoffen!"

* * *

Ein Gast, der für seine Vorliebe für Alkohol bekannt ist, verabschiedet sich bereits um 18:45 von den Gastgebern: „Auf Wiedersehen, Frau Ivanova! Auf Wiedersehen, Herr Ivanov!" Verblüfft haken die Gastgeber nach: „So früh wollen Sie schon gehen?!" „Nein, ich möchte nur höflich sein und mich verabschieden, solange ich die Gesichter noch erkennen kann!"

Empört tadelt eine Frau ihren Ehemann: „Jetzt bist du schon wieder besoffen! Gestern war ich so glücklich, dich nüchtern zu sehen!" „Und jetzt bin ich an der Reihe, glücklich zu sein!", erwiderte er trotzig.

* * *

Nach einer Betriebsfeier ruft eine Frau ihren Mann an: „Schatz, ich habe ein bisschen zu viel getrunken und schaffe es nicht, allein nach Hause zu kommen. Würdest du mich bitte abholen?" „Na klar doch. Wo bist du denn?" „Im Erdgeschoss in unserem Haus, neben dem Lift."

* * *

„Ich habe vor kurzem erfahren, dass man in den USA bereits mit 18 Jahren abstimmen darf. Aber um Alkohol zu kaufen, muss man 21 Jahre alt sein!"
„Dann stimmen die US-Amerikaner wenigstens drei Jahre lang nüchtern ab!"

* * *

„Was mach ihr denn da?! Das neue Jahr bedeutet den Beginn eines neuen Lebens! Es ist eine Chance, sich zu bessern! Und ihr seid am Saufen!"
„Jetzt hör schon auf! Wir können nichts dafür, dass du Antibiotika nehmen musst und dein Hausarzt dir deswegen Alkohol verboten hat!"

„Mein Vater hat versprochen, mit dem Saufen aufzuhören, wenn ich dieses Schuljahr mit guten Noten abschließe."
„Und?"
„Da läuft er, vor Freude strahlend: ich habe nämlich eine „befriedigend" in Chemie."

* * *

Der kürzeste Lichttag kann man am 1. Januar jedes Jahres beobachten: Du wachst auf, und es ist schon dunkel draußen.

* * *

„Wussten Sie schon, dass Kaffee aggressiv macht? Gestern habe ich zusammen mit zwei Freundinnen in einem Restaurant 5 Flaschen Wein getrunken. Mein Ehemann, der in dieser Zeit zu Hause war, trank 2 Tassen Kaffee. Sie können sich nicht vorstellen, wie aggressiv er war, als ich um 3:00 Uhr morgens nach Hause kam!"

* * *

Ein Mann wacht nach einem Saufgelage mit einem furchtbaren Kater auf. Sein Handy klingelt, es meldet sich ein Freund von ihm. „Hilf mir bitte aus der Patsche", sagt der Freund. „Ich habe zu viel getrunken und die Polizei hat mich in die Ausnüchterungszelle gesteckt. Wenn ich eine Ordnungsbusse von 1 000 Rubel bezahle, dann lassen die mich laufen, aber ich habe kein Geld da." Der Mann steht mit Mühe und Not auf und fängt an, sich auf den Weg zu machen. Plötzlich hört er die nicht gerade freundliche Stimme seiner Frau: „Wo willst du denn hin?" Der Mann erklärt die Situation. Die Frau mustert sein angeschwollenes Gesicht und sagt schließlich: „Na gut. Aber nimm sicherheitshalber 2 000 Rubel mit."

* * *

Ein Mann wacht nach mit einem furchtbaren Kater auf. Das Einzige, an was er sich erinnern kann, ist, dass er mit einem Freund Poker gespielt hat. Er ruft den Freund an, dieser meldet sich mit einer traurigen Stimme. „Wieso bist du denn so traurig?", fragt der Mann. „Wir haben doch gestern Poker auf Pump gespielt, und ich habe verloren." „Tatsächlich? Und ich kann mich an nichts mehr erinnern. Wie viel habe ich denn gewonnen?" „Ach, eine Kleinigkeit: 150 Rubel!", meldete nun eine nicht mehr traurige Stimme am Telefon.

* * *

Ein Mann kommt kommt spät nach Hause und ist dabei voll wie eine Haubitze. „Wo warst du?", fragt ihn seine Frau. „Bei Ivans Hochzeit. Du kannst dir nicht vorstellen, wie wir gesoffen haben," antwortet der Mann lallend. „Doch, ich kann es mir gut vorstellen. Den Brautschleier kannst du übrigens abnehmen."

* * *

Ich trinke Alkohol nur an solchen Wochentagen, deren Namen den Buchstaben „O" enthält. Allerdings habe ich am Diestog, Froitag und Somstag etwas Gewissensbisse.

* * *

„Wieso hast du so eine starke Alkoholfahne?"
„Ich habe was getrunken als Prophylaxe."
„Als Prophylaxe gegen was?"
„Als Prophylaxe gegen Erkältung."
„Und warum hättest du dich erkälten sollen?"
„Ich habe doch in einem Fluss gebadet, und das Wasser war verdammt kalt!"
„Und wieso hast du denn gebadet?"
„Um mich wieder nüchtern zu kriegen!"

* * *

Der Leiter einer Hausverwaltung in Moskau wirft seinem Stellvertreter Zweckentfremdung von Geldmitteln vor: „Sie waren auf Dienstreise in Deutschland. Wieso haben Sie unseren Klempner mitgenommen?" Der Stellvertreter rechtfertigt sich: „Ich konnte einfach nicht „nein" sagen. Er hat mich jahrelang darum gebeten, ihm einen nüchternen Kollegen zu zeigen!"

„Es war wohl blöd, dass ich gestern aus der Bar bereits um 01:30 mit dem Auto nach Hause gefahren bin."
„Stimmt. Und um so blöder, da du in die Bar zu Fuss gekommen bist."

* * *

In einen Bus platz an der Haltestelle ein besoffener Mann herein. Der Bus fährt ab, der Mann strauchelt und landet auf dem Schoss einer vornehmen Dame. Empört tadelt sie den Mann: „Sie sollten sich schämen! Wäre ich im solchen Zustand wie Sie, hätte ich mir aus Scham eine Kugel in den Kopf gejagt!" Darauf der Mann: „Tut mir leid, gnädige Frau, aber wenn Sie im solchen Zustand wie ich wären, hätten Sie daneben geschossen!"

* * *

Ein russischer UFO-Forscher suchte 20 Jahre lang vergeblich Kontakt zu kleinen grünen Männchen. Aus Kummer hat er angefangen zu saufen. Bereits zwei Wochen danach kam der erwünschte Kontakt zustande!

* * *

„Herr Doktor, ich kaufe jeden Tag Wodka. Bin ich etwa ein Shopaholic?"

„Wie kannst du jeden Tag saufen? Du hast ja gar kein Geld!"

„Geil, was?!"

* * *

„Maria, sag mal ehrlich, soll ich mit dem Saufen aufhören?"

„Du hast gestern den ganzen Flur vollgekotzt und im Schlaf auf noch ins Bett gemacht!"

„Sag es bitte klar und deutlich, deine feinen Anspielungen verstehe ich einfach nicht!"

* * *

„Papi, wieso denkst du, dass ich unbedingt besoffen sein muss, nur weil ich bei einer Geburtstagsparty gewesen bin?"

„Weil ich deine Mutter bin!!!"

* * *

Jedes mal, wenn ich zu einer Party gehe, lasse ich auf meinem Nachttisch eine Packung Kopfwehtabletten und eine Flasche Mineralwasser für den nächsten Mor-gen. Das Problem liegt allerdings daran, dass ich nach all diesen Partys noch nie zu Hause aufgewacht bin.

* * *

Der Kapitän eines russischen Kreuzfahrtschiffs schimpft mit dem Matrosen, der für das Schiffsbuch zuständig ist: „Was denken Sie sich eigentlich?! Wieso haben Sie ins Schiffsbuch eingetragen „Der Kapitän war heute besoffen"? Das Schiffsbuch ist dafür da, um *besondere* Vorkommnisse einzutragen und nicht alles, was Ihnen so in den Sinn kommt! Haben Sie das verstanden?!" „Jawohl, Herr Kapitän!", antwortet der Matrose.

In einer Woche liest der Kapitän einen neuen Eintrag ins Schiffsbuch: „Der Kapitän war heute nüchtern."

Drogen

Ein Fixer sagt zum anderen:
„Du, ich habe neulich im Fernsehen gesehen, dass die Drogen uns daran hindern, die Schönheiten der Natur zu sehen."
„Quatsch! Gestern habe auf dem Balkon gestanden und gesehen, wie wunderbar die Vögel scheinen und die Sonne singt!"

* * *

Ein Fixer sitzt vor dem Fernseher. Plötzlich klingelt es an der Tür.
Er macht auf. Vor ihm stehen eine Giraffe, ein Papagei und ein Hamster.
Der Fixer: „Hä?"
Die Giraffe: „Polizei! Wir haben Informationen, dass hier Halluzinogene missbraucht werden."

* * *

Ein Kiffer kriecht auf allen Vieren durch ein Hanffeld. Völlig fasziniert streichelt er das Kraut und wiederholt die ganze Zeit: „Hanf, Hanf, Hanf!" Plötzlich taucht vor ihm eine Natter auf und zischt ihn an. Unbeeindruckt schiebt er sie mit der Hand zur Seite: „Verpiss dich, du Horrortrip! Hanf, Hanf, Hanf!.."

* * *

Zwei Fixer kiffen in der Küche. Da kommt ein Dackel und frisst etwas aus seinem Napf. „Du hast ja einen komischen Hund: seine Beine sind viel zu kurz", sagt der eine. „Wieso denn zu kurz?", wundert sich der andere, die reichen doch bis auf Boden!"

* * *

Zwei Fixer sitzen in einem Theater und warten auf den Beginn des Stücks. Langsam verlöschen die Lichter. Da sagt der eine Fixer zum anderen:
„Weißt du vielleicht, wie die das machen?"
„Ja, ich bin dahinter gekommen: Da hockt so ein Typ hinter den Kulissen und zieht ganz-ganz langsam den Stecker aus der Steckdose!"

* * *

Neulich hat mich die Verkehrspolizei bei einer Routinekontrolle angehalten. Ich musste mich einem Drogentest unterziehen. Der Test fiel negativ aus. Jetzt habe ich ein spannendes Gesprächsthema mit meinem Dealer.

* * *

Wir behandeln Drogensucht und Alkoholismus mit Erfolgsgarantie!
Attraktive Rabatte für Stammkunden!!!

Im Zuge der Maßnahmen zur Drogenprävention hat der Bürgermeister der russischen Stadt Lipezk mehrere hunderte Schilder mit der Aufschrift „Die Stadt ohne Drogen!" anbringen lassen. Die Dealer aus der Nachbarstadt Woronesch haben dies allerdings als Hilferuf verstanden und sofort Lieferungen organisiert.

* * *

Als der russische Drogenspürhund Rex das Gepäck des holländischen Fluggastes an der Zollkontrolle am Flughafen „Scheremetjewo" beschnuppert und etwas Verdächtiges gemerkt hatte, versuchte er mit einem Augenzwinkern zu signalisieren, dass das Problem sich mit einem Kilo Rinderbraten lösen lässt.

* * *

Eine neue Dienstleistung von russischen Hellsehern für Drogensüchtige: Deutung von Halluzinationen.

* * *

Nein, Mami, ich rauche nicht, Ehrenwort! Das Feuerzeug in meiner Hosentasche nehme ich nur, um das Heroin im Löffel zu erhitzen, ich schwöre es!

* * *

Das Standesamt des Bezirkes Medwedkowo in Moskau

fordert alle Eltern, deren Kinder zwischen dem 35. und 41. August geboren sind, auf, sich bei der städtischen Drogenkontrolle zu melden.

* * *

Hilfe! Meine Freundin hat einen Joint geraucht und ist mit der Waschmaschine weggefahren. Ich könnte sie mit dem Staubsauger einholen, aber ich habe keinen Führerschein!

* * *

Ein Kiffer fragt den anderen: „Hey, Mann, wann bist du geboren worden?" „Am 29. Februar," antwortet der. „Na da hast du noch Glück gehabt, das es ein Schaltjahr war, sonst wärest du überhaupt nicht auf dieser Welt."

* * *

Einmal waren zwei Fixer den ganzen Tag über auf der Entenjagd. Die Jagd verlief aber erfolglos. Zum Schluss sagte einer nachdenklich zum anderen: „Das ist ja merkwürdig. Entweder fliegen die Enten einfach zu hoch, oder wir haben unseren Jagdhund nicht hoch genug geworfen."

* * *

Der Moskauer Bürgermeister hat vorgeschlagen, alle

Studenten in Russland auf Drogen zu testen. Die Studenten haben einen Gegenvorschlag: Man sollte alle Bürgermeister in Russland auf Korruption testen.

* * *

Ein Mann läuft durch das Treppenhaus in seinem Wohnblock und sieht dort eine Gruppe von Junkies, die eine Heroin-Spritze reihum gehen lassen. Verblüfft fragt er sie: „Habt ihr denn keine Angst vor AIDS?" „Quatsch, jeder von uns hat doch ein Kondom dabei!", kommt ihm als Antwort entgegen.

* * *

Ein niederländischer Bürger hat den russischen Zollbeamten im Flughafen Scheremetjewo-2 erzählt, dass die 20 Kilo weißen Pulvers in seinem Gepäck nichts anderes sei als einfaches Mehl. Daraufhin haben die Zollbeamten von ihm verlangt, Pfannkuchen direkt im Terminal zu backen.

* * *

Ein Fixer sagt zu dem anderen: „Hast du das gehört: Wassilij ist jetzt an der medizinischen Universität Moskau!" „Wow! Das ist aber geil! Was studiert er denn genau: allgemeine Medizin, Chirurgie, Pädiatrie?" „Na ja, er studiert eigentlich gar nichts. Er wird dort als Lehrmittel benutzt."

Ein Fixer sitzt auf der Anklagebank. In seine Gedanken versunken steckt er die Hand in die Hosentasche und entdeckt dort plötzlich etwa ein Gramm Kokain. Er nimmt einen günstigen Augenblick wahr und schnuppert die Dosis hinein. Die Wirkung tritt bald ein.

„Angeklagter, Sie haben das letzte Wort," verkündet der Richter. Keine Reaktion.

„Angeklagter! Angeklagter! Herr Wachtmeister, wecken Sie den Angeklagten!"

Der Fixer hebt den Kopf: „Ups! Die Bullen?!"

* * *

Drei ältere Frauen unterhalten sich.

Die erste: „Mein Enkelsohn, Sergej, wird wahrscheinlich Arzt: Er hantiert immer wieder mit den Spritzen und kocht irgendwelche Heilmittel."

Die zweite: „Und mein Enkelsohn, Pjotr, wird wahrscheinlich Profifahrer: Er schnuppert jeden Tag Benzindämpfe hinein."

Die dritte: „Und mein Enkelsohn, Anton, wird wohl ein Taugenichts: Er kocht nichts, schnuppert nichts hinein, trinkt nur ab und zu ein bisschen Rotwein."

* * *

Mein Vater fährt total auf Puderzucker ab. Ich habe schon des Öfteren gesehen, wie er Puderzucker direkt von dem Tisch mit der Nase isst!

Der kleine Wowa

Der kleine Wowa ist ein schlechter Schüler, der raucht, säuft und allen Mädchen nachjagt – eine Witzfigur aus der Sowjetzeit, die auch den Zusammenbruch der Sowjetunion überlebt hat. Man kann sagen, dass der kleine Wowa das russische Pendant zu Klein Fritzchen ist. „Wowa" ist übrigens eine Koseform für „Wladimir" (Klein Wladimir also). Deshalb schmunzeln die Russen bei diesen Witzen und meinen damit: „Vorsicht! Präsident Wladimir Putin könnte es persönlich nehmen!"

Der kleine Wowa kommt mit einem blauen Auge in die Schule. „Wowa, was ist mit dir los?!", fragt seine Lehrerin. „Na ja, ich war mit meinem Vater auf dem See und da kam eine Wespe. " „Oh-o ... die hat dich gestochen, ja?" „Nein, nein! Vater war schneller, er hat sie mit dem Ruder totgeschlagen!"

* * *

In der Schule:
„Kinder, bildet einen Satz mit den Worten 'Ich habe nur eine Mutter'. Maria, du bist dran."
„Ich habe meine Mutter lieb, denn ich habe nur eine Mutter."
„Sehr gut! Und jetzt Andrej."
„Ich muss zu meiner Mutter nett sein, denn ich habe nur eine Mutter."

„Prima! Und jetzt der kleine Wowa."

„Ich kam einmal von der Schule nach Hause und habe im Kühlschrank zwei Flaschen Wodka entdeckt."

„Und wo ist der Satz?"

„Moment. Der kommt gleich. Also da hab` ich grade eine Flasche `runtergekippt. Und da kommt meine Mutter mit ihrem Liebhaber nach Hause und ruft vom Wohnzimmer aus zu: Wowa, bring uns mal die zwei Flaschen Wodka aus dem Kühlschrank! Und ich habe geantwortet: Ich hab' nur eine, Mutter!"

* * *

Die Eltern erwischen den kleinen Wowa mit seiner Schulfreundin Mascha im Bett.

Mascha denkt: „Wenn Wowa ein Gentlemen ist, wird er mich nicht im Stich lassen."

Die Mutter denkt: „Wie hält sie bloß die Beine, es ist doch so unbequem!"

Der Vater denkt: „Die Kinder werden aber schnell groß, bald wird er noch zu rauchen anfangen."

Der kleine Wowa denkt: „Scheiße, jetzt kriege ich sicher zu Weihnachten kein Fahrrad!"

* * *

Die Lehrerin: „Wowa, nenne mir bitte zwei Fürwörter!"

Der kleine Wowa: „Wer, ich?!"

Die Lehrerin: „Sehr gut, Wowa!"

„Klein Wowa, kannst du bitte ein paar Beispiele der zerstörerischen Wirkung des Alkohols auf den menschlichen Körper aufzählen?"

„Soll ich schon wieder meine Eltern in die Schule bringen?"

* * *

Der Lehrer erwischt den kleinen Wowa, der in der Stunde gemütlich im »Playboy« blättert.

„Wowa, ich will morgen deine Eltern sehen!"

„Herr Lehrer, Sie müssen aber nicht bis morgen warten. Hier sind sie doch – Seite 42-43!"

* * *

„Einmal fand die Mutter des kleinen Wowa in seinem Zimmer ein „Kamasutra". Zunächst wollte er sich herauswinden und sagen, er wisse nicht, wo das Buch herkomme, aber die Anmerkungen und Verbesserungsvorschläge im Buch waren ja in seiner Handschrift verfasst ..."

* * *

„Wowa, komm mal her! Hattest du etwa mein „Kamasutra" genommen?"

„Ja ..."

„Und hast du vielleicht dort etwas dazu gezeichnet?"

„Ja ..."

„Dann komm jetzt ins Schlafzimmer und hilf mir gefälligst Mutter loszubinden!"

* * *

Der Aufsatz zum Thema „Meine Sommerferien" vom kleinen Wowa beginnt so: „In den Sommerferien war ich bei meiner Großmutter auf dem Lande. Dort gab es zwei Siebtklässlerinnen Wera und Julia, die junge Witwe Klawa, das Schaf Manka und eine Gans. Frau Lehrerin, wenn Sie wollen, können Sie weiter lesen, aber sagen Sie nachher nicht, ich hätte Sie nicht gewarnt".

* * *

Die Lehrerin sagt zu den SchülerInnen: „Kinder, macht mal einen Satz mit den Worten 'wie ich es erwartet habe'. Viktor, fang doch an!"
„Mein Vater kam von seiner Dienstreise nach Hause zurück und brachte mir ein Geschenk, wie ich es erwartet habe".
„Sehr gut! Und jetzt du, Pjotr!"
„Gestern war ich angeln und konnte sehr viele Fische fangen, wie ich es erwartet habe."
„Das war auch gut! Und jetzt du, Wowa!"
„Katja aus der Parallelklasse kann einfach toll einen blasen".
„Raus aus dem Schulzimmer!"
„Wie ich es erwartet habe."

Der Direktor der Schule stellt den SchülerInnen ihre neue Lehrerin vor: „"Das ist Frau Ivanova. Sie hat ein Studium an der Pädagogischen Hochschule in unserer Stadt mit den besten Noten abgeschlossen und kann auch sehr gute Referenzen vorweisen".

Der kleine Wowa: „Und sie hat einen tollen Busen und einen knackigen Po."

Der Direktor (stolz): „Ich habe sie doch selbst gewählt!"

* * *

Eine Nachbarin sieht den kleinen Wowa, der von der Schule nach Hause kommt.

„Hallo, Wowa! Wie geht es dir?"

„Gut."

„Und wie läuft es in der Schule?"

„Gut."

„Und wie geht es deinen Eltern?"

„Gut."

„Sag mal, kennst du auch andere Wörter außer 'gut'?"

„Na klar doch! Aber mein Vater meint, ich darf zu den Erwachsenen nicht „Leck mich am Arsch!" sagen."

* * *

Der kleine Wowa mit seiner Freundin Lena fragt seine Großmutter:

„Oma, wo kommen die Kinder her?"

„Ach, meine Lieben, die bringt doch der Klapperstorch!"

Leise flüstert Wowa in Lenas Ohr: „Sollen wir ihr

vielleicht sagen, wie es wirklich abläuft? Sonst wird sie noch sterben, ohne die Wahrheit erfahren zu haben."

* * *

Die Klassenlehrerin versucht ihre SchülerInnen zu überzeugen, ein Klassenfoto zu machen. „Stellt euch vor, wie fabelhaft es sein wird, euch dieses Foto anzuschauen, wenn ihr schon erwachsen seid: Das ist Maria, sie ist jetzt eine berühmte Schauspielerin. Das ist Pjotr, er arbeitet jetzt als Arzt."
Im Flüsterton meldet sich der kleine Wowa von seiner Faulbank: „Und das ist unsere Klassenlehrerin, sie hat schon längst den Löffel abgegeben."

* * *

Der Vater von Wowa sagt zu ihm: „Ich habe gestern ein Portemonnaie mit 10 000 Rubel drin gefunden und diesen Fund sofort zur Polizei gebracht, damit man den Besitzer möglichst rasch findet. Und was hättest du in einer solchen Situation getan?" Daraufhin der kleine Wowa: „Das gleiche wie du, Papi: gelogen."

* * *

Der kleine Wowa und seine Mitschülerin Maria plaudern leise während des Unterrichts.
Maria: „So ein Mist! Ich bin schwanger und habe keinen blassen Schimmer, von wem!"

Wowa: „Und ich habe mir den Tripper geholt, auch eine schöne Bescherung!"

Die Klassenlehrerin: „Jetzt hört aber auf zu plaudern! Wowa, wie viel macht es 6x6?"

Wowa „36. Ihre Probleme hätten wir gern, Frau Lehrerin."

* * *

Der Klassenlehrer fragt seine SchülerInnen: „Wie viel mach sieben mal sieben? Sag mal du, Wowa!"

Wowa: „Ich höre hier nichts, Herr Lehrer."

Der Klassenlehrer kommt etwas näher: „Wie viel mach sieben mal sieben?"

Wowa: „Ich höre hier immer noch nichts, Herr Lehrer."

Der Klassenlehrer: „Das kann doch nicht sein! Lass uns mal die Plätze tauschen."

Wowa kommt zum Lehrertisch und fragt von dort: „Herr Lehrer, wann hören Sie auf, mit meiner Mutter zu schlafen?"

Daraufhin der Klassenlehrer von Wowas Schulbank: „Das ist ja echt unglaublich! Hier hört man tatsächlich nichts!"

* * *

Die Klassenlehrerin wendet sich an Wowa: „Klein Wowa, nehmen wir an, du hast 100 Rubel. Du bittest deinen Vater, dir noch 100 Rubel zu geben. Wie viel Geld hast du danach insgesamt?"

Daraufhin Wowa: „100 Rubel, Frau Lehrerin."
Die Lehrerin: „Das ist ja schlecht, Wowa, du hast ja keine Kenntnisse von der Mathematik!"
Wowa: „Nein, Frau Lehrerin, *Sie* haben wohl keine Kenntnisse von meinem Vater!"

* * *

Der kleine Wowa sagt zu seiner Mutter, dass er gestern im Kindergarten Schnee gegessen habe. Die empörte Mutter beschwert sich bei der Erzieherin: „Wie konnten Sie zulassen, dass die Kinder im Kindergarten Schnee essen?!" Die Erzieherin: „Hat das Ihnen etwa der kleine Wowa gesagt? Der war doch gestern gar nicht draussen!" Die Mutter: „Wieso denn das?" Die Erzieherin: „Er hat mir gesagt, dass er von seinem Vater vorgestern ein volles Glas Wodka eingeschenkt bekam und einen schrecklichen Kater habe."

* * *

Die Lehrerin: „Wowa, mach mal einen Satz mit dem Verb 'schlafen'".
Daraufhin Wowa: „Swetlana Ivanova aus der Klasse 9b schläft mit jedem, der Geld hat."
Die Lehrerin: „Raus aus dem Schulzimmer!"
In der Pause sieht die Lehrerin, dass Wowa auf dem Pausenplatz genüsslich eine Tafel Schokolade futtert.
Die Lehrerin: „Wowa, wo hast du die Schokolade her?"
Wowa: „Von Herrn Direktor. Er hat mich gefragt,

wieso ich nicht im Schulzimmer bin. Als ich ihm alles erzählt habe, hat er die Rufnummer von Swetlana Ivanova aufgeschrieben und mir die Schokolade gegeben."

„Hallo, Wowa! Du bist jetzt in einer neuen Schule. Wie geht es dir dort?"

* * *

„Nicht besonders gut. Da habe ich keine Chancen, die Hausaufgaben abzuschreiben."

„Sind denn die LehrerInnen dort so streng?"

„Nein, meine Klassenkameraden sind einfach zu dämlich."

Nützliche Ratschläge

Die Sonne kann im Teleskop zwei mal betrachtet werden. Einmal mit dem linken Auge, und einmal mit dem rechten.

* * *

Eine mit dem Hammer eingeschlagene Schraube sitzt fester als ein mit dem Schraubenzieher eingedrehter Nagel.

* * *

Wie kann man ein 5 Meter langes Schwein züchten? Man betoniert die Hinterbeine ein und schiebt die Krippe mit dem Futter jeden Tag ein wenig weiter weg.

* * *

Wenn Ihr Drucker kaputt ist, legen Sie doch den Monitor auf den Kopierer!

* * *

Nichts bekämpft die Schläfrigkeit besser als ein starker, süßer, heißer Kaffee, der auf Ihren Bauch ausgeschüttet wurde.

* * *

Fassen Sie keine Drähte unter Strom mit nassen Händen an - die können verrosten!

* * *

Das russische Patentamt hat in diesem Quartal die Patentierung von folgenden Erfindungen verweigert:
Inhaltsverzeichnisse für Wörterbücher
Taschenlampe mit Solarenergiebatterien
Tee in wasserdichten Teebeuteln
Fallschirm, der sich beim Aufprall automatisch öffnet
Rollstuhl mit Pedalantrieb
Lesestütze für Autofahrer
Aufblasbare Dartsscheibe
Feuerfeste Streichhölzer
Schleudersitz für Hubschrauber

* * *

Wenn sie erfahren, dass Ihr Nachbar plötzlich eine Pistole gekauft hat, sollten Sie nachts lieber nicht weiter Trompete spielen.

* * *

Wenn sie jemand um Ihre Rufnummer bittet und Sie keinen Bock haben, sie anzugeben, den Bittenden aber nicht beleidigen wollen, geben Sie ihm doch die Rufnummer eines x-beliebigen Krankenhauses: Da ist die Leitung immer besetzt!

Wenn Sie abnehmen wollen, ziehen Sie sich nackt aus, setzen sich vor einen Spiegel und fangen mit dem Essen an. Diese Methode ist sehr effizient, weil man Sie im selben Moment aus dem Restaurant rauswirft.

* * *

Liebe Väter, bedenken Sie: Wenn Sie die Hand gegen Ihr Kind erheben, bleibt ihr Genitalbereich ungeschützt!

* * *

Wenn Sie eine Dummheit machen wollen, müssen Sie sich beeilen, sonst können abertausende von Menschen Ihnen zuvorkommen!

* * *

Ein Gentleman muss unbedingt wissen, was der Dame seines Herzens besonders gefällt, um nicht dorthin zu kommen, wo man es kaufen kann.

* * *

Aus dem russischen Knigge: Es schickt sich nicht, seine Hände in der Öffentlichkeit in die Hosentaschen zu stecken. Besonders wenn Sie eine Frau sind, und in der Hose ein Mann steckt.

* * *

Wenn Sie merken, dass Ihre Wasserleitung auf einmal ein Leck hat, müssen Sie nicht unbedingt sofort einen Klempner rufen. Warten Sie einfach eine Viertelstunde ab, und es wird Ihr Nachbar von unten tun.

* * *

Wenn Sie lange nicht zu Hause gewesen sind, dann ist es empfehlenswert, an die Tür eines Schrankes zu klopfen, bevor Sie sie aufmachen.

* * *

Um eine echte Schweizer Uhr von einer gefälschten zu unterscheiden, werfen Sie sie mit voller Wucht auf den Boden des Uhrengeschäfts. Wenn die Uhr echt ist, wird der Verkäufer auf der Stelle an Herzkollaps sterben.

* * *

Ein aufkochender Pfeifkessel wird lauter pfeifen, wenn Sie jemand von ihren Hausangehörigen vorher draufsetzen.

* * *

Wenn Sie Fahrtkosten sparen wollen, laufen Sie einfach einem Bus oder einer S-Bahn nach! So sparen Sie Geld und treiben Sport. Und noch besser ist es, einem Taxi nachzulaufen: auf diese Weise werden Sie noch viel mehr Geld sparen.

Wenn Sie sich genieren, an einem öffentlichen Ort eine Münze aufzulesen, ziehen Sie einfach die Hose herunter und hocken Sie sich hin, als ob Sie Notdurft verrichten wollen. Auf diese Weise können Sie die Münze in aller Ruhe auflesen.

* * *

Das frühe Aufstehen für Arbeit wird für Sie viel einfacher sein, wenn Sie eine Mausefalle auf Ihren Wecker legen würden.

* * *

Wenn Sie Gäste erwarten und plötzlich einen Sonnenblumenölfleck an Ihrem Anzug entdeckt haben, müssen Sie nicht gerade verzweifeln. Diesen Fleck können Sie problemlos mit Benzin entfernen. Wenn danach ein Benzinfleck entsteht, entfernen Sie ihn am besten mit Alkalilösung. Den Alkalilösungsfleck kriegen Sie problemlos mit Essig weg. Um den Essigfleck zu entfernen, benutzen Sie doch Sonnenblumenöl. Und wie man einen Sonnenblumenölfleck entfernt, wissen Sie ja schon!

* * *

Damit der Mann mehr Geld für die Familie bringt, muss man sich von ihm einfach rechtzeitig scheiden lassen.

Liebe Männer! Fragen Sie nie ihre Frau nach ihrer Meinung über irgendein Problem: sie wird ihre Meinung sowieso unaufgefordert äußern, und zwar mehrmals. Und außerdem jedes Mal eine andere.

* * *

Wenn Sie als Gast irgendwo mit etwas Sauce die Tischdecke beckleckert haben und sich wünschen, dass alle diesen Fauxpas möglichst schnell vergessen, stehen Sie einfach auf und beschimpfen die Hausherrin laut und deutliche als blöde Kuh.

* * *

Wenn Ihre Gäste viel zu lange bei Ihnen bleiben und nicht gehen wollen, wird ihr Blick um einiges ausdrucksvoller sein, wenn Sie ihn immer wieder zwischen der Uhr und dem auf der Wand hängenden Gewehr gleiten lassen.

* * *

Ein Lebenskniff extra für die russischen Männer: Wenn Sie sich im Alter von 55 Jahren einer Geschlechtsum-wandlungsoperation unterziehen, dann können Sie sich 5 Jahre früher pensionieren lassen!

* * *

Wenn Sie die Schnürsenkel von Ihren Schuhen um jeweils 1 Meter länger machen, können Sie sich beim Laufen mit den Händen helfen.

* * *

Sie sollten das virtuelle Leben nicht missbrauchen: dies führt nämlich zu realen Hämorrhoiden.

* * *

Wenn man die Essstäbchen ausbohrt, dann kann man mit ihnen nicht nur essen, sondern auch trinken.

* * *

Damit die Hände eines Patienten nach einer komplizierten Operation ihre Mobilität schneller wiedererlangen, haben die Ärzte einer Klinik in Moskau einen raffinierten Trick angewendet: sie haben ihm ca. 100 Kopfläuse in die Haare gesetzt.

* * *

Eine vegetarische Suppe wird viel nahrhafter, wenn Sie etwas Rindfleisch hinzufügen.

* * *

Um das Nasenbluten schnell zu stoppen, hauen Sie mit

einem Hammer auf den Zeigefinger und stecken Sie diesen ins Nasenloch. Der Finger wird rasch anschwellen und das Nasenloch verstopfen. Falls es aus beiden Nasenlöchern blutet, wiederholen Sie das Prozedere einfach noch einmal mit dem anderen Zeigefinger.

* * *

Ein Tipp für besonders Sparsame: Der Kalender für das Jahr 1986 stimmte 1:1 mit dem Kalender für das Jahr 2014 überein. Bewahren Sie ihn auf: das Gleiche tritt im Jahr 2042 ein!

Goldfisch

Ein Russe begegnet nicht einer guten Fee, die ihm Wünsche erfüllt, sondern er fängt einen Goldfisch. Um zurück ins Wasser zu kommen, übernimmt der Fisch die Funktion der guten Fee. Diese Goldfischfigur ist eine Entlehnung aus dem „Märchen vom Fischer und Fischlein" des großen russischen Dichters Alexander Puschkin. Im Märchen geht so einiges schief mit den Wünschen. In den Witzen übrigens auch.

Ein Mann fängt einen Goldfisch. „Lass mich doch frei", sagt der Fisch, „ich erfülle dir einen Wunsch". „Ich will einen Penis, der bis auf den Boden reicht!", sagt der Mann. Und der Goldfisch verkürzt ihm die Beine.

* * *

Ein Mann fängt den Goldfisch.
„Wenn du mich freilässt", sagt der Fisch, „hast du drei Wünsche frei."
„Ich will Herzog werden!"
„So sei es!"
Der Mann befindet sich plötzlich in einem schönen Palast. Eine hübsche Dame kommt auf ihn zu und sagt: „Franz Ferdinand, morgen fahren wir nach Sarajewo!"
„Oh nein", denkt der Mann, ruft wieder den Fisch und sagt, dass er nun den zweiten Wunsch in Anspruch nehmen wolle: „Ich will Staatsoberhaupt eines mächtigen

Reiches werden!"

„So sei es!", sagt der Fisch.

Der Mann findet sich in einem luxuriösen unterirdischen Wohnbunker wieder. Ein Offizier der deutschen Wehrmacht kommt in den Bunker und sagt: „Mein Führer! Die Russen nähern sich Berlin!"

„Du, Fisch", sagt der Mann, „erfülle mir nun meinen dritten Wunsch. Ich will ein arabischer Milliardär sein!"

„So sei es!", sagt der Fisch.

Der Mann befindet sich plötzlich in einer Höhle; die gleicht einem prächtigen Gemach. An den Wänden brennen Fackeln, überall stehen Truhen voll Gold und Edelsteine, auf dem Teppich steht eine köstliche Mahlzeit. Auf einmal kommt ein Mann mit einem Turban und einer Kalaschnikow in der Hand in die Höhle und sagt aufgeregt: „Usama, die Nord-Allianz hat Kabul eingenommen!"

* * *

Ein neuer Russe sitzt bei seinem „Kollegen" im Auto und merkt plötzlich, dass dieser ein tolles neues Spiel hat: Auf einem etwa 30 cm langen Tennisplatz spielen kleine Figuren Tennis; das ganze sieht wie echt aus. „Petja, wo hast du so was ergattert?", fragt der neue Russe. „Ich habe einen Goldfisch gefangen", antwortet der andere. „Das ist ja toll, kannst du mir den Fisch für ein paar Tage ausleihen?" „Das ist kein Problem, aber pass auf, denn er hört nicht so gut".

Am nächsten Tag schaut Petja bei dem neuen Russen

vorbei und sieht, dass sein Haus und Grundstück mit Faxgeräten völlig überdeckt ist. „Mann, was hast du hier angestellt?", wundert er sich. „Das ist alles dein Scheiß-Fisch, ich habe zu ihm gesagt, ich will 100 000 backs, und er gibt mir 100 000 Fax!" „Ich habe dich ja gewarnt, dass er nicht so gut hört. Du denkst wohl nicht im Ernst, dass ich mir einen *30 cm großen Tennis* gewünscht habe?!

* * *

Ein Mann fängt eines Tages einen Goldfisch.
„Lass mich frei, sagt der Goldfisch, dafür werde ich dir drei Wünsche erfüllen."
„O.K., sagt der Mann, mein erster Wunsch: dass ich im Suff keine Halluzinationen mehr bekomme.
Mein zweiter Wunsch... oops... He, wo bist du, Goldfisch?!"

* * *

„Und jetzt hast du nur noch einen Wunsch", sagt der Goldfisch.
„Na ja", sagt der Fischer. „Ich habe nun 10.000.000 Euro auf einer Schweizer Bank, ein 5-stöckiges Ferienhaus in Nizza ... Ich könnte doch etwas Uneigennütziges tun. Da schaut er sich um und sieht, wie ein junger Mann mit einem Stock in der Hand langsam die Küste entlang torkelt. „Da ist es, mein dritter Wunsch: ich will, dass er den Stock wegwirft und wieder läuft!" Der

junge Mann rennt sofort zur nächsten Autobahn und schreit: „Welcher Idiot hat es gemacht, ich bin doch nicht gehbehindert – ich bin blind!"

Leutnant Rschewski

Der Leutnant Rschewski ist eine Figur aus einem populären historischen Musical des sowjetischen Filme-machers Eldar Rjazanow „Die Husaren-Ballade" über den Krieg gegen Napoleon 1812. Der verwegene Haudegen, mutige Kämpfer und erfolgreiche Schürzenjäger Rschewski wurde, warum auch immer, zu einer Kompen-sationsfigur für die ganze Sphäre der Erotik, die aus der offiziellen sowjetischen Kultur verbannt wurde. Nebenbei ist Herr Leutnant auch manchmal nur schwer von Begriff. In den Rschewski-Witzen entstanden auch Verflechtungen zwischen Rschewski und Figuren aus dem Roman von Leo Tolstoi „Krieg und Frieden" (der ebenfalls verfilmt wurde), dessen Handlung auch 1812 spielt – vor allem Natascha Rostowa und Pierre Besuchow. Die Bandbreite mancher Witze aus dieser Reihe reicht von „erotisch" bis „obszön".

„Herr Leutnant, Sie haben heute Geburtstag. Ich habe für Sie ein Geschenk", sagt Natascha Rostowa und zieht ihr Kleid aus. Sie steht völlig nackt vor ihm; das einzige „Kleidungsstück" ist eine hübsche rosa Schleife an ihrem Schamhügel. „Na", sagt der Leutnant und krempelt seinen rechten Ärmel hoch, „wie tief sitzt es wohl?"

* * *

Leutnant Rschewski geht einmal nachts auf seinen

Balkon und ruft: „Mein Gott, ist es schön hier!" Und das Echo antwortet aus Gewohnheit: „Leck mich am Arsch!"

* * *

Nach dem Ball will der Leutnant Rschewski Natascha Rostowa auf die Lippen küssen. Aber sie presst die Beine so fest zusammen, dass seine Brille zerbricht.

* * *

Ein Koch erklärt dem Leutnant Rschewski, wie er ein Spanferkel für eine von ihm begehrte Dame servieren soll: „Und bevor Sie es servieren, stecken Sie noch ein Büschel Petersilie in jedes Ohr und einen Apfel ins Maul".
Rschewski: „Mein Gott, sie wird mich doch wohl nicht wieder erkennen!"

* * *

Leutnant Rschewski langweilt sich auf dem Ball seines Regiments. Sein Kommandeur kommt auf ihn zu und sagt: „Herr Leutnant, die Ehefrau des Gouverneurs langweilt sich ebenfalls. Fordern Sie sie doch zum Tanz auf und machen Sie ihr danach ein nettes Kompliment". Nach dem Tanz mit der Gouverneursfrau sagt Rschewski zu ihr: „Gnädige Frau, ich bin entzückt! Sie schwitzen beim Tanzen viel weniger als jede andere betagte fette Frau!"

Piere Besuchow fragt Leutnant Rschewski: „Herr Leutnant, stimmt es, dass Sie sechsmal pro Woche Sex mit verschiedenen Frauen haben?" „Jawohl, stimmt genau". „Aber wie schaffen Sie das bloß?!" „Ich muss zugeben, dass es nicht einfach ist. Aber ich habe es mir zur Regel gemacht, mich einmal pro Woche in Enthaltung zu üben".

* * *

Ein russischer Gouverneur hat zum 18. Geburtstag seiner Tochter Natascha eine Gruppe Husaren eingeladen, darunter auch Leutnant Rschewski. Der Gouverneur macht den Husaren klar, wie sie sich zu benehmen haben, besonders Leutnant Rschweski. Plötzlich flattert leichtfüßig Natascha ins Zimmer. In der Hand hält sie eine Kerze. „Papi", sagt sie, „in meiner Geburtstagstorte hat es nur für 17 Kerzen Platz gehabt. Wohin soll ich nun die 18. Kerze stecken?" Mit hochrotem Kopf brüllt der Kommandeur der Husaren lautstark: „Rschewski! Klappe!!!"

* * *

Eine Dame sagt am Billardtisch zu Leutnant Rschewski: „Herr Leutnant, ich zweifele nicht an Ihrer Potenz, deshalb spielen Sie bitte die nächste Partie mit dem Queue".

* * *

Leutnant Rschewski sagt an einem Ball zu anderen Husaren:

„Meine Herren, ich muss mal pinkeln!"

Empört antwortet einer von ihnen:

„Herr Leutnant, lassen Sie diese Ausdrucksweise! Sie hätten zum Beispiel sagen können: „Ich gehe mal mir die Sterne anschauen!"

Rschewski geht, kommt in 5 Minuten wieder und will sich sofort ein Glas Wein holen. Eine noble Dame betrachtet ihn dabei etwas misstrauisch: „Herr Leutnant, Sie hätten sich aber vorher die Hände waschen müssen!"

„Keine Angst, gnädige Frau! Ich habe das Teleskop mit der anderen Hand gehalten!"

* * *

Einmal hat Leutnant Rschewski in einem Puff übernachtet. Als er am nächsten Morgen gehen will, hört er eine Frauenstimme: „Herr Leutnant! Und das Geld?!" „Aber, meine Liebe: ein Husar wird doch nie Geld von einer Frau annehmen!"

* * *

Einmal begegnet Leutnant Rschewski in einem Restaurant einem Obersten.

Der Oberst: „Herr Leutnant, Sie sind so oft im Restaurant. Wie schaffen Sie das bloß? Ich, zum Beispiel, habe einfach nicht genug Geld dafür."

Rschewski: „Und was machen Sie mit Ihrem Gehalt,

Herr Oberst?"

Der Oberst: „Ich gebe es meiner Ehefrau, sie ist nämlich für unser Familienbudget zuständig."

Rschewski: „Ach, Herr Oberst, verzeihen Sie, aber Sie können einfach nicht mit Frauen umgehen. Kommen Sie auf sie zu, küssen Sie sie auf den Hals, berühren Sie zärtlich ihre Schulter, und dann wird sie schon Ihnen ein paar Hunderter geben."

Als der Oberst nach Hause kommt, sieht er seine Ehefrau, die in der Küche steht, und beschließ, den Rat des Leutnants zu befolgen. Er kommt von hinten auf sie zu, küsst Sie auf den Hals, berührt zärtlich ihre Schulter ...

„Na, Herr Leutnant", sagt die Frau lächelnd und ohne sich umzudrehen, „schon wieder kein Geld fürs Restaurant?"

* * *

Leutnant Rschewski und Natascha Rostowa stehen eines Nachts auf einem Balkon.

Natascha: „Herr Leutnant, haben Sie jeweils geliebt?"

Rschewski: „Na klar, habe ich gebumst!"

Natascha: „Nein, ich rede doch von hoher Liebe!"

Rschewski: „Ja, einmal war es auf einem Kirchenturm!"

Natascha: „Nein, ich meine was Anderes. Zum Beispiel eine heiße Liebe!"

Rschewski: „Stimmt, es war einmal in einem Dampfbad!"

Natascha: „Oh Gott, nein, ich meine so etwas, wovon die Erinnerungen für das ganze Leben bleiben!"

Rschewski: „Nein, gnädige Frau, Syphilis habe ich noch nie gehabt!"

* * *

Leutnant Rschewski entdeckt eines Morgens beim Zähneputzen einen Himbeersamen auf seiner Zahnbürste. Er beauftragt seinen Burschen herauszufinden, wo dieser herkommt. In etwa 2 Stunden kommt der Bursche zurück und erstattet Bericht: „Sie haben gestern Natascha Rostowa geküsst, die vorher Pierre Besuchow einen geblasen hat. Und Herr Besuchow hat vorher seinen Burschen zur Strafe zum Analverkehr gezwungen, weil dieser ohne Erlaubnis ein ganzes Glas Himbeerkonfitüre gefressen hat!"

* * *

Ein alter General wacht mitten in der Nach im Bett mit seiner neuen jungen Frau und sieht, wie Leutnant Rschewski diese zärtlich umarmt. Zornig wendet sich der General am Rschewski: „Was soll das denn, Herr Leutnant?!" Geistesgegenwärtig antwortet Rschewski: „Sie träumen einfach, Herr General!" Der General dreht sich entspannt auf die Seite: „Ach so ... Merkwürdig: der gleiche Traum seit drei Wochen ..."

* * *

Leutnant Rschewski tanzt mit Natascha Rostowa auf

einem Ball. Plötzlich rümpft Natascha ihre Nase: „Herr Leutnant, Ihre Socken stinken ja fürchterlich! Gehen Sie und ziehen Sie sie aus!" Rschewski verschwindet und kommt in ein paar Minuten wieder. Natascha mustert ihn misstrauisch: „Herr Leutnant, haben Sie denn Ihre Socken auch wirklich ausgezogen? Ich spüre nämlich den gleichen Geruch!" „Na klar doch", antwortet Rschewski munter und zieht als Beweis die Socken aus der Brusttasche seiner Uniformjacke hervor.

* * *

Leutnant Rschewski langweilt sich zusammen mit einigen anderen Offizieren von seinem Regiment in einem Restaurant. Plötzlich hat er eine Eingebung: „Meine Herren! Lass uns unsere Pferde in Sekt baden!" Verblüfft schauen ihn andere Offiziere an: „Herr Leutnant, so viel Geld haben wir aber nicht!" Nach einer Pause meldet sich Rschewski wieder: „Dann lasst uns wenigstens eine Katze mit Bier begießen!"

* * *

Im selben Zugabteil fahren eine noble Dame, ein Engländer, ein Franzose und Leutnant Rschweski.
Plötzlich lässt die Dame einen fahren. Als eleganter Kavalier nimmt das der Franzose auf die eigene Kappe: „Bitte entschuldigen Sie! Kommt nicht mehr vor." Nach einer Weile lässt die Dame noch einen fahren. Diesmal nimmt der Engländer als wahrer Gentleman die Schuld

auf sich: „Ich bitte um Entschuldigung: ich habe Darmprobleme." Leutnant Rschewski erhebt sich und sagt: „Meine Herren, ich gehe mal eine rauchen. Sollte die Dame noch einmal furzen, schieben Sie es einfach mir in die Schuhe."

* * *

Der junge Leutnant Rschewski liest in einem Benimmbuch, wie man mit den vornehmen Damen richtig ins Gespräch kommt. Das findet er eine Reihenfolge von diversen Gesprächsthemen: über Tiere, Wetter, Musik und Liebe. Er brennt darauf, das neue Wissen umzusetzen und geht nach draußen in einen Park. Bald sieht er dort eine noble Dame mit einem Schoßhund an der Leine. Geschickt verpasst Rschewski dem Hund einen solchen Fusstritt, dass dieser davonfliegt. Sogleich beginnt der Leutnant das Gespräch: „Sie haben aber einen kleinen Hund. Der ist so tief geflogen, es wird wohl bald regnen. Gestatten: Leutnant Rschewski. Ich habe zu Hause eine Trommel, wie wäre es mit Beischlaf?"

* * *

Natascha Rostowa verkauft Möbel aus ihrer Wohnung. Ein Käufer fragt Sie: „Frau Rostowa, was kostet dieses Bett?" Daraufhin Natascha: „Tut mir leid, das Bett verkaufe ich nicht: Das ist ein Andenken an meine intimen Beziehungen zu Leutnant Rschewski." Ein anderer Käufer meldet sich zu Wort: „Frau Rostowa, und was kostet dieses Klavier?" Auch hier weigerte sich Natascha, das Klavier zu verkaufen: das sei ja schließlich ein Andenken an ihre intimen Beziehungen zu Leutnant Rschewski. Der dritte Verkäufer: „Und was kostet dieser Kronleuchter? Dieser kann wohl kein Andenken an ihre intimen Beziehungen zu Herrn Rschewski sein." Natascha Rostowa: „Ach, Sie werden es wohl kaum glauben, aber Herr Rschewski steckte voller Einfälle."

In der Kürze ...

Der Direktor der Kunsthalle in einer russischen Provinz-stadt sagt empört zu zwei Klavierspielern, die eben angekommen sind: „Sie sind ja nur zu zweit! Und auf dem Anschlag steht es: Mozart, Tschaikowski, Beethoven, Chopin und Bach!"

* * *

Schild auf dem Straußenkäfig im Moskauer Zoo: „Strauß nicht erschrecken, Boden ist aus Beton!"

* * *

Hund entlaufen! Rasse Bullterrier, hört auf den Namen „Killer". Dem ehrlichen Finder - unser herzliches Beileid.

* * *

Spät abends kommt ein Anruf in eine Moskauer Wohnung.
„Hallo? Ist das die Rufnummer 222-22-22?"
„Ja."
„Können Sie bitte einen Arzt rufen - mein Finger ist in der Wählscheibe eingeklemmt. "

* * *

„Entschuldigung, wissen Sie, wer da grade beerdigt wird?"

„Ja, dieser Typ da, der im Sarg liegt."

* * *

Auf der Beerdigung meiner armen Schwiegermutter haben wir zwei Handorgeln zerrissen.

* * *

Wie soll eine ideale Ehefrau sein?
Etwa so: Eine schöne blonde taubstumme Nymphomanin, die einen einzigen Verwandten hat: einen alten kranken Vater, Besitzer einer prosperierenden Bank.

* * *

Stellen Sie sich vor: Ihre Schwiegermutter und Ihr Steuerprüfer befinden sich in einem brennenden Haus. Sie können nur eine Person retten. Was wählen Sie:
a. Ich gehe ins Restaurant.
b. Ich gehe ins Kino.

* * *

Eine junge Sekretärin sagt nach dem Diktat zu Ihrem Chef:
„Herr Iwanow, können Sie bitte noch einmal das wiederholen, was zwischen „Sehr geehrte Damen und

Herren" und „Mit freundlichen Grüßen" steht?"

* * *

„So eine Frechheit: Ich sag', meine Frau kriegt ein Kind,
und du fragst, von wem?!"
„Na Entschuldigung! Ich dachte, Du weißt es."

* * *

Der Chef versucht seine junge Sekretärin anzumachen.
Diese geniert sich und sagt: "Nein, bitte. Erst nach der
Hochzeit!"
„Na gut", sagt der Chef, „dann sag Bescheid, wenn du
geheiratet hast!"

* * *

„Letzte Woche habe ich auf dem See einen Hecht
gefischt! So wie mein Arm!"
„Das glaube ich dir nicht, behaarte Hechte gibt es gar
nicht."

* * *

„Wenn ich Kaffee trinke, kann ich nicht schlafen."
„Bei mir ist es anders rum - wenn ich schlafe, kann ich
keinen Kaffee trinken."

* * *

Zwei Haifische sehen einen Windsurfer, der ihnen entgegenkommt. „Das ist ja toller Service", sagt der eine, „es kommt auf einem Tablett und sogar mit einer Serviette!"

* * *

„Unser Nachbar hat eine prächtige Mähne. Was mach er bloß mit seinen Haaren?"
„Ich hab gehört, er wäscht sie mit Eiern."
„So ein Akrobat ist er?"

* * *

In einer Disko nähert sich ein jünger Mann im Elektrikeranzug einer jungen Dame.
„Tanzen Sie?", fragt er.
„Ja", antwortet sie kokett.
„Gott sein dank, ich dachte schon, sie hätten einen Stromschlag gekriegt."

* * *

Zwei Taschendiebe unterhalten sich in ihrer Zelle im Knast. Der eine sagt: „Unser Aufseher hat eine neue Uhr!" Darauf der andere: „Wirklich? Zeig mal!"

* * *

„Ich will dich nicht mehr heiraten, du bist so ein

Geizhals. Hier hast du deinen Ring zurück."
„Und wo ist die Schachtel?"

* * *

„Ivan, raucht deine Kuh?"
„Nein!"
„Dann brennt dein Stall!"

* * *

„Anja, ich habe gehört, du hast geheiratet?"
„Ja!"
„Und, ist es besser geworden?"
„Nein, aber öfter!"

* * *

Die Mitarbeiter eines Leichenschauhauses haben sich drei Tage lang köstlich amüsiert: Ein toter Clown wurde eingeliefert.

* * *

„Entschuldigen Sie bitte, wieso nennt man Ihr Dorf „Schwuchteldorf?"
„Keine Ahnung, da muss ich meine Frau fragen. Igor, kommst du mal?"

* * *

Zwei Frauen unterhalten sich:
„Natascha, ich habe gehört, du hast für einen berühmten Maler Model gestanden?"
„Ja. Das Bild heißt 'Eva und die Schlange'."
„Und wer war das Model für die Eva?"

* * *

Die letzten Worte eines Metzgers: „Wirf mir mal dieses Beil da zu!"

* * *

In Moskau findet ein Rockfestival unter dem Motto „Rock gegen Drogen" statt. Die Drogen führen bisher mit 5:0.

* * *

Die Ratten warnten den Schiffskapitän, dass sie Manöver hätten.

* * *

„Wie alt ist denn Ihre Frau?"
„Als ich das letzte Mal gefragt habe, war sie 27."

* * *

Ein Mann jagt seine Frau mit einem Messer in der Hand

durchs Wohnzimmer. Sie schreit: "Schatz, wieso musst du denn gleich in jedem Mann in unserem Schrank einen Liebhaber von mir sehen?"

* * *

Neben der internationalen Raumstation ISS schwebt ein russischer Astronaut. Er hämmert mit Händen und Füssen gegen die Eingangsluke und brüllt: „Mach endlich auf, du Depp! Es ist doch völlig bescheuert, jedes Mal zu fragen: wer da?"

* * *

„Seit ich geheiratet habe, bin ich konzentrierter und aufmerksamer geworden. So passe ich zum Beispiel darauf auf, dass ich meine Frau immer mit dem gleichen Vornamen anrede."

* * *

„Na, mein Sohn, was liest du denn da?"
„Tausend und eine Nacht".
„Tausend - und nur eine Nacht!? Mein Gott, das sind ja Horrorpreise!"

* * *

„Ach, Anja, ich habe solche Komplexe wegen meines Aussehens!"

„Na nimm dir doch ein Beispiel an mir: Ich habe gar keine Komplexe wegen deines Aussehens!"

* * *

„Wieso zahlt man für eine Spermaspende mehr als für eine Blutspende?"
„Weil das Handarbeit ist!"

* * *

Wieso ist eine Blondine ums Leben gekommen, während sie Milch trank?
Die Kuh hatte sich hingesetzt!

* * *

„Sicher ist sicher", sagte die Nonne, und zog ein Kondom über die Kerze.

* * *

„Hallo, ist hier die Feuerwehr? Bitte kommen Sie schnell, hier ist eine Schlägerei im Gange!"
„Aber dafür sind wir doch nicht zuständig!"
„Und wen soll ich bitte schön anrufen, wenn sich hier die Bullen mit den Ärzten prügeln?!"

* * *

„Hast du ab und zu Anfälle von Faulheit?" - „Ab und zu
habe ich Anfälle von Aktivität. Faul bin ich immer."

* * *

An der Einfahrt zum Friedhof machte mich ein neues
Verkehrszeichen ziemlich stutzig: „Einbahnstraße"

* * *

Ich habe mein Portemonnaie mit dem ganzen Monats-
lohn drin verloren. Eine inständige Bitte an den ehrlichen Finder: Lach mich nicht aus!

* * *

Frauen können um einer harmonischen Beziehung willen einen
Orgasmus vortäuschen. Männer können um des Orgasmus
willen sogar eine harmonische Beziehung vortäuschen.

* * *

Bleib immer Optimist! Auch wenn sich dein Fallschirm
nicht geöffnet hat, hast du ganze 60 Sekunden Zeit.
Lerne fliegen!

* * *

Und so lautet ein berühmtes arabisches Sprichwort: „Eine
angenehme Unterhaltung verkürzt den Arbeitstag".

Willst du eine kluge, schöne und reiche Frau heiraten, musst du dreimal heiraten.

* * *

Mach mit den anderen Menschen das, was sie mit dir machen wollen: schlag als Erster zu!

* * *

Was bedeutet „Technik der dritten Generation?" Das ist die Technik, für die die zwei vorherigen Generationen Geld gespart hatten.

* * *

„Wie konntest du nur! Mich vor all den Leuten eine blöde Kuh nennen?"
„Entschuldigung, ich wusste ja nicht, dass du das verheimlichst!"

* * *

Ich bin nicht aus Russland ausgewandert – ich halte lediglich einen Sicherheitsabstand.

* * *

Wie kann ich diesem Idioten nur erklären, dass er Unrecht hat, wenn er doch schmerzunempfindlich ist?!

Ach diese Männer! Die sind so unstet, so flatterhaft: Heute küsst dich einer, und morgen schon ein anderer!

* * *

Vor einem Jahr habe ich mir den Selbstlernkurs „Englisch im Schlaf" gekauft. Das Ergebnis war für mich verblüffend: sobald ich irgendwo Englisch höre, schlafe ich sofort ein.

* * *

„Mami, kaufst du mir diesen Luftballon? Bitte-bitte!"
„Schäme dich, Lena, dein Hamster ist doch noch gar nicht tot!"

* * *

Ein wohlerzogener Russe darf nie einer Frau einen Verweis erteilen, auch wenn er sieht, dass sie die Eisenbahnschwelle verkehrt herum trägt.

* * *

Im Kino: „Junger Mann, nehmen Sie gefälligst Ihre Hand von meinem Knie! Ich zähle bis 5 000!"

* * *

„Hinter dieser Tür lebt eine Hellseherin!"

„Verstehe ich nicht ... Wieso hat dann die Tür einen Spion?"

* * *

Russische Verkehrsregel für Fußgänger: „Bei Grün – gehen, bei Rot – rennen!"

* * *

Verkufe gut erhltene gebruchte PC-Tsttur. Eine Tste fehlt.

* * *

Und sie lebten lange und glücklich. Den Kindern zum Trotz, die vergeblich auf das Erbe warteten.

* * *

„Wassilij, hast du nicht vergessen, dass du mir noch 100 Dollar schuldest?"
„Nein, Andrej. Aber lass mir noch ein bisschen Zeit, und ich werde es mit Sicherheit vergessen."

* * *

Der russische Milliardär Roman Abramowitsch ließ aus Versehen seine Armbanduhr ins Klo fallen, und das Bruttoinlandprudukt der Russischen Föderation sank sofort um 6%.

Der farbenblinde Student Wassilij ist immer noch fest überzeugt, dass er einen Rubik's Cube innerhalb von 11 Sekunden zusammensetzen kann.

* * *

Männer, merken Sie sich eins: Wenn ihre Frau oder Freundin ihnen zuhört, ohne sie zu unterbrechen oder dazwischenzureden, wecken Sie sie ja nicht auf!

* * *

Die USA führen eigentlich zwei Kriege: gegen den Terrorismus und gegen die Fettleibigkeit. Als ein besonderer Erfolg wird die Festnahme oder Vernichtung von fetten Terroristen gewertet.

* * *

Ich würde dich mit Vergnügen zu einem intellektuellen Duell auffordern. Aber wie ich sehe, bist du ja unbewaffnet.

* * *

Und so sagte Mike Tyson zum Aschenputtel: „Nach dem zwölften Schlag verwandelt sich dein Kopf in einen Kürbis."

* * *

Denken Sie, dass die Zwiebel das einzige Nahrungsmittel ist, welches Tränen verursachen kann? Dann haben Sie wohl noch nie eins mit einer Kokosnuss auf die Nase gekriegt!

* * *

Auch im Haus von Angelina Jolie stellt sich immer wieder die Frage „Wo kommen die Kinder her?". Diese wird allerdings nicht von den Kindern, sondern von Brad Pitt gestellt.

* * *

Alfred Nobel gilt als Erfinder des Dynamits aus einem einzigen Grund: Die früheren Erfinder konnten nicht identifiziert werden.

* * *

Spieglein, Spieglein an der Wand! Halt mal die Klappe, ich muss mich nur geschwind kämmen!

* * *

In meiner Kindheit war ich ein echtes Wunderkind: bereits mit 5 Jahren hatte ich den gleichen IQ wie jetzt! Eine Kalaschnikow-Salve aus einer Bärenhöhle hat den Jagdinstinkt bei den Jägern völlig ruiniert.

Archimedes lief immer nackt durch Athen. Dadurch ist es ihm gelungen, das Pendel zu erfinden.

* * *

„Trinkst du Wodka?"
„Nein."
„Merkwürdig... Und was machst du sonst damit?"

* * *

Anzeige: „An den Fahrer des blauen Audi MA 2109 mit dem Buchstaben „L" an der vorderen Stoßstange: ich möchte Sie dringend kennen lernen!" Unterschrift: Der Fahrer des weißen „exus"

* * *

Der Verfasser des russischen Bestsellers „Wie werde ich kein Pantoffelheld" Iwan Sidorow konnte der Präsentation seines Buches nicht beiwohnen: seine Ehefrau hat es ihm nicht erlaubt.

* * *

Ich hobe miene Tasatutr seblst asueinadnergenomemn, rebarierd und vieter zsuammengseetzt!

* * *

Das Geld, das ich verdient habe, reicht mir bis ans Lebensende. Allerdings nur unter der Voraussetzung, dass ich heute um 15:00 Uhr sterbe.

* * *

Der 17-jährige Andrej nimm bald das Studium an einer Universität in Moskau auf. Sein Vater kommt auf ihn zu und sagt: „Hör mal, Andrej, viele Frauen in Moskau sind verdorben. Nimm dich vor ihnen in Acht."
Andrej: „Vater, wie kann ich bloß?!"
Vater: „Wie du kannst, habe ich dir ja gestern im Puff gezeigt, nimm dich aber trotzdem in Acht!"

* * *

„Unmöglich", sagte die Tatsache. „Versuch es", flüsterte der Traum. „10 Jahre Freiheitsentzug", verkündete der Richter.

* * *

Zwei Frauen unterhalten sich auf dem Stadtmarkt.
„Frau Ivanova, haben Sie gehört, dass gestern ein Knabe eine Landmine gefunden hat?"
„Na klar, Frau Sidorova: das hat die ganze Stadt gehört!"

* * *

Ein gemütlicher Spaziergang ist mir viel lieber als eine U-Bahn-Fahrt. Zu Fuß brauche ich nur 30 Minuten bis zur

Arbeit. Wenn ich aber warten würde, bis man in unserer Stadt eine U-Bahn überhaupt baut, können ja Jahre vergehen!

* * *

Der schlimmste Alptraum eines Pathologen: Die dankbaren Kunden rufen in der Nacht an.

* * *

„Hallo, Ivan! Wohin gehst du?"
„Mir eine Spritze machen lassen."
„Ins Krankenhaus?"
„Nein, in den Arsch!"

* * *

„Meine Frau hat jetzt ein neues Hobby: Pilze sammeln. Sie hat sehr viel Pilze gesammelt, mariniert und an unsere Verwandten verschickt."
„Und was haben die Verwandten dazu gesagt?"
„Jetzt haben wir leider keine Verwandten mehr ..."

* * *

„Wie heißt es richtig: Espresso oder Expresso?"
„Espresso."
„Vielen Dank."
„Keine Ursache. In solchen Sachen bin ich Esperte."

Gestern habe ich zusammen mit meinem Sohn seine Hausaufgaben gemacht. Für jeden Fehler musste er 30 Liegestütze machen. Ich finde, es ist richtig so: wenn er als Depp aufwächst, dann wenigstens als starker Depp.

* * *

„Schatz, was bedeutet „baby one more time"?"
„Noch einmal, Kleine."
„Schatz, was bedeutet „baby one more time"?"

* * *

„Ist hier etwa Ihre Ratte herumgelaufen?"
„Was reden Sie denn da?! Das ist doch keine Ratte, sondern ein Zwerg-Terrier."
„Mein Kater hat es gefressen, dann war es also eine Ratte, und basta!"

* * *

„Wieso schreiben die modernen Künstler ihren Namen unten am Gemälde?"
„Damit man ihre Werke nicht verkehrt herum aufhängt!"

* * *

Das war ein blöder Tod ... Wie kam ihm bloß diese Schnapsidee in den Sinn: mich an einem Sonntag um 6:00 Uhr morgens zu wecken?!

Die russischen Astronomen haben einen neuen Planeten entdeckt und ihn zu Ehren des Präsidenten mit einem Schimpfwort benannt.

* * *

Um eine Katze zu waschen, brauchen Sie Folgendes: eine Katze, Wasser, ein Waschmittel, ein Desinfektionsmittel sowie genug Verbandszeug. Das wär`s dann.

* * *

„Guten Tag! Heute werden wir einen IQ-Test durchführen."
„Was ist es – IQ?"
„Alles klar, der Test ist somit beendet."

* * *

Verehrte Zuschauerinnen und Zuschauer! Bitte versuchen Sie nicht, selbstständig die Tricks vorzuführen, die wir Ihnen in unserer Sendung zeigen werden. Die gezeigten Tricks wurden entweder von Profis gemacht oder von jenen, die nicht mehr unter den Lebenden weilen.

* * *

Mach das Leben nicht komplizierter, als es nötig ist. Wenn ich dir das Frühstück ins Bett bringe, reicht ein schlichtes „Danke" völlig aus. Wozu dieses Kreischen:

„Scheiße, wer bist du?! Was machst du in meinem Haus?!"

* * *

Was ist das Wichtigste im Wald?
Das WC-Papier. Besonders wichtig ist es im Nadelwald.

* * *

Sprechender Papagei entflogen. Kindern und Jugendlichen unter 16 Jahren wird dringend davon abgeraten, den Vogel zu suchen.

* * *

Was bedeutet Glück? Das ist, wenn deine Kinder genug zum Essen haben sowie fit, munter, gesund und nicht zu Hause sind.

* * *

Das Internetsurfen in Russland ist eine sehr patriotische Beschäftigung. Nach ein paar Stunden im Internet nimmt man die Farben der russischen Fahne an: dein Gesicht wird weiß, der Arsch wird blau und die Augen rot.

* * *

„Ich glaube es einfach nicht: Man hat mich gestern gefeuert!"

„Wegen was?"

„Weiß der Geier! Ich war ja ein halbes Jahr nicht an meinem Arbeitsplatz!"

* * *

Ich habe eine Idee, die mir einfach keine Ruhe lässt: Ich würde liebend gerne ein Faultier mit einem Energy-Drink tränken und schauen, was passiert.

* * *

Die Jagd ist Sport! Besonders wenn dir die Munition ausgeht, aber der Bär immer noch lebt.

* * *

Ich muss dir sagen, dass meine einzige Schwachstelle meine Aufrichtigkeit ist, du mein kleines, dummes, krummbeiniges Pummelchen.

* * *

Die Mutter fragt ihre Tochter, die gerade ihre Kochschule besucht: „Dürft ihr denn das essen, was ihr gekocht habt?" Daraufhin die Tochter mit Tränen in den Augen: „Man zwingt uns dazu ...“

Als Sveta 3 Jahre alt war, lief sie nackt auf dem Strand. Jetzt ist sie schon 30 Jahre alt, aber zwei Flaschen Wodka versetzen sie mit Leichtigkeit in ihre Kindheit.

* * *

Ich habe ein sicheres Passwort: mein Geburtsdatum. Aber ich wünsche mir ein neues Passwort und muss es somit ändern. Deswegen gehe ich morgen zum Standesamt.

* * *

Die ungelesenen Bücher können sich rächen. Besonders gut gelingt es dem StGB und der Bedienungsanleitung für eine Benzinmotorsäge.

* * *

Ich hasse jene, die sich als kultivierte Menschen aufspielen: Sie reden von Wolfgang Amadeus Mozart, ohne ein einziges Gemälde von ihm gesehen zu haben!

* * *

Der Nachtclub „Der Nachtclub" sucht einen kreativen Direktor.

* * *

Was ist Pech? Wenn du eine kugelsichere Weste
angezogen hast und wirst dabei in die Fresse geschlagen.

* * *

„Es tut uns leid, aber wir können Sie nicht einstellen: Sie
haben keine Berufserfahrungen."
„Ich habe auch keinen Bock, aber wen interessiert es
schon?"

Bunte Mischung

In einer Umfrage wollten Soziologen feststellen, ob Boxer ihre Sportart als gesundheitsschädlich einschätzen. 10% der befragten Boxer waren der Meinung, dass Boxen in der Tat gesundheitsschädlich sei. 90% hatten die Frage nicht kapiert.

* * *

Tschetschenische Separatisten machen Ende März 1995 eine Versammlung. „Und jetzt, Brüder", sagt der Vorsitzende zum Schluss, „legen wir eine Schweigeminute für unseren Bruder Ali ein". Nach der Schweigeminute fragt einer: „Was ist mit ihm los? Haben ihn etwa russische Hunde umgelegt?" „Nein", sagt der Vorsitzende, „das war ein Unfall mit einer Zeitzünderbombe." „Aber wir haben doch guten amerikanischen Sprengstoff und gute Zeitzünder aus Japan." „Ja, schon", brummt der Vorsitzende. „Aber dieser Idiot hat den Zeitzünder auf Sommerzeit umgestellt."

* * *

Ein amerikanischer Spion wird in eine russische Provinzstadt geschickt. Er soll Informationen über eine supergeheime Militärfabrik liefern. Zwei seiner Kollegen sind dabei gescheitert. „Das einzige, was wir wissen", sagt sein Führungsoffizier, „ist die Lage dieser Fabrik. Finde da eine alte Kirche aus dem 17. Jahrhundert. Von der gehst du in Richtung Süden, nimmst die 4. Straße nach links, dann die 6. Straße nach rechts, 500 Meter geradeaus - da ist die Militärfabrik." Der Spion kommt am Bahnhof seiner Zielstadt an und spricht in seinem perfekten Russisch eine alte Oma an, die am Bahnhof Brötchen verkauft: „Hallo, Oma, wie finde ich eure berühmte Kirche aus dem 17. Jahrhundert?" „Das ist ganz leicht", antwortet die, „siehst du diesen grauen Zaun mit Stacheldraht? Da ist unsere Militärfabrik, wo mein Sohn arbeitet, sie produziert Zielradare für den Jäger MiG-29, also von diesem Zaun läufst du 500 Meter nach vorne, nimmst dann die 6. Straßen nach links, dann die 4. Straße nach rechts, ein Stückchen nach Norden - und da siehst du unsere Kirche aus dem 17. Jahrhundert."

* * *

Nach einem Schiffbruch landen auf einer Insel drei Überlebende: ein Amerikaner, ein Franzose und ein Russe. Sie werden von einem Menschenfresserstamm geschnappt. Der Häuptling verlangt, dass sie drei Aufgaben erfüllen: Einen Fluss mit Krokodilen überqueren, einem Zyklopen sein Auge ausstechen und mit einer alten hässlichen Hexe schlafen. Sollten sie diese Aufgaben erfüllen, würden sie ein Segelboot erhalten, mit dem sie das Festland erreichen könnten. Anderenfalls würden sie als Mittagessen enden. „Na", sagt der Häuptling, „eure letzten Wünsche?" Der Amerikaner wünscht sich ein Glas Whiskey, kriegt es auch, trinkt …

und wird von den Krokodilen gefressen. Der Franzose verlangt eine Flasche Rotwein, trinkt sie aus, überquert den Fluss, wird aber vom Zyklopen umgelegt. Jetzt ist der Russe dran. Er verlangt drei Flaschen Wodka und trinkt sie eine nach der anderen aus. Schwankend setzt er sich rittlings auf einen Holzstamm und überquert den Fluss, wobei er sich von den Krokodilen abstößt. Dann verschwindet er in der Höhle, wo der Zyklop lebt. Eine halbe Stunde lang hört man furchtbares Stöhnen, dann wird es still. Bald erscheint der Russe und brüllt zum Häuptling am anderen Ufer: „Na, wo ist denn nun eure alte Hexe, der ich ein Auge ausstechen soll?"

* * *

Ein russischer Bauer sitzt in der Kneipe und sieht sehr traurig aus. Ein anderer Bauer spricht ihn an: „Mensch, was hast du denn, warum bist du so traurig?" „Ich habe meine Kuh gemolken und sie hat mit ihrem Huf den Kübel mit Milch umgekippt." „Wegen so was bist du so traurig? Scheiß' auf die Milch!" „Nein, warte mal, ich habe noch nicht alles erzählt. Also ich habe ihr rechtes Bein an einem Pfeiler festgebunden und weiter gemolken. Das verdammte Vieh hat aber den Kübel wieder umgekippt! Darauf habe ich ihr linkes Bein am anderen Pfeiler angebunden und weiter gemolken. Aber dieses Mistvieh hat mich mit dem Schwanz gehauen. Also springe ich auf, ziehe meinen Gürtel aus der Hose und binde ihren Schwanz an einem Balken hoch. Ohne

Gürtel fällt natürlich meine Hose runter. Und in diesem Augenblick kommt meine Frau in den Stall ..."

* * *

Eine Frau hat nach einem Brand Verbrennungen im Gesicht, die eine Hauttransplantation erfordern. Als Spender hat sich ihr Ehemann gemeldet. Der Chirurg entnimmt Haut von seinem Hinterteil. Nach der Operation kommt der Ehemann zu seiner Frau. „Schatz", sagt sie, „was kann ich für dich tun? Ich bin dir so dankbar!" „Du brauchst nichts zu tun, ich bin glücklich genug - ich habe nämlich gerade gesehen, wie deine Mutter dich auf die Wange geküsst hat!"

* * *

Ein Mann kommt unerwartet von einer Dienstreise nach Hause und stellt fest, dass ihm seine Frau nicht in die Augen sieht. Er schaut sich um und bemerkt eine Zigarre im Aschenbecher auf dem Tisch. „Wo kommt diese Zigarre her?", fragt er in drohendem Ton. Die Frau schweigt. „Wo kommt diese Zigarre her?", fragt er noch drohender. Die Frau schweigt weiter. „Ich frage dich zum letzten Mal, wo kommt diese Zigarre her?!" Und aus dem Schrank antwortet eine ruhige Männer-stimme: „Aus Kuba, du Idiot!"

* * *

Ein Mann geht am Abend an einem Dorf vorbei. Am Dorfrand sieht er einen Brunnen. „Wie tief ist dieser Brunnen wohl?", denkt er. Er nimmt einen kleinen Stein, wirft ihn in den Brunnen und zählt: eins, zwei, drei, vier... Kein Ton kommt von unten. „Das ist ja sonder-bar", denkt er, nimmt einen größeren Stein, schmeißt ihn hinunter und zählt: eins, zwei ... fünf, sechs... zehn, elf... Wieder kein Ton. „Na warte", sagt er, „ich finde jetzt etwas Richtiges." Er schaut sich um, bemerkt in der Nähe eine Eisenbahn-schwelle, schleppt sie zum Brunnen, hievt sie auf den Brunnenrand und schmeißt sie runter. „Eins, zwei, drei ...", zählt er. In diesem Moment springt ein Schafbock in den Brunnen. „Das ist ein Teufelsbrunnen," denkt der verblüffte Mann und geht. Ein paar Minuten später trifft er einen Bauern. „Hallo", spricht dieser ihn an, „hast du vielleicht irgendwo meinen Schafbock gesehen?" „Ja, ein Schafbock ist gerade in diesen ver-dammten Brunnen reingesprungen." „Wie denn das?!", sagt der Bauer und macht große Augen, „ich hatte ihn doch an einer Eisenbahnschwelle festgebunden!"

* * *

Fünf Russen trinken Bier in einer Kneipe in Bayern. Kurz bevor das Lokal schließt, sagt einer: „Lasst uns knobeln. Wer den Kürzeren zieht, zahlt." Sofort mischt der Kellner ein: „He, lasst die Hosen zu, wir machen das hier mit Streichhölzern!"

* * *

Ein Russe begießt das Tomatenbeet in seinem Garten mit Maschinenöl. Sein Nachbar ruft über den Zaun: „He, Mann, bist du wahnsinnig geworden, deine Tomaten gehen doch ein!"

„Tomaten, Tomaten", brummt der Russe vor sich hin, „Hauptsache, das Maschinengewehr verrostet nicht."

* * *

Der Chef einer Firma in Moskau erklärt seinen zwei Mitarbeitern: „Jungs, wir fangen an, mit neuen Methoden zu arbeiten. Wer von euch zum Monatsende die besten Leistungen nachweisen kann, kriegt als Prämie auf Kosten der Firma tollen Oralsex." „Und der andere? Wird er etwa bestraft?", fragt einer der beiden. „Nein", sagt der Chef, „aber der wird es ihm besorgen".

* * *

„Opa Ivan, du bist doch schon 90, aber alle jungen Frauen in unserem Dorf sind scharf auf dich. Wie kommt das?!"

„Keine Ahnung, Jungs", antwortet Ivan und fährt sich mit der Zungenspitze nachdenklich über seine grauen Augenbrauen.

* * *

Ein Anruf kommt ins Büro eines Beamten. Die Sekretärin hebt ab. „Kann ich Herrn Ivanov sprechen?", fragt eine Männerstimme. Darauf die Sekretärin: „Tut mir leid, das geht nicht, er ist grade mal rausgegangen ..oh-o-o... reingekommen ... wieder rausgegangen... wieder reingekommen...“

* * *

Zwei Frauen unterhalten sich in einem Supermarkt in Moskau. „Ja, und wie viel zahlt man denn in eurer Fabrik?“ „750 Rubel pro Monat“. „Hm, merkwürdig... Wir machen etwa das gleiche, aber du kriegst 50 Rubel mehr.“ „Das ist unser Risikozuschuss.“ „Und weswegen kriegt man den?“ „Da gibt's irgendwelche chemischen Substanzen, die angeblich gesundheitsschädlich wären. Aber wir merken das gar nicht ... merken das gar nicht ... merken das gar nicht... merken das gar nicht ...“

* * *

Bei der Prüfung in Wahrscheinlichkeitstheorie wird ein Student gefragt, wie hoch die Wahrscheinlichkeit sei, in Moskau einen Dinosaurier zu treffen. „Etwa 1 zu 1 Mrd.“, sagt der Student. Die gleiche Frage wird einer Studentin gestellt. „50 zu 50“, lautet ihre Antwort. „Wieso denn das?“, wundert sich der Dozent. Darauf die Studentin: „Ist doch klar - entweder treffe ich ihn oder ich treffe ihn nicht!“

* * *

Ein Pilzsammler hat sich im Wald verlaufen. Verzweifelt fängt er an zu rufen. Plötzlich spürt er eine Tatze auf seiner Schulter. Der Pilzsammler dreht sich um. Hinter ihm steht ein Bär. „Na, was rufst du da", fragt der Bär finster. „Ich ... ah-a... ich habe mich verlaufen, ich dachte, jemand hört mich..." „Na, ich habe dich gehört, geht's dir jetzt besser?"

* * *

Ein Hirte in einem Dorf hat sich besoffen, während Wölfe zwei Schafe gefressen haben. Der Dorfälteste verfügt in einer Versammlung, dass der Hirte bestraft werden soll. Ein breitschultriger Mann - der Schmied - steht auf und sagt: „Lasst mich den Hirten zusammenschlagen". „Nein, Ivan", sagt der Vorsitzende, „wir kennen dich ja, wenn du einen zusammenschlägst, dann wird er zum Krüppel, und wir haben ja nur einen Hirten, wer wird dann unsere Schafe hüten? Gibt's andere Vorschläge?" Wieder steht der Schmied Ivan auf uns sagt: „Lasst mich den Hirten zusammenschlagen!" „Nein, Ivan", entgegnet der Vorsitzende, „ich habe schon gesagt, man darf unseren Hirten nicht verstümmeln, wir haben ja nur einen einzigen!" Der Schmied steht trotzdem noch einmal auf: „Darf ich dann einen Postboten zusammenschlagen? Davon haben wir ja zwei!"

* * *

Ein Taschendieb erzählt seinem „Kollegen": „Furchtbar, was diese Wirtschaftskrise aus den Menschen macht. Ich habe meine Hand in die Tasche eines Professors reingesteckt und, stell dir vor, er schaffte es, mir meinen Siegelring abzustreifen!"

* * *

Im Knast:
„Weswegen hat man dich denn eingebuchtet?"
„Ich habe Erste Hilfe geleistet."
„Wie bitte?"
„Meine Schwiegermutter hat Nasenbluten gekriegt, und ich habe ihr am Hals eine Schlauchbinde angelegt."

* * *

„Papa, was ist ein Idiot?"
„Das ist ein Individuum, das sich dermaßen kompliziert auszudrücken pflegt, dass kein anderes Individuum imstande ist, die Quintessenz seiner Ausführungen plausibel nachzuvollziehen."

* * *

Zwei Penisse treffen sich in der Sauna.
„Na, wie geht's?", fragt der eine.
„Schlecht", kommt die Antwort: „Ich muss jede Nacht zwei-drei mal aufstehen, und manchmal auch noch am Tag."
„Dann versuch doch mal, keinen Ständer zu kriegen!"

„Versucht hab` ich es schon, aber da hätte man mich beinahe aufgefressen!"

* * *

Russland 1917. Vor einer großen Menschenmenge steigt ein Matrose auf die Tribüne, ergreift das Mikrophon und sagt:" Genossen! Jetzt spricht der große Führer der Revolution, Lenin, zu ihnen!"
Die Menschenmenge skandiert begeistert: „Len-non, Lennon!"
Lenin ergreift das Mikrophon: „Nein, Genossen, ich heiße Lenin!"
Die Menschenmenge scheint unberührt:"Len-non, Lennon!"
Lenin: „Nein, Le-nin!"
Die Menschenmenge: "Len-non, Len-non!"
Lenin lockert enttäuscht seine Krawatte: „Ach, was soll's...
- Yesterday, all my troubles seemed so far away..."

* * *

„Chef, darf ich heute ausnahmsweise früher gehen? Meine Frau will mit mir einkaufen gehen."
„Auf keinen Fall! Sie bleiben an Ihrem Arbeitsplatz!"
„Herzlichen Dank!"

* * *

Ein Mann schwimmt über einen breiten Fluss. In der

Mitte des Flusses packt ihn plötzlich eine große Hand an den Eiern und fragt: „Plus 2 oder minus 2?"

„Plus 2", sagt der Mann. Die Hand lässt ihn los.

Am anderen Ufer angekommen, sieht der Mann, dass er nun vier Eier hat.

Da denkt er bei sich: „O.K., ich schwimme noch einmal rüber, und dann sage ich zur Hand „minus 2", und es wird alles wieder in Ordnung sein".

In der Mitte der Strecke packt ihn die große Hand erneut und fragt: „Plus 4 oder minus 4?"

* * *

„Hallo, Iwan! Wieso hast du ein blaues Auge?"

„Ich habe in einem Gespräch mit meiner Frau das Du verwendet."

„Wie meinst du das?!"

„Na ja, wir lagen zusammen im Bett, und da hat sie gesagt: „Wir haben schon ziemlich lange keinen Sex mehr gehabt". Und ich sagte: „Nicht WIR, sondern Du."

* * *

Eine Durchsage am Flughafen Scheremetjewo in Moskau: „Sehr geehrte Fluggäste, alle diejenigen, die eine Geldbörse mit 5 000 US-$ verloren haben wollen, werden gebeten, sich in Zweierreihe am Informations-schalter anzustellen!"

* * *

Vier Frauen fahren zusammen im Zug von einem Kurort am Schwarzen Meer zurück nach Hause. Eine Frau sagt: "Wenn ich zu Hause bin, werde ich meinem Mann alles über meine Männergeschichten am Meer erzählen!"

Die zweite Frau: "Was für eine Kühnheit!"

Die dritte Frau: „Was für eine Blödheit!"

Die vierte Frau: „Was für ein Gedächtnis!"

* * *

Ein Russe besucht seinen Großvater im Pflegeheim. „Na, Opa, kannst du jetzt gut schlafen?" Der Großvater; „Bestens! Ich kriege am Abend eine heiße Schokolade und ein Viagra und schlafe danach wie ein Stein!" Der Russe geht zur Krankenschwester und erkundigt sich nach den Gründen für diese merkwürdige Kombination. Die Krankenschwester: „Das ist doch einfach: heiße Schokolade, damit er besser einschlafen kann, und Viagra, damit er nicht aus dem Bett rollt!"

* * *

Die Wissenschaftler versuchen seit Jahren zu erklären, wieso es am Ende des männlichen Gliedes eine Eichel hat. Der Hausmeister unserer Schule Petrowitsch hat nun nach einer Reihe von Experimenten festgestellt, dass die Natur dies gemacht hat, damit die Hand nicht abrutscht.

Dank dem internationalen Tourismus, der für die Russen erst nach dem Zusammenbruch der Sowjetunion möglich wurde, kennt nun Nikolaj Iwanow den Spruch: „Wieso hast Du einen so kurzen Schwanz?" in 15 verschiedenen Sprachen.

* * *

Als ich noch Kind war, hat meine Mutter mir immer eine Blume in den Zopf eingeflochten. Das war sehr schön, aber der Topf schlug so unangenehm gegen meinen Rücken!

* * *

Auf einem russischen Markt stehen vor einem Gurkenstand drei Kunden: zwei Frauen und ein Mann.
Die erste Frau: „Für mich bitte diese dünne lange Gurke."
Die zweite Frau: „Für mich bitte diese dicke kurze."
Der Mann: „Und für mich 2 Kilo. Egal welche - ich esse sie."

* * *

Bei einem Überlebenswettbewerb wurden auf einer einsamen Insel die Finalisten abgesetzt – ein Amerikaner, ein Brite und ein Russe. Jeder durfte nur einen einzigen Gegenstand mitnehmen. Der Amerikaner nahm ein Militärmesser, der Brite ein Beil, und der Russe nahm ein Foto von der nackten Pamela Anderson mit. Bereits nach einer Wochen besaß der Russe sowohl das Messer als auch das Beil.

* * *

Der Vater erwischt seien Sohn beim Rauchen.
„Was?! Du rauchst?! Das ist ja unverschämt! In deinem Alter habe ich zum Beispiel! (Pause). In deinem Alter... (Denkt eine Weile nach). Ach, was soll's, rauche nur weiter."

* * *

Ab 1. Januar dieses Jahres wird in Moskau eine russische Variante von Tamagotschi zum Verkauf angeboten. Der Hauptunterschied zu anderen Marken: Wenn man es nicht füttert, stirbt es nicht, sondern beschimpft seinen Besitzer aufs Übelste.

* * *

Die russischen Variante von Rotkäppchen:
Das Rotkäppchen klopft an die Tür des Hauses seiner Großmutter.
Die Großmutter:" Wer ist da?"
„Ich bin's, Rotkäppchen!"
„Zieht doch an der roten Schnur, mein Kind, dann geht die Tür auf!"
„Oma, ich bin's wirklich! Binde die Handgranate los!"

In einem Dorf:

Ivan bringt seine Kuh zum Decken zum Stier der hübschen Nachbarin Anja. Während die Tiere sich paaren, schaut Ivan Anja schelmisch an und sagt: „Na, soll ich es dem Stier vielleicht nachmachen?" Darauf Anja: „Das muss du schon selbst wissen, es ist ja schließlich deine Kuh."

* * *

Die Enkeltochter sagt zur Großmutter: „Oma, erzähl mir ein Märchen."

Die Oma: „Na gut. Also, es war einmal eine schöne Jungfrau. Sie war 14 Jahre alt und lebte in einem Schloss."

Die Enkelin. „Wie bitte?! Mit 14 immer noch Jungfrau?"

Die Oma: „Das ist ein Märchen, Kind!"

* * *

Ein Mann gabelt bei einer Party eine hübsche junge Frau auf und bringt sie zu sich nach Hause. Bald landen die beiden im Bett. Die Liebesnacht dauert an. Plötzlich sagt der Mann zur Frau: „So, jetzt siehst du mich ein Weile nicht mehr." Die Frau (traurig): „Muss ich schon gehen?" Der Mann: „Nein, dich umdrehen!"

* * *

„Papi, dürfen meine Freundin und ich dein Auto haben?"

„Ja, ihr dürft, aber es hat kein Benzin mehr."
„Das brauchen wir auch nicht!"

* * *

Nach der neuen Teesorte „Reiz" kommt eine weitere Teesorte „Geiz" auf den Markt: Alle 25 Teebeutel sind dabei an einem einzigen Faden befestigt.

* * *

Ein Penner klopft an die Tür eines reichen Hauses. Die Hausbesitzerin macht auf. Der Penner: „Gnädige Frau, können Sie mir bitte ein Glas Wasser geben? Denn ich bin so hungrig, dass ich nicht einmal einen Platz zum Übernachten habe!"

* * *

Bei einer Bank in Moskau stürzen bewaffnete maskierte Männer herein.
Einer brüllt: „Alle Mann auf den Boden! Das ist ein Überfall!"
Der Buchhalter lässt seiner Erleichterung freien Lauf: „Gott sei dank, ich dachte schon, das sei die Steuerfahndung!"

* * *

„Mami, alle Kinder im Kindergarten necken mich. Sie sagen, ich hätte einen viel zu breiten Mund."

„Mach dir nichts draus, mein Kind. Setzt dich an den Tisch. Ich hole deine Essschaufel."

* * *

Beim Bootsverleih:
Der Bootsverleih-Chef ruft mit einem Lautsprecher vom Steg: „Boot Nr. 99, Ihre Zeit ist längst um, legen Sie endlich am Steg an!" Einer seiner Mitarbeitern kommt auf ihn zu: „Chef, wir haben aber nur 70 Boote." Eine kurze Pause tritt ein. „Äh... Boot Nr. 66, haben Sie Probleme?"

* * *

Der amerikanische Millionär, der für ein hübsches Sümmchen einige Tag in der russischen Raumstation „Mir" verbringen durfte, wird nach seiner Rückkehr von Journalisten befragt. „Welche russische Ausdrücke haben Sie von den Astronauten gelernt?", fragt ihn einer. „Na „Guten Tag, danke, bitte", und so weiter." „Und welchen Ausdruck haben Sie von den Astronauten am häufigsten gehört?", hakt der Journalist nach. „Pfoten Weg von diesem Schalter!", antwortet der Millionär.

* * *

In einem Café beim Zoo:
Eine vornehme Dame trinkt Kaffee, isst Kuchen und hört gleichzeitig der Diskussion zu, die drei Mitarbeiter des Zoos in blauen Overalls führen.

„Das ist ja Blödsinn, sagt der eine, das ist ein kompliziertes Wort, und es schreibt sich so: 'Chwrucht'".

„Nein", sagt der andere, „dieses Wort muss man mit zwei „u" schreiben: 'Chwruucht'".

„Ihr beide redet doch Quatsch", sagt der dritte, „die richtige Schreibweise ist 'Chrucht'".

Die Dame trinkt ihren Kaffee aus, zahlt und kommt auf die Arbeiter zu.

„Gentlemen", sagt sie mit strenger Stimme, „dieses Wort schreibt sich korrekt „Frucht". Das finden Sie in jedem Wörterbuch!"

Die Dame geht.

„Das war wohl eine Akademikerin", sagt der erste Arbeiter.

„Ja, eine gebildete Tante, das sieht man doch gleich", sagt der zweite.

„Und trotzdem", sagt der dritte, „ich wette um eine Kiste Bier, dass sie noch nie in ihrem Leben gehört hat, wie ein Elefant furzt!"

* * *

Zwei alte Freunde treffen sich. Beide haben vor kurzem geheiratet.

„Andrej", sagt der eine, „weißt du, ich habe mit meiner Frau vor der Hochzeit nicht geschlafen. Und du?"

„Mann, du stellst aber Fragen!", sagt Andrej. „Ich kann doch nicht alles im Kopf behalten. Wie heißt sie denn, deine Frau?"

Am Flughafen unterhalten sich zwei Blondinen.

„Mein Gott", sagt die eine, „wieso entführt man bloß Flugzeuge? Die sind ja so riesig, die kann man doch nirgendwo verstecken!"

„Ach, du bist so blöd!", sagt die andere. „Man entführt sie natürlich in der Luft, wenn sie noch klein sind!"

* * *

Es waren einmal zwei gute Freundinnen, die alle Männer so hassten, dass sie schworen, nie im Leben zu heiraten. Sie lebten zusammen in einer Wohnung. Und sie hatten sich eine Katze zugelegt. Da sie alle männlichen Wesen hassten, ließen sie die Katze auch nie aus der Wohnung nach draußen. Irgendwann fand sich jedoch ein Mann, der das Herz der einen Freundin eroberte. Mit Tränen in den Augen verabschiedeten sie sich voneinander, als sie in die Flitterwochen ging. Und die frisch Vermählte versprach ihrer Freundin, jeden Tag ein Telegramm zu schicken. Eine Woche verstrich, dann die zweite und die dritte. Und dann kam das langersehnte Telegramm. Die aufgeregte Frau macht den Umschlag und liest: „LASS DIE KATZE SOFORT NACH DRAUSSEN".

* * *

Ich kenne eine nicht gerade hübsche Frau, die als Stripperin ein Vermögen verdient hat! Zunächst hat man ihr 50 Euro pro Auftritt bezahlt, schlussendlich aber satte 500 Euro – damit sie sich ja nicht auszieht!t!

„Hey, du da! Lass mal eine Lulle rüberwachsen, und zwar zack-zack!"

„Hör mal, ich habe dir schon vorgestern erklärt, dass ich nicht rauche, da ich Profiboxer bin."

„Entschuldigen Sie bitte, meine Augen sind noch so geschwollen, ich habe Sie nicht wiedererkannt!"

* * *

Eine staatliche Sachverständigenkommission besucht eine Baustelle. Ihr Vorsitzender fragt den Bauleiter: „Wann können Sie den Bau fertigstellen?" „Bis zum Fünften", sagt der Bauleiter. „Du Idiot", ertönt eine leise Stimme hinter seinem Rücken, „bis zum Fünften schaffen wir es nie im Leben". „Selber Idiot", flüstert der Bauleiter zurück, „ich habe weder Monat noch Jahr genannt".

* * *

Aus dem Gespräch eines Computer-Users mit dem technischen PC-Support:

Support: „Navigieren Sie den Mauszeiger auf das Objekt und drücken Sie die linke Maustaste."

User: „Ich habe keine solche Taste! Bei mir sind die beiden Tasten rechts!"

Support (mit einem tiefen Seufzer): „Drehen Sie die Maus um 90 Grad gegen den Uhrzeigersinn ..."

User: „Wow! So ist es ja viel bequemer!"

* * *

Gestern hat die Russische Zentralbank auf ihrer Web-Seite die Informationen zum neuen 5000-Rubelschein veröffentlicht, der bald in Umlauf gebracht werden soll. Auf der Web-Seite finden Sie auch eine Druckversion des Geldscheines.

* * *

„Wie übersetzt man aus dem Englischen "I don't know"?"
„Ich weiß es nicht."
„Verdammter Mist! Niemand weiß es!!!"

* * *

Früher hatte ich alles: einen gutbezahlten Job, ein schickes Haus, viele Freunde und schöne Frauen. Aber dann haben die Ärzte eine schreckliche Diagnose gestellt: wehrdiensttauglich.

* * *

Im Internetforum:
13:02:19 Uhr: „Wie lässt sich Sekundenkleber am besten von den Händen abwischen?"
13:02:56 Uhr: „Verdammter Mist... wie lässt sich Sekundenkleber von den Händen und von der Tastatur abwischen?"

* * *

„Hallo, Nikolaj! Ich habe gestern gesehen, dass du in der

Bar eine hübsche Brünette kennengelernt hast. Wie läuft's denn so bei euch?"

„Na ja, eine halbe Stunde lief es gut, und dann gab es einen Riesenkrach."

„Wieso denn?"

„Sie hat gesagt, ich soll erraten, wie alt sie sei."

„Und?"

„Und ich habe mit meiner Antwort ins Schwarze getroffen ..."

* * *

Die Erdbewohner haben nicht genug Geld, um regenarme Länder mit Wasser zu versorgen, aber sie haben genug Geld, um Wasser auf dem Mars zu suchen. Dabei stellt sich mir die Frage: gibt es intelligentes Leben auf der Erde?

* * *

Erst um Mitternacht kommt Sergej aus einer langen Dienstreise im Ausland in seine Heimatstadt zurück. Leise schließt er die Eingangstür auf, kommt in die Wohnung und hört aus dem Schlafzimmer leiden-schaftliches Stöhnen sowie das rhythmische Knarren des Bettes. „So eine verdammte Nutte", flüstert er entrüstet, verlässt die Wohnung, schliesst die Tür zu und geht nach Hause zu seiner Ehefrau.

* * *

Eine fast leere Autobahn spät in der Nacht. Um nicht einzunicken, zappt ein Fernfahrer auf der Suche nach einer passenden Sendung durch alle Kanäle. Plötzlich hört er eine muntere Stimme: „Und jetzt die Sendung für diejenigen, die nicht schlafen!" „Das passt", denkt der Fahrer und stellt das Radio lauter. Der Sprecher fährt fort: „Ein Schaf hüpft übern Zaun, zwei Schafe hüpfen übern Zaun, drei Schafe hüpfen übern Zaun ..."

* * *

Verehrte Kundschaft! Unsere Müllentsorgungsfirma bietet Ihnen eine Qualitätsgarantie: Sollten Sie mit unseren Dienstleistungen nicht zufrieden sein, bringen wir Ihnen Ihren Müll in doppelter Menge zurück.

* * *

In eine Tierhandlung platzt ein aufgebrachter Mann herein. Hinter sich her schleppt er seinen siebenjährigen Sohn und einen großen Braunbären an der Kette. Der Mann dreht sich um und sagt zu seinem Sohn: „Jetzt zeig mir endlich diesen Typen, der dir mal am ersten April einen niedlichen jungen Hamster verkauft hat!"

* * *

Ein Student legt seine Physik-Prüfung ab. Der Professor hat schlechte Laune und versucht den Studenten durchfallen zu lassen.

„Also", sagt der Professor, „wenn Sie jetzt meine Frage beantworten können, haben Sie bestanden. Wenn nicht, müssen Sie die Prüfung in sechs Monaten wiederholen. Also: wie viele Glühbirnen gibt es in diesem Hörsaal?"

Der Student zählt geschwind die Glühbirnen und sagt: „Neun!"

„Falsch", sagt der Professor und zieht aus seiner Hosentasche noch eine Glühbirne.

In sechs Monaten wiederholt sich die gleiche Geschich-te: Der Student soll wieder sagen, wie viele Glühbirnen es im Hörsaal gibt.

„Zehn!", sagt der Student.

„Neun", antwortet der Professor mit hämischem Grinsen, „heute habe ich keine Glühbirne mitgenommen".

„Aber ich!", antwortet der Student und holt eine Glühbirne aus seiner Hosentasche.

* * *

Ein Mann liest in einer russischen Bank einen ellenlangen Hypothekarvertrag und sieht dabei etwas konfus aus. Ein Bankangestellter kommt auf ihn zu: „Stört Sie irgend etwas im Vertrag?" „Ja, das hier: § 1674, Absatz 178, Punkt S: Die Stirn des Kunden wird mit dem Logo der Bank gebrandmarkt."

* * *

Ein Mann kommt in eine Tierhandlung und sagt zum Verkäufer: „Ich hätte gern 500 Küchenschaben und 1000

Wanzen". Der Verkäufer schaut ihn perplex an: „Wozu brauchen Sie denn das?" Der Mann: „Na ja, mein Vermieter braucht die Wohnung zur Eigennutzung und ich muss ausziehen. Und er hat mich aufgefordert, die Wohnung in dem Zustand zu übergeben, in welchem ich diese bezogen habe".

* * *

Aus den Aufzeichnungen eines russischen Reisenden in Kasachstan: „Und besonders möchte ich von den Sammeltaxis in Alma-Aty berichten. Die Taxis sehen ziemlich marode aus, und die Fahrer kommen aus den entlegensten Dörfern Kasachstans. Dadurch verstehen diese Fahrer nur zwei Ausdrücke: „Tochta!" für „Stopp!" und „Tochta, Arschloch!" für "Halt sofort an, wir haben die Haltestelle verpasst!".

* * *

Der berühmte russische Drehbuchautor und Regisseur von Pornofilmen Iwan Pitschuschkin hat vor kurzem einen Sammelband von seinen Drehbüchern herausgegeben. Auf 12 Seiten dieses Sammelwerkes können die Leser in die prickelnde Atmosphäre seiner 352 populärsten Filmen eintauchen.

* * *

Unter den Sachen, die für mich wirklich interessant sind,

befindet sich Ihre Meinung über meine Person ungefähr zwischen den Wanderungsproblemen der Waldohreule und den Besonderheiten der Mehrwertsteuererhebung in Simbabwe.

* * *

Gestern ist in Moskau im 27. Stock eines Wolkenkratzers ein Fernseher „Sony KD-849005" aus dem Fenster gefallen. Es gab allerdings keinen Aufprall: Der Fernseher wurde prompt im 12. Stock in ein Fenster hineingezogen.

* * *

Ein junger Mann sagt zu seinen Freunden: „Jungs, morgen werde ich euch meine Braut vorstellen. Sie kommt aus einer Familie mit strengen Sitten, und deshalb habe ich eine große Bitte an euch: bitte, reißt euch zusammen und lasst kein einziges Schimpfwort fallen! Und dich, Semjon, werde ich als meinen alten taubstummen Freund vorstellen".

* * *

Ein Tipp für Hausfrauen: Damit eine Seifenschale mit Saugnäpfen an den Fliesen besser hält, streichen Sie die Saugnäpfe mit Klebestoff ein und nageln Sie diese mit Stahlzwecken fest.

Ein Russe feiert seinen 100. Geburtstag. Ein Journalist kommt auf ihn zu.

„Herr Iwanow, herzlichen Glückwunsch! Eine kleine Frage: was sagen Ihnen die Ärzte?"

„Ach, die sagen doch seit 50 Jahren immer das Gleiche: hör auf zu trinken, hör auf zu rauchen, nicht zu viel Sex, Süßes und Fettes ist verboten ..."

* * *

Ein Priester in einer kleinen Stadt wendet sich an seine Gläubigen mit der Bitte um eine Spende für die Renovierung der Kirche.

Unerwartet meldet sich die in der ganzen Stadt bekannte Nutte: „Hochwürden, ich spende zwei Tausend Dollar".

„Obwohl wir das Geld nun wirklich brauchen", sagt der Priester, „kann ich dieses schmutzige Geld nicht annehmen".

Plötzlich meldet sich ein Mann aus der hintersten Reihe zu Wort: „Nehmen Sie es ruhig an, Hochwürden, es ist ja schließlich unser Geld!"

* * *

Ein Journalist fragt in Kenia einen Einheimischen:
„Welche gefährlichen Tiere gibt es hier?"

„Wir haben Löwen, Leoparden, Hyänen, Krokodile, verschiedene Giftschlangen ..."

„Und vor wem haben Sie die größte Angst?"

„Vor den russischen Touristen!"

Verehrte Männer! Heute machen wir einige Übungen, um die weibliche Logik besser zu verstehen. Übung 1: Wir spielen Billard mit Würfeln!

* * *

Bald kommt die neue russische Ausführung eines Lügendetektors auf den Markt. Der neue Lügendetektor ist mit einem Kreditkartenleser sowie mit einem Banknoten-Einzahlungsmodul versehen.

* * *

Wenn Ihre linke Hand den knackigen Po einer kessen Blondine berührt, Ihre rechte Hand am Oberschenkel einer hübschen Rothaarigen liegt und Ihr Gesicht zwischen den Brüsten einer schicken Brünette steckt, heißt das noch lange nicht, dass Sie im Paradies sind. Sie haben in der Moskauer U-Bahn während der Spitzenzeit sicher einfach Glück gehabt.

* * *

„Mein Gott, wie putzig! Ist das eine Katze oder ein Kater?"
„Können Sie das denn nicht an den Ohren erkennen?"
„Nein, wie das denn?!"
„Das ist ein Kaninchen!"

„Herr Ober, könnten Sie bitte die Wachteln etwas stärker braten?"

„Sind die nicht durch?"

„Nein, denn sie fressen meinen Salat!"

* * *

Die Niederlage der russischen Olympia-Mannschaft bei den XXI. Olympischen Winterspielen 2010 in Vancouver hat die Frau des Präsidenten des Olympi-schen Komitees Russlands wieder wettgemacht: Der von ihr in Kanada gekaufte Schmuck enthält mehr Gold als alle Gold-medaillen der Mannschaft!

* * *

„Mist! Ich habe aus Versehen die dreckige Wäsche nicht in die Waschmaschine, sondern in den Kühlschrank gesteckt! Manchmal denke ich, dass ich ein Vollidiot bin ..."

„Ja, das passiert mir auch ab und zu."

„Du steckst auch die dreckige Wäsche in den Kühl-schrank?"

„Nein, ich denke ab und zu, dass du ein Vollidiot bist!"

* * *

„Guten Tag, Herr Iwanow! Herzlichen Glückwünschen zu ihrer neuen Wohnung! Wie sind denn Ihre Nachbarn so, stören sie Sie nicht?"- „Ich kann nicht klagen! Sie prügeln sich zwar jeden Abend, aber sie machen es ja leise!"

Der Rektor einer Universität schaut sich den Kostenvoranschlag der Physik-Fakultät an: "Wieso brauchen diese Physiker immer so teure Ausstattungen? Die Mathematiker brauchen nur Geld für Papier, Bleistifte und Radiergummis. Und die Philosophen sind noch besser. Sie kommen sogar ohne Radiergummis aus."

* * *

Natascha! Ich verspreche hier vor Gott, dich zu lieben, zu beschützen, zu achten, zu ehren und zu trösten. Ich verspreche, dich nicht zu verlassen, weder in guten noch in bösen Tagen, weder in Reichtum noch in Armut, weder in Gesundheit noch in Krankheit, und dir die Treue zu halten, bis dass der Morgen uns scheidet.

* * *

„Stehst du auf Blondinen oder Brünette?"
„Ich stehe auf große Titten."
„Na gut, und die Haarfarbe?"
„Ich mag keine behaarten Titten."

* * *

Im Keller des St. Petersburger Clubs der Pleonasmus-Fans wurden die tödlich umgebrachten sterblichen Überreste eines verschiedenen Leichnams entdeckt.

* * *

Der Präsident der Republik Turkmenistan Gurbanguly Berdymuchammedow besuchte den Vulkan Eyjafjallajökull. Dies führte unter den Fernsehmoderatoren bedauerlicherweise weltweit zu flächendeckenden Selbstmordfällen.

* * *

Das Geheimnis des Bermudadreiecks ist endlich gelüftet! In all seinen ebenen rechtwinkligen Dreiecken ist die Summe der Flächeninhalte der Kathetenquadrate dem Flächeninhalt des Hypotenusenquadrates gleich.

* * *

Na das ist wohl das Letzte, die Jugend von heute! Meine 15-jährige Tochter treibt sich die ganze Nacht irgendwo herum, treibt es weiß der Geier mit wem und vergisst völlig, mir zu meinem 30. Geburtstag zu gratulieren!

* * *

Zwei Freunde treffen sich. Einer läuft auf Krücken.
„Kolja, was ist mit dir los?"
„Ich hatte einen Autounfall."
„Oh Gott! Und du kannst ohne Krücken nicht mehr laufen?"
„Weiß der Geier! Der Arzt sagt: schon, der Anwalt – auf keinen Fall!"

* * *

Angebot unserer Akademie für Weiterbildung:
Seminar 1: „Wie werde ich reich und bekannt?". Kosten:
2 000 Rubel.
Seminar 2: „Wie werde ich reich und bleibe unbekannt?" Kosten: 200 000 Rubel.

* * *

Gestern haben die russischen Astronauten auf der Internationalen Raumstation ISS den Geburtstag ihres US-amerikani-
schen Kollegen gefeiert. Während der Geburtstagsparty wurden
drei Ausstiege in den freien Weltraum ausgeführt: Zweimal zum
Rauchen, und noch einmal – um dem amerikanischen
Astronauten klarzumachen, wer auf der ISS der Boss ist.

* * *

Die Köchin Klawa aus der Stadt Rostow hat einen
Traum: Sie will einen Busen wie Pamela Andersen
haben. Leider übernehmen die russischen Kranken-
kassen die Kosten für eine Brustverkleinerungsoperation
nur in äußerst seltenen Fällen.

* * *

Einmal entstand in einer Mietwohnung an der Zimmerdecke ein schwarzer Fleck. Einen Tag später starb der
Mieter an einem Herzinfarkt. Nach einer Woche tauchte
so ein schwarzer Fleck in einer anderen Woh-nung auf.
Einen Tag später starb der Mieter ebenfalls an

einem Herzinfarkt. Nach zwei Wochen tauchte der schwarze Fleck an der Zimmerdecke in der Wohnung von Herrn Iwan Sidorow auf. Herr Sidorow rief bei der Wohnungsverwaltung an: „Guten Tag, hier ist Sidorow. Ich habe einen schwarzen Fleck an der Decke. Können Sie das wieder in Ordnung bringen? Ja? OK, und wie viel wird es kosten? WIE VIEL?!", fragte Sidorow nach und starb an einem Herzinfarkt.

* * *

Der Chef einer großen Firma drückt auf einen Knopf und sagt zu seiner Sekretärin: „Lena, einen Kaffee bitte!" Die Stimme der Sekretärin: „Herr Iwanow, können Sie mich nicht wenigstens am Wochenende in Ruhe lassen?! Gehen Sie gefälligst weg von der Türsprechanlage!"

* * *

Ein Flugzeug aus Moskau im Landeanflug auf den Flughafen St. Petersburg. Einer der Fluggäste scheint sehr nervös zu sein. Eine Stewardess kommt zu ihm.
„Sie müssen keine Angst haben, es wird alles in Ordnung sein! Sie fliegen wohl zum ersten Mal?"
„Von wegen! Ich bin schon über hundertmal geflogen, aber ich lande zum ersten Mal im Leben!"
„Moment mal, wie soll das denn gehen?!"
„Ganz einfach: ich bin Hauptmann bei den Luftlandetruppen!"

Wenn Sie die genaue Zahl der Nadeln eines Igels wissen wollen, zum Zählen aber keine Zeit haben, setzen Sie sich einfach drauf: Dann können Sie die Anzahl der Einstiche an Ihrem Hinterteil zu Hause vor dem Spiegel in aller Ruhe zählen.

* * *

Die Astrologie ist eine exakte Wissenschaft. Alles, was in den Horoskopen steht, geht in Erfüllung. Unbekannt ist nur - wann, wo, mit wem und was genau.

* * *

Es treffen sich ein Student, ein Auszubildender und ein Offiziersanwärter aus der Militärakademie und erzählen von ihren Prüfungen.

„Bei uns", sagt der Student, „bekommst du die Frage „Welche der folgenden Einheiten bezeichnet die elektrische Stromstärke" und drei Antwortmöglich-keiten: 1. Volt. 2. Ohm. 3. Ampere. Und man muss die richtige wählen."

„Bei uns", sagt der Lehrling, „bekommst du die Frage „Wird die elektrische Stromstärke in Ampere gemessen?" und drei Antwortvarianten: 1. Ja. 2. Nein. 3. Weiß nicht. Und man muss die richtige wählen."

„Bei uns", sagt der Offiziersanwärter, „bekommst du die Frage „Die elektrische Stromstärke wird in Ampere gemessen!", und drei Antwortvarianten 1. Ja. 2. Jawohl. 3. Zu Befehl! Und man muss die richtige wählen."

Ach du mein lieber Schwan! Mein Nachbar macht mich wahnsinnig: es ist 3 Uhr morgens und er donnert mit der Faust so gegen meine Tür, dass mir vor Schreck der Bohrhammer aus der Hand fällt!

* * *

Eine internationale Jury hat einen 65-jährigen Chinesen namens Van Li zum neuen Weltmeister im Zusammensetzen von Rubik's Cube gekürt. Er konnte nachweisen, dass er nicht weniger als 3 000 Rubik's Cube pro Arbeitsschicht zusammensetzt.

* * *

In einem Elektronikladen:
„Kann ich Ihnen helfen?"
„Ich brauche ein achtes iPhone!"
„Moment Mal, wir haben erst vor ein paar Tagen das iPhone 5 bekommen, ein iPhone 8 haben wir noch gar nicht!"
„Sie vielleicht nicht, aber meine dumme Ziege hat schon 7 iPhones 5 verschlampt, für sie wird das also das 8. iPhone sein!"

* * *

Auf einem Seerosenblatt hocken drei Frösche. Einer von ihnen wollte ins Wasser springen. Wie viele Frösche blieben auf der Seerose? Die richtige Antwort lautet:

drei Frösche. Wollen und springen sind zwei verschiedene Paar Schuhe!

* * *

„Kommt dich Irina besuchen?"
„Ja, fast jeden Abend!"
„Und was macht ihr?"
„Fernsehen!"
„Aber du hast ja gar keinen Fernseher!"
„Das hat sie bisher noch gar nicht gemerkt!"

* * *

Britische Wissenschaftler wollen mit Hilfe von kleinen Videokameras mehr über das Leben der Hunde erfahren. Die Kameras werden am Kopf der Tiere befestigt und sollen alle Aktivitäten der Hunde aufzeichnen. Die Auswertung der Aufnahmen zeigt, dass die Hunde 90% ihrer Zeit die Kameras von ihren Köpfen abzukratzen versuchen; die restlichen 10% laufen sie von den britischen Wissenschaftlern weg, die erfolglos versuchen, die Batterien in den Kameras zu wechseln.

* * *

„Die russischen Wissenschaftler haben im menschlichen Gehirn eine Stelle gefunden, welche für das Gewissen zuständig ist."

„Wie haben sie das geschafft?"

„Sie haben im Laufe einer Studie 1 000 Freiwillige untersucht. Und bei einem haben sie diese Stelle gefunden."

* * *

Bauernregel: Wenn Sie eines Nachts im Frühling ein Sieb nehmen, nach draußen gehen, sich rücklings auf den Boden legen und die Sterne lange genug durch dieses Sieb beobachten, dann schauen sie früher oder später in die besorgten Gesichter der Ärzte der psychiatrischen Notfallambulanz.

* * *

Als ich noch jung war, bin ich einer guten Fee begegnet. Ich durfte zwischen zwei Möglichkeiten wählen: Entweder bekomme ich ein perfektes Gedächtnis für das ganze Leben oder einen langen Schwanz. Und jetzt kann ich mich nicht mehr daran erinnern, was ich damals gewählt habe ...

* * *

Zwei Freunde sind im Ausgang. Der eine kriegt eine SMS und liest. Erstaunt sagt er zu seinem Freund: „Ko-komisch... Ver-ver-stehe ich gagar nnnix... Mmmein Mo-mo-bilfunk-an-an-an-bieter sche-sche-schenkt miiir ei-einen Gggugutschein üüber 1000 Ru-ru-rubel mmmit de-dem Ve-vermerk `Fffür uuunseren be-be-besssten Aaaabobonenenten`...“

* * *

Der Herausgeber zum Übersetzer: „Leerzeichen und Zahlen übersetzen Sie ja nicht, also bezahlten wir diese auch nicht. Der Übersetzer: „Gut, dann schicke ich Ihnen die Übersetzung ohne Leerzeichen und ohne Zahlen.“

* * *

Und jetzt ist unser Korrespondent Sergej Iwanow in Wladiwostok live auf Sendung, der bei mir vor 5 Monaten 1000 US-Dollar geliehen und bis heute nicht zurückbezahlt hat. Na, was gibt's Neues aus Wladi-wostok, du Arschloch?

* * *

„Wieso bist du so traurig?“
„Ein Mädel hat mich verlassen ...“
„Ja, das ist ein großer Verlust für einen Zuhälter, besonders mitten in der Hochsaison.“

* * *

Der Priester sagt in der Kirche zu einem frischgetrauten Ehepaar: „Kraft meines Amtes erkläre ich euch nun zu

Mann und Frau. Jetzt dürft ihr dies im Twitter posten."

* * *

„Du bist eine blöde Kuh!"
„Dafür aber schön!"
„Wer hat dir denn das gesagt?!"
„Na du!"
„Und das hast du mir abgekauft?!"
„Ja, klar!"
„Dann bist du eine blöde Kuh!"
„Dafür aber schön!"

* * *

„Eure Majestät! Der Drache, der uns gestern geschenkt wurde, hat Hunger!"
„Was frisst er denn so?"
„Nur Jungfrauen!"
„Das arme Tier! Es wird bei uns wohl verhungern ..."

* * *

In einer russischen Kolchose läuft die Jahresversammlung.
Der Vorsitzende: „Für die gute Arbeit auf dem Feld bekommt Genosse Iwanow den 3. Preis – fünf Säcke Kartoffeln!"
Im Saal: Beifall, Ausrufe: „Glückwunsch!"
Der Vorsitzende: „Für seine gute Arbeit auf dem Feld

bekommt Genosse Petrow den 2. Preis – zehn Säcke Weizen!"

Im Saal: Beifall, Ausrufe: „Glückwunsch!"

Der Vorsitzende: „Für die gute Arbeit im Büro der Kolchose bekommt Genossin Sidorova den 1. Preis: die gesammelten Werke des Führers der Weltrevolution Wladimir Lenin!"

Im Saal: stehender Beifall, Ausrufe: „Geschieht ihr recht, dieser Schlampe!"

* * *

Ein Telefongespräch: „Na das war wohl der Hammer gestern Abend! Wessen Geburtstagsparty war das eigentlich, ich kann mich nicht mehr erinnern? Ach so, das war eine Hochzeit? ... Moment, was heißt „deine"?"

* * *

Ein Büroangestellter kommt zur Arbeit mit zweieinhalb Stunden Verspätung mit einem Gipsbein, einem verbundenen Arm und mehreren blauen Flecken. „Wieso kommen Sie zu spät zur Arbeit?", brüllt ihn sein Chef an. „Chef, tut mir leid, aber ich bin aus dem 5. Stock gefallen." „Und? Hat der Fall etwa 2,5 Stunden gedauert?!"

* * *

Der russische Geheimdienst FSB hat das Plansoll zum

Einschleusen eigener V-Männer in kriminelle Vereinigungen in Moskau übererfüllt: Nach Angaben des Pressedienstes agieren momentan in Moskau 15 Banden, die ausschließlich aus FSB-Mitarbeitern bestehen.

* * *

„Hallo! Bin ich beim Anonymen Rat- und Hilfe-Telefon des FSB? "
„Augenblick... Ja, genau, Herr Alexej Dmitriev, Jahrgang 1967, wohnhaft in der Moskowskaja-Straße 33, nicht vorbestraft, was können wir für Sie tun? "

* * *

Eine junge Frau kommt in einen Schönheitssalon und sagt: „Ich habe mir vorgestern ein Nabelpiercing in Ihrem Salon stechen lassen, aber es ist irgendwie zu schwer". „Na zeigen Sie mal", sagt der Piercing-Meister. Gleich ruft er seinen Kollegen: „Nikolaj! Komm mal her! Ich habe endlich deinen Schlüsselbund gefunden!"

* * *

Zwei Teenager unterhalten sich: „Lass uns einen neuen erotischen Film im Stadtkino anschauen!"
„Da steht aber 18+."
„Na und! Meinst du, die hocken da vor dem Kinoeingang mit einem Lineal in der Hand?"

„Guten Morgen, Herr Ivanov! Tut uns leid, dass wir Sie während des Urlaubs stören, aber es geht ganz schnell. Wir möchten neue Prioritäten für PC-Prozesse festlegen und brauchen deswegen den Administrator-Zugang zum Server. Können Sie uns bitte Ihr Passwort geben?"

„Rutsch mir den Buckel runter. Mit russischen Buchstaben, in lateinischer Tastaturbelegung und ohne Leerzeichen."

* * *

Der Direktor einer renommierten Fallschirmschule Moskau kommt auf den Fallschirminstruktor zu, der bei ihm erst seit ein paar Wochen arbeitet, und sagt: „Sehr oft verlieben sich die Menschen bereits nach ihrem ersten Fallschirmabsprung in den Himmel und in die bezaubernden Empfindungen des freien Falls. Wenn sie dann nach einem langen Leben ihr irdisches Dasein beenden, bitten sie in ihrem Testament darum, sie in der Nähe des Ortes zu beerdigen, wo sie diese beispiellosen Empfindungen erlebt haben. Und dieser große Friedhof neben dem Flugplatz ist genau dieser Ort. Genau so ausführlich sollten Sie es auch unseren potentiellen Kunden erklären. Denn ansonsten wird es jedes Mal gleich ablaufen: die ganze neue Gruppe läuft davon, wenn Sie sagen: Und hier ist der Friedhof unserer Fallschirmspringer!"

* * *

In einer Philharmonie-Halle erklang die Stimme des

Ansagers: „Dmitri Schostakowitsch, 6. Sinfonie."
In der letzten Reihe hörte man das empörte Flüstern eines
Mannes: „Du bist ja nie rechtzeitig parat. Unglaublich:
wir haben fünf Sinfonien verpasst!"

* * *

Ein russischer Politiker sagt zum anderen: „Ich bin
überzeugt, dass die Lebensqualität in Russland in 10
Jahren besser sein wird als in Deutschland!" Daraufhin
der zweite: „Oh Gott, was wollt ihr bloß mit
Deutschland anstellen?!"

* * *

Zu einer interessanten Schlussfolgerung kamen die
Mitarbeiter der russischen Akademie der Wissen-
schaften. Sie stellten fest, dass die Ergebnisse von Expe-
rimente an Freiwilligen wesentliche Unterschiede zu den
Ergebnissen von Experimenten an jenen aufweisen, die
sich wehren.

* * *

In eine Fleischerei platzt 5 Minuten vor dem Schluss eine
japsende Frau herein.
„Na Gott sei dank, ich habe es noch geschafft! Haben Sie
Hühnerfleisch?"
Der Verkäufer nimmt aus dem Kühlschrank das einzige
verbliebene Huhn heraus und legt es auf die Waage. Die

Waage zeigt etwa 1 000 Gramm.

„Na ja, nicht gerade das Gelbe vom Ei. Hätten Sie vielleicht ein größeres?"

Der Verkäufer legt das Huhn zurück in den Kühlschrank, nimmt es wieder heraus, legt es auf die Waage und drückt unauffällig mit dem Finger auf die Waage. Die Waage zeigt nun 1 800 Gramm.

„Viel besser! Ich nehme dann die beiden."

* * *

„Weißt du, ob jemand bei uns im Büro Gedächtnislücken hat?"

„Wieso willst du das wissen?"

„Na ja, ich würde gerne bei jemandem ein paar Tausender leihen."

* * *

Ein Mann ruft aus dem Fenster eines anfahrenden Zuges einem anderen Mann am Gleis zu:

„Nochmals vielen herzlichen Dank für eure Gastfreundschaft! Und deine Frau ist im Bett einfach super!"

Er schaut sich um und sieht, dass die anderen Fahrgäste ihn völlig perplex anschauen.

„Na ja", sagt der Mann mit einer Sündermiene, „das war gelogen: sie ist im Bett eine ziemliche Niete. Ich wollte einfach einen netten Menschen nicht kränken!"

* * *

„Guten Tag. Ist hier Sergej Ivanov?"
„Guten Tag. Ja, das bin ich."
„Herr Ivanov, ich bin vom Geheimdienst FSB ..."
„Ich weiß."
„Moment, woher wissen Sie denn das?!"
„Ihr Anruf kam auf mein Handy, welches ausgeschaltet ist und keine SIM-Karte drin hat."

* * *

Ein Kampfjet stürzt bei einem Übungsflug über Moskau ab. Zwei Piloten haben nur noch wenige Sekunden, um ihren Jet von Menschenansammlungen wegzuziehen, bevor sie ihre Schleudersitze betätigen.
„Diese Grundstück da!"
„Nein! Das ist ein Einkaufszentrum, viele unschuldige Menschen!"
„Dann dieses Waldstück!"
„Geht nicht! Es ist gerade Pilzsaison, viele unschuldige Pilzsammler!"
„Oder das da ..."
Beide im Chor: „Genau! Der Kreml!"

* * *

Eine Frau hinterlässt einen Notizzettel für ihren Mann: „Alexej, hol doch bitte heute um 18:30 unseren Sohn aus dem Kindergarten ab. P.S. Er wird dich selbst erkennen."

* * *

Der russische Ministerpräsident hat neulich im Fernsehen gesagt, dass er seine Ersparnisse in Rubeln anlegt. Na ja, wir haben auch früher nicht viel von seiner Intelligenz gehalten.

* * *

Die Tür in die Wohnung wurde aufgestoßen und ein großgewachsener junger Mann stürmte herein. „Grüß dich, Vater!", sagte er fröhlich.
Sein Vater, ein Programmierer, fragte von seinem Platz vor dem PC aus, ohne sich umzudrehen:
„Und wo hast du so lange herumgelungert?"
„Ich habe meinen Militärdienst abgeleistet, Vater!"

* * *

An meinem 18. Geburtstag hat mir als Erster mein Vater gratuliert. Und er hat gesagt: „Herzliche Glückwünsche, mein Sohn! Jetzt bist du volljährig. Das heißt, du darfst Alkohol kaufen. Und so kannst du mir ein paar Flaschen Bier holen. Hier hast du einen Hunderter, machs gleich."

* * *

„Vitaly, wieso hast du rote Augen?"
„Ich habe einen Joint geraucht, Vater."
„Lüg mich nicht an. Du hast bloß geweint, weil du ein Weichei und Muttersöhnchen bist!"

„Als ich meine berufliche Laufbahn eingeschlagen hatte, besass ich nichts außer meiner Intelligenz."

„Ja, viele mussten in unserer schwierigen Zeit praktisch bei Null anfangen."

* * *

Ein junger Apotheker fragt seinen erfahren Kollegen: „Heute kaufen ältere Menschen besonders viele Herzmittel. Gibt es etwa starke Eruptionen auf der Sonne oder steht uns ein Wetterwechsel bevor?" Daraufhin der Kollege: „Nein, heute haben sie alle Kommunalabgaberechnungen erhalten."

* * *

„1 Kilo 200 Gramm Kartoffel, das macht 350 Rubel."
„Wissen Sie, ich arbeite als Mathematiklehrer ..."
„Genauer gesagt, 300 Rubel."
„... und zwar in einem Gymnasium."
„Entschuldigung! 1 Kilo 154 Gramm, 275 Rubel und 48 Kopeken bitte!"

* * *

„Können Sie mir bitte sagen, wie „Synchrophasotron" auf Russisch heißt?"
„Hä?!"
„Oh Gott, was für eine schöne, lakonische Sprache!"

Ich bin nicht stumm: ich habe einfach mit Ihnen nichts zu besprechen.

Ich bin nicht langweilig: Sie sind für mich einfach uninteressant.

Ich bin nicht sauer: Ich verstehe einfach nicht, wieso Sie mir immer noch auf die Pelle rücken.

Ich bin nicht rüpelhaft: Ich wehre mich einfach gegen Ihre Dummheit.

Ich bin kein Arschloch. Obwohl ... Ja, ich bin ein Arschloch. Leben Sie wohl.

* * *

„Hallo, Michael! Hier ist Natalia Sidorova von der Firma „Moskau Oil", wo Sie früher gearbeitet haben."

„Ja, Natalia, ich kann mich gut an Sie erinnern."

„Michael, könnten Sie in den nächsten Tagen bei uns vorbeischauen anlässlich Ihrer möglichen Wiedereinstellung?"

„Nein, Natalia, ich habe doch gesagt: Ich kann mich gut an Sie erinnern."

* * *

Bei der 1. Geburtstagsfeier des kleinen Vadims fragt einer der Gäste die Eltern: „Wieso habt ihr denn ihren Sohn Vadim getauft?"

Die Mutter sagt: „Noch vor seiner Geburt haben wir mehrere Zettel genommen und daraus Lose gemacht, die wir in einen alten Hut gelegt haben. Und dann haben wir einen Los gezogen."

Der Gast: „Und welche Namen habt ihr auf den Losen geschrieben?"

Die Mutter: „Ich schrieb Oleg, Anatolj, Alexander ..."

Der Vater: „Und ich schrieb Vadim, Vadim, Vadim ..."

* * *

Ich bin sehr stark kurzsichtig und trage aus diesem Grund eine Brille. Manchmal nehmen mir meine Bekannten die Brille weg, setzen sie auf und fragen mich: „Wie steht sie mir?" Und was soll ich euch sagen, ihr merkwürdige sprechende verschwommene Flecken?

* * *

In der letzten Zeit denke ich immer wieder: Was ist der Sinn des menschlichen Lebens? Ist Gott ergründlich? Wer und wieso hat ein Philosophie-Lehrbuch auf dem Klo liegen lassen?

* * *

„Hallo, Nachbar! Es ist schon ziemlich spät, aber meine Frau ist immer noch nicht zu Hause. Ist sie zufällig bei dir?"

„Warte mal, ich frage sie gleich: Maria, bist zu zufällig zu mir gekommen oder absichtlich?"

* * *

„Mein lieber Freund, ich muss dir ein Geheimnis

offenbaren: in der letzten Zeit bist zu sehr oft ziemlich begriffsstutzig."
„Welches Geheimnis?"

* * *

Künstlicher Weihnachtsbaum zum Zusammenbasteln günstig zu verkaufen:
1. Baumstamm mit Standfuss (1 Stück).
2. Zweige (200 Stück).
3. Nadeln zum Befestigen an den Zweigen (1 250 000 Stück).
4. Superkleber, um die Nadeln zu befestigen (5 Liter).

* * *

Das Erste, was ich in meinem Leben gesehen habe, war eine nackte Frau mit breit gespreizten Beinen. Nach diesem Anblick war ich dermaßen aus dem Häuschen, dass ich 1,5 Jahre lang nicht mal sprechen konnte.

* * *

Eine hochschwangere Frau bittet ihren Ehemann ums Lackieren der Fußnägel. Der Mann weigert sich und sagt, das dies nichts für Männer wäre. Die gekränkte Frau geht ins Badezimmer. Nach etwa einer halben Stunde kommt sie raus und sieht, wie ihr Mann sich die Fußnägel lackiert mit den Worten: „Es ist ja unglaublich, was einer schwangeren Frau alles in den Sinn kommen kann!"

Ein Mann läuft mit seinem Sohn durch einen Supermarkt. Plötzlich sieht der Sohn ein schönes Fahrrad. Bettelnd zieht er seinen Vater am Ärmel: „Papi! Kaufe mir bitte dieses Fahrrad, das hast du doch versprochen! Bitte-bitte!" Der Mann schaut auf das Preisschild und versteht, dass das Fahrrad zu teuer für ihn wäre. Er versucht sich herauszuwinden: „Das würde ich gerne machen, aber dieses Fahrrad ist ein Muster und wird nicht verkauft." Dabei zwinkert der Mann dem Verkäufer energisch zu. Der Sohn dreht sich zum Verkäufer um: „Wieso schweigen Sie denn? Ist das Fahrrad also zu haben oder nicht?" Daraufhin der Verkäufer: „Ich warte nur, ob dein Vater sich erinnern kann, dass er mir 500 Rubel schuldet."

* * *

Preisschild in einem russischen Café:
Eine Kaffee – 200 Rubel
Einen Kaffee – 150 Rubel
Einen Kaffee, bitte – 100 Rubel
Guten Tag! Einen Kaffee, bitte – 50 Rubel

* * *

„Was sind Ihre Nachteile?"
„Ich bin zu faul ..."
„Und das ist alles?"
„Ich bin zu faul, alle aufzuzählen ..."

„Pavel, geh doch mal Brot kaufen. Aber lass das Geld für alle Fälle zu Hause, sonst werden noch irgendwelche Schlägertypen dir es schon wieder wegnehmen. Na geh schon!"

„Papi, aber wie kaufe ich bloß Brot ohne Geld!?"

„Das sollst du auch nicht. Du sollst einfach den Weg auskundschaften. Und wenn keine Schlägertypen da sind, gehe ich selbst Brot kaufen."

* * *

Ein Mann schaut bei einem Antiquitätenladen vorbei. Gelangweilt schaut er sich um. Plötzlich sieht er aber, wie neben einem Regal eine Katze ihre Milch aus einer Untertasse schlabbert. Er schaut genauer hin: Oh Gott! Die Untertasse stammt wohl aus dem alten Ägypten, höchstwahrscheinlich aus den Zeiten des altägyptischen Königs Tutanchamun, 18. Dynastie, etwa 1332 bis 1323 v. Chr.! Der Mann wendet sich an den Antiquitätenverkäufer: „Entschuldigen Sie bitte, aber ich finde Ihre Katze so süß. Könnten Sie mir sie für 500 Rubel verkaufen?" Der Verkäufer weigert sich aber: „Nein, tut mir leid, meine Kinder mögen sie so sehr." „1 000 Rubel?" „Nein, tut mir leid." Schlussendlich wird die Katze für 5 000 Rubel doch noch verkauft. Der Mann, der mit der Katze den Laden verlässt, dreht sich noch vor der Tür um: „Ihre Katze schlabbert wohl gerne Milch aus dieser Untertasse? Könnten Sie mir bitte auch diese verkaufen?" Der Verkäufer will aber nicht: „Nein, die Untertasse verkaufe ich nicht." Der Mann: „ Ich biete

Ihnen 500 Rubel an." Der Verkäufer: „Na was reden Sie denn da. Das ist doch Tutanchamun, 18. Dynastie. Auf diese Weise habe ich schon 87 Katzen verkauft."

* * *

„Er hat angefangen, meinen Vornamen in SMS kleinzuschreiben. Ist es ein schlechtes Zeichen? Ist es jetzt aus mit uns?"
„Zeig mal ..."
„leck mich am arsch, svetlana"
„Hm ..."

* * *

Es ist Russland in den 90er Jahren. Die Inflation breitet sich aus, die Wirtschaft liegt am Boden. Ein russisches Sinfonieorchester bereitet sich für eine Gastspielreise ins Ausland vor. Der Dirigent sagt: „Zunächst fliegen wir nach London. Dort kaufen wir englische Waren aus Wolle. Danach fliegen wir nach Brasilien. Dort verkaufen wir die Wolle und kaufen guten Kaffee. Danach geht es nach Japan. In Japan verkaufen wir den Kaffee und kaufen die beste japanische Unterhaltungselektronik. Dann kommen wir zurück nach Moskau, verkaufen die Elektronik und verdienen haufenweise Kohle. Irgendwelche Fragen?" Der Trommler melden sich zu Wort: „Sollen wir die Musikinstrumente denn überhaupt mitnehmen?"

„Am meisten träume ich davon, auf den Mars zu fliegen."

„Ich auch."

„Wie toll, dass wir beide davon träumen, auf den Mars zu fliegen!"

„Na ja, nicht ganz. Ich träume davon, dass *du* auf den Mars fliegst."

* * *

„Guten Tag! Ich habe im Internet gelesen, dass Sie meinen Penis um 5 cm vergrößern können."

„Ja, so ist es."

„Unglaublich! Sie verdoppeln also die Länge?!"

* * *

„Nimmst du die blaue Pille – die Geschichte endet, die wachst in deinem Bett auf und glaubst, was du immer glauben willst. Nimmst du die rote Pille – du bleibst hier im Wunderland. Und ich führe dich in die tiefsten Tiefen des Kaninchenbaus."

„Sie sind aber ein cooler Apotheker! Eine Packung Aspirin, bitte."

* * *

„Du wirst in der Hölle schmoren, du dumme Schlampe."

„Was?!"

„Oh, Entschuldigung, das ist alles dieses blöde T9- System."

„Aber wir reden doch miteinander live!"

„Tatsächlich? Dann ist es mir ein bisschen peinlich ..."

* * *

In der landwirtschaftlichen Akademie läuft die Abschluss-prüfung.

„Stellen Sie sich vor: Sie sind Direktor eines staatlichen landwirtschaftlichen Betriebes. Und schon wieder gibt es eine Kartoffel-Mißernte. Welchen Grund würden Sie zu Ihrer Rechtfertigung angeben?"

„Schlechte Wetterbedingungen."

„Das ist Schnee von gestern. Vielleicht etwas Neues?"

„Wir haben vergessen, Kartoffeln zu setzen?"

„Schon viel besser!"

* * *

Ein kleines Mädchen fragt seinen großen Bruder:

„Was ist Liebe?"

„Liebe ist, wenn du jeden Tag Schokolade aus meiner Schultasche stiehlst, und ich lege sie jeden Tag an den selben Ort."

* * *

Sie: „Du interessierst dich überhaupt nicht für unseren Sohn! Weißt du überhaupt, welche Hobbys er hat? Weißt du, welche Noten er in der Schule bekommt?"

Er: „Warte mal ... Willst du etwa sagen, dass der Kerl,

dem ich einen Hunderter gebe, damit er Bier holt, während im Fernsehen ein Fußballspiel übertragen wird, nicht unser Zwerg-Butler ist?!"

* * *

Ein russischer Bauer, der eine Tonne Stallmist bestellt hat und mit der Qualität der gelieferten Ware nicht zufrieden war, konnte auch nach 2 Stunden kein passendes Eigenschaftswort finden, um seine Unzufriedenheit auszudrücken.

* * *

„Ich habe nichts unter meinem Kleid", flüsterte sie.
„Hören Sie auf zu lügen! Ich habe doch gesehen, wie Sie dort eine Flasche Wodka versteckt haben", sagte streng der Security-Mann im Supermarkt.

* * *

Ich habe zufällig mein Nacktfoto an all meine Bekannten verschickt. Es war mir nicht nur schrecklich peinlich: ich habe noch eine Unsumme für die Briefmarken und Umschläge ausgegeben.

* * *

„Hallo, Ivan! Ich habe gehört, du warst in den Ferien in Costa Rica? Wie wars?"

„Eigentlich ganz gut, ich bin zufrieden."

„Und welche Währung haben sie denn da?"

„Die Währung? Das habe ich vergessen. Sag mal, wie heißt diese Untersuchung, wo man dir eine kleine Videokamera in den Arsch schiebt?"

„Es heißt Koloskopie oder auch Colonoskopie. Aber in welchem Zusammenhang ..."

„Jetzt habe ich es! Die Währung dort heißt der Colon!"

* * *

„Wenn du, Arschloch, mich noch einmal als intelligenten Menschen bezeichnest, wirst du bis ans Ende deiner Tage Blut spucken. Hast du mich verstanden, du Miststück?"

„Herr Ivanov, was reden Sie denn da?! Sie sind doch Professor, der Lehrstuhlinhaber für Psychologie ..."

„Professor bin ich nur hier, in diesen vier Wänden. Und wenn ich dich am Wickel packe und nach draußen schleppe, dann bin ich kein Professor mehr. Und du bist dann auch nicht mehr mein Student, sondern einfach ein Stück Scheiße auf dünnen krummen Beinen. Und es wird mich nichts daran hindern, dir deinen Adamsapfel auszureißen und dir in den Arsch zu schieben."

Der Professor spuckt verächtlich und schaut den Studenten an. Der Student schweigt. Der Professor holt tief Luft: „Bei Gott: Ich habe alles getan, was ich nur tun konnte. Entweder werden Sie mir die exakte Begriffsdefinition für „kognitive Dissonanz" geben, oder sie bekommen kein Testat. Denken Sie bitten nach."

„Liebe Eltern, ich muss euch eins gestehen: ich bin keine Jungfrau mehr."

„Oh Gott, unsere Tochter ist ein Luder!"

„Fuck, ich bin doch 35 Jahre alt!"

„Na guck dir das mal an: schimpfen tut sie auch noch!"

* * *

Wie funktionieren die modernen Massenmedien? Ungefähr so.

Der Journalist: „Ist Ihr Generaldirektor heute besoffen?"

Die persönliche Sekretärin des Direktors einer erfolgreichen IT-Firma: „Nein, er nimmt schon seit Jahren keinen Alkohol zu sich!"

Der Journalist: „Wie oft verlangt er von Ihnen Oralsex?"

Die Sekretärin: „Was reden Sie denn da?! Er ist ein sehr anständiger und gesitteter Mann!"

Der Journalist: „Und wie finden Sie das Wetter heute?"

Die Sekretärin: „Es ist ein herrlicher Tag. Es ist warm, die Sonne scheint, die Vögel singen!"

Am nächsten Tag wird Folgendes veröffentlicht: „Es war ein herrlicher Tag: der Direktor einer erfolgreichen IT-Firma kam nüchtern zur Arbeit und verlangte von seiner Sekretärin keinen Oralsex!"

* * *

Eine Bratpfanne mit modernster Antihaftbeschichtung zu verkaufen: Wenn Ihr Essen auf dieser Pfanne anbrennt, wird bei Ihnen das Internet automatisch ausgeschaltet.

In eine russische Kirche kommt ein rüpelhafter Typ rein, kommt auf den Priester zu, schlägt ihn auf die Backe und sagt: „Na, heiliger Vater? Es steht doch geschrieben: 'Wenn dich einer auf die linke Backe schlägt, dann halt ihm auch die andere hin'". Der kräftige Priester verpasst dem Typ einen ordentlichen rechten Hacken, welcher ihn zu Boden bringt, und sagt ruhig: „Es steht auch geschrieben: 'Und mit welcherlei Maß ihr messet, wird euch gemessen werden.'" Einige erschrockene Gläubige fragen den Diakon: „Was ist denn da los?" Daraufhin der Diakon mit ernster Miene: „Sie interpretieren die Heilige Schrift."

* * *

Lena: „Stanislav, du kannst dir nicht vorstellen, wie toll es ist, auf der behaarten Brust eines Mannes aufzuwachen!"
Stanislav: „Lena, ich hoffe sehr, das ich so etwas nie erleben werde."

Ein aufgebrachter Zoobesucher beschwert sich beim Zoodirektor: „Die Bären paaren sich bei Ihnen, und die Kinder schauen zu!"

„Meine Güte, Sie sind aber aufgebracht! Ich hätte eher gedacht, die Kinder paaren sich, und die Bären schauen zu!"

* * *

„Hast du mit deiner Frau vor der Hochzeit schon Sex gehabt?"

„Nein, und du?"

„Ja, ich schon. Tut mir leid, Mann, ich wusste ja nicht, dass du sie heiraten wirst."

* * *

Auf einem Bauernhof in einem entlegenen Dorf sitzen am Abend der Bauer und seine Frau gemütlich zusammen. Die Frau strickt Socken, der Bauer liest eine medizinische Zeitschrift. Plötzlich sagt der Bauer: „Schatz, hier steht, dass Frauen die einzigen weiblichen Säugetiere sind, die beim Sex einen Orgasmus erleben können". Seine Frau antwortet herausfordernd: „Und, kannst du das bestätigen?" Der Bauer macht ein nachdenkliches Gesicht, zieht sich an und geht nach draußen. Nach einer Stunde kommt er wieder zurück. „Also, die Stute und das Schaf kriegen tatsächlich keinen Orgasmus, aber die Sau hat so gegrunzt und gequiekt, dass ich gewisse Zweifel habe!"

Ein Mann kommt in ein Anglergeschäft und fragt die Verkäuferin:
„Entschuldigen Sie, sind Ihre Köder aus Silikon?"
Die empörte Verkäuferin: „So eine Frechheit! Mein Busen ist echt!"

* * *

„Gib zu, du hast mit ihm geschlafen!"
„Bist du blöd, oder was? Wir haben nur gebumst, zum Schlafen ist er nach Hause gefahren!"

* * *

Neben einem Hotel steht eine Nutte, die kaum 16 Jahre alt ist. Ein älterer Mann kommt auf sie zu.
„Sag mal, Kleine, was würde deine Mutter sagen, wenn sie erfährt, dass du hier stehst?"
„Sie würde mich umbringen. Das ist nämlich ihr Platz."

* * *

Ein junger Mann und eine hübsche junge Frau im Bett. Sie treiben es lange und bunt miteinander. Nach dem gleichzeitigen Orgasmus fragt der Mann sie: „Entschuldige bitte meine Frage. Ich nehme an, dass ich nicht der erste Mann für dich bin, aber vielleicht wenigstens der zweite?" „Ja klar, Schatz. Aber wieso interessiert dich denn auf einmal die heutige Reihenfolge?"

Zwei statistische Ämter in Russland lieferten verschiedene Angaben zur durchschnittlichen Länge des männlichen Glieds: 15 cm und 25 cm. Es hat sich herausgestellt, dass der Grund für diese Diskrepanz an unterschiedlichen Messmethoden lag: Das eine Amt hat die Männer befragt, das andere hat nachgemessen.

* * *

Die Bibel lehrt uns, unsere Nächsten zu lieben. Das Kamasutra erklärt uns wie, das Notizbuch sagt uns wen, und der Organizer zeigt uns wann.

* * *

Teenager Katja hat sich einen Hund angeschafft. Es blieb ihr nichts anderes übrig, denn ihre Eltern haben unter ihrem Kissen ein Lederhalsband gefunden.

* * *

„Hallo, Sergej, stell dir vor, meine Frau ist schwanger!"
„Und wieso rufst du ausgerechnet mich an? Vielleicht war ich an dem Tag gar nicht in der Stadt!"

* * *

„Hallo, Andrej, ich habe gehört, dass du bald heiraten willst. Hast du eigentlich Nacktfotos von deiner Verlobten?"

„Hallo, geht's noch?! Natürlich nicht!"

„Moment mal, ich hab hier ein paar."

* * *

Eine Frau amüsiert sich mit ihrem Liebhaber im Schlafzimmer. Plötzlich hört sie, wie die Eingangstür aufgeschlossen wird.

Rasch sagt sie zu dem Liebhaber: „Mist, das ist mein Mann! Versteck dich schnell im Kleiderschrank!"

Der besorgte Liebhaber: „Der Schrank ist aber ziemlich klein. Ich werde drin ersticken."

Die Frau: „Ach was! Bisher ist noch keiner da drin erstickt!"

* * *

Der junge Ritter stürmt ins Gemach der schönen Prinzessin.

Sie heult: „Jedes Jahr wird in unserem Reich die schönste Jungfrau im ganzen Land dem Drachen geopfert! Und morgen bin ich dran! Warum bin ich bloß so schön?! Ich muss deswegen sterben!"

„Ich werde dich retten!", ruft der Ritter inbrünstig.

„Wirst du den Drachen töten?", fragt die Prinzessin erleichtert.

„Es gibt eine viel einfachere Lösung", sagt der Ritter und knöpft seine Hose auf.

„Gibt es denn keine andere einfachere Lösung?", fragt die Prinzessin kleinlaut.

„Hm", sagt der Prinz nachdenklich, „ich könnte dir zum Beispiel die Nase brechen, dann bist du nicht mehr die Schönste."

„Na dann", seufzt die Prinzessin, und zieht ihr Kleid aus.

* * *

Eine Frau sagt zu ihrem Ehemann: „Wenn du Sex willst, bin ich für dich nur eine Steckdose."

Der Mann: „Jawohl, du bist eine Steckdose, aber eine gute Ehefrau ist ein Dreifachverteiler."

* * *

Klein Iwan fragt seine Eltern, was Oralsex bedeutet. Die Mutter denkt, dass es besser ist, wenn er dies zu Hause erfährt und nicht irgendwo auf der Straße, und sagt: „Na, das ist, wenn man das Glied in den Mund nimmt". Sofort kriegt sie von ihrem Mann eine geklebt: „Blöde Kuh! Nicht ‚nimmt‘, sondern ‚steckt‘! Wir haben schließlich einen Sohn!"

* * *

„Wusstest du, dass Affenweibchen keinen Orgasmus kriegen?"

„Ach was! Vielleicht hast du einfach ein frigides erwischt."

Ein frisch verheiratetes Paar liegt im Bett.

Er: „Wir machen es so: Wenn du Sex willst, nimm meinen Schwanz und zieh ein- oder zweimal daran. Dann weiß ich, was ich zu tun habe."

Sie: „Und wenn ich keine Lust habe?"

Er: „Dann machst du das so etwa 120-130 Mal."

* * *

Ein junges Ehepaar richtet seine neue Wohnung ein. Der Mann bringt ein Fertigregal an der Wand an und sagt: „Die Eckverbinder des Regals kann ich eigentlich mit nur einer Schraube näher an der Wand befestigen. Die zweite Schraube ist völlig überflüssig."

Sie: „Aber wenn es doch zwei Löcher gibt, dann muss man auch beide benutzen!"

Er: „Schön. Ich werde dich heute Abend im Bett daran erinnern."

* * *

Eine Frau fragt ihren Mann: „Wieso kommst du so spät nach Hause?"

Antwortet der Mann: „Ich hab doch gesagt, dass ich heute zu einem Junggesellenabschied gehe."

Die Frau: „Ach so, dann habt ihr wohl eine Nutte bestellt und euch mit ihr amüsiert."

Der Mann: „Nein, wie kommst du denn darauf?!"

Die Frau: „Erzähl keinen Mist, ich war schon ein paar Mal bei einem Junggesellenabschied!"

Vor ein paar Monaten hat ein Tierpfleger des Moskauer Zoos aus Spaß die Vitamine im Tierfutter durch Viagra ersetzt. Verschiedene Tiere konnten inzwischen von der „Roten Liste seltener und gefährdeter Arten" gestrichen werden.

* * *

Gestern hatte ich einen Traum: Ich tapeziere, und da besucht mich Pamela Anderson und packt sofort an, um mir zu helfen. Dieser Traum war so real wie das wirkliche Leben – als ich aufwachte, hatte ich immer noch Kleister an den Händen.

* * *

Ein Mann kommt von einer langen Reise aus Afrika zurück und sitzt mit seinem besten Freund in einer Kneipe.
Der Freund: „Mann, wieso bist du so traurig?"
Der Mann: „Ach, wie soll ich das sagen? Also, ich habe in Afrika mit einem Affen zusammengelebt wie Mann und Frau."
Der Freund: „Ach du meine Güte. Das macht aber nichts, ich halte dicht, und der Affe wird es bestimmt auch niemandem erzählen."
Der Mann: „Eben, er wird nichts erzählen, wird mir keine SMS schicken und mich nicht anrufen …"

* * *

Tief in der Nacht weckt ein Mann seine Frau: „Galina, du, ich hab Lust auf dich."
Entrüstet brummt sie: „Na und? Ausgerechnet deswegen weckst du mich? Hast du vergessen, was wo ist?"

* * *

Ein Mann beschwert sich bei einem Freund: „Stell dir vor – ich war neulich mit meiner Freundin in einem Restaurant, und da nennen mich meine Tischnachbarn doch tatsächlich einen alten Pädophilen. Bloß wegen des Altersunterschieds. Ist es so schlimm, dass ich fünfzig bin und meine Freundin erst zwanzig? Damit haben sie uns unseren zehnten Jahrestag total vermasselt."

* * *

Stellen Sie sich vor: Ein 18-jähriger Mann, der körperlich fit ist, kann innerhalb einer Stunde fünf Kilo Pilze im Wald sammeln. Eine 18-jährige Frau, die ebenfalls körperlich fit ist, kann innerhalb einer Stunde drei Kilo Pilze im Wald sammeln. Aber wenn beide zusammen in den Wald gehen, heißt das nicht, dass sie innerhalb einer Stunde zusammen 8 Kilo Pilze sammeln werden.

* * *

Woran erkennst du, dass eine Frau dich sexuell attraktiv findet?
Ganz einfach: Sie schreit beim Sex nicht um Hilfe.

Ein junger Mann und eine junge Frau fahren Auto.

Der Mann: „Ich habe schon zeit meines Lebens davon geträumt, dass mir meine Freundin beim Autofahren einen bläst."

Die Frau: „Nein!"

Der Mann: „Ach bitte!"

Die Frau: „Nein!"

Der Mann: „Na komm schon!"

Die Frau: „Nein, erst machst du deinen Führerschein! Kein Oralsex beim Fahren, solange ich am Steuer sitze!"

* * *

„Herr Doktor, meine Frau hat eine eigenartige Reaktion beim Orgasmus."

„Da müssen Sie sich keine Sorgen machen. Viele Frauen stöhnen dabei, kratzen, schreien, beißen …"

„Ja gut, das weiß ich auch. Aber meine schluckt es einfach runter und guckt mich dabei irgendwie beleidigt an."

* * *

Ein Mann kommt nach Hause. Seine Ehefrau liegt nackt auf dem Bett. Vor ihr steht ein unbekannter Mann mit heruntergelassener Hose. Der Unbekannte schaut den Ehemann verängstigt an und wendet sich dann an die Frau: „Gnädige Frau, das ist die letzte Warnung. Wenn Sie die Stromrechnung nicht umgehend bezahlen, werde ich jetzt gleich auf den Boden kacken!"

„Galina, weißt du eigentlich, dass ich dich gernhabe? Dass du mich antörnst?"

„Eine vage Vermutung hatte ich schon. Du begrapschst nämlich bereits sein einer halben Stunde meinen Busen."

* * *

1. Frau: „Er war schrecklich! Er hat mich zu ihm nach Hause eingeladen, mich dann gleich ins Bett geschleppt, hat eine schnelle Nummer geschoben und war in fünf Minuten fertig."

2. Frau: „Bei mir war es wie in einem schönen Traum. Zunächst waren wir in einem tollen Restaurant, dort gab es herrlichen französischen Wein. Dann sind wir zu ihm nach Hause gefahren. Es gab ein zweistündiges Vorspiel, und der Sex selbst dauerte eine ganze Stunde. Danach haben wir noch eine weitere Stunde über alles Mögliche geplaudert."

1. Mann: „Gestern hatte ich einen tollen Abend. Sie hat überhaupt keine Umstände gemacht, und wir sind gleich zu mir nach Hause gefahren. Da hatten wir geilen Sex, und danach konnte ich mich richtig ausschlafen."

2. Mann: „Bei mir war es ein Albtraum. Erst hat sie mich in ein Restaurant geschleppt. Der Kellner hat auch noch den teuersten Wein gebracht. Dann sind wir zu mir nach Hause gefahren. Zwei Stunden lang konnte ich keinen hochkriegen und dann eine Stunde lang nicht kommen. Grauenhaft. Es hat eine weitere Stunde gedauert, bis ich endlich einschlafen konnte."

Eine Schülerin bereitet sich auf eine Abschlussfeier vor. Sie kommt auf ihre Mutter zu.

Die Schülerin: „Mami, kann ich schwanger werden, wenn ich einen Jungen auf den Mund küsse?"

Mutter (lächelnd): „Selbstverständlich nicht."

Die Schülerin: „Und wenn es ein Zungenkuss ist?"

Die Mutter (angespannt): „Auch nicht."

Die Schülerin: „Und wenn ich ihm einen blase?"

Die Mutter (geschockt): „Nein, auch davon wirst du nicht schwanger."

Die Schülerin: „Und wie sieht's mit Analsex aus?"

Die Mutter (halb ohnmächtig): „Willst du das etwa alles auf deiner Abschlussfeier durchziehen?!"

Die Schülerin: „Nein, Mami, mach dir keine Sorgen. Ich versuche nur zu klären, wer der Vater ist."

* * *

Zwei Freundinnen unterhalten sich. „Hör mal", sagt die eine, „säuft dein Mann eigentlich? Ich hab mich gestern mit ihm unterhalten, und er hat mir dabei mit *so* einer Alkoholfahne in den Nacken gepustet!"

* * *

Ein Taxifahrer bringt eine junge Frau an die von ihr genannte Adresse. In frivolem Ton sagt sie zum Fahrer: „Ich hab kein Geld dabei, aber ich könnte mit meinem Körper bezahlen." – „Dann geh schon mal ins Treppen-haus und zieh dich aus", sagt der Taxifahrer. „Ich schließe das Auto ab und komme nach." Sobald die Frau ins Treppenhaus gegangen ist, taucht ein Mann vor dem Haus auf. Der Taxifahrer, der eigentlich keine Lust auf ein solches Abenteuer hat, spricht ihn an: „Hallo, Kumpel, hast du Lust auf Sex mit einer tollen Frau?" – „Na klar doch," sagt der Mann. „Dann gib mir 1.000 Rubel und geh in dieses Treppenhaus. Da wartet eine nackte Frau auf dich." Der Mann zahlt und geht ins Treppenhaus. Er entdeckt tatsächlich eine nackte Frau, an die er sich heran-macht. Einige Minuten später erscheinen zwei Polizisten im Treppenhaus, die in der Gegend auf Streife sind. Der Streifenführer leuchtet mit der Taschenlampe auf die beiden und fragt: „Was machen Sie denn hier?" Daraufhin der Mann: „Na, ich vögele meine Ehefrau." Der Streifen-führer: „Ach so. Und wir dachten schon, sie wäre eine Nutte." Der Mann: „Das dachte ich auch, bevor Sie mit der Taschenlampe geleuchtet haben."

* * *

„Natascha hat mir zum Geburtstag Sex mit ihr geschenkt."
„Na ja, originär ist sie ja nicht gerade. Sie schenkt wohl allen dasselbe."

* * *

„Hör mal, Marina, Hand aufs Herz …"
„Nimm gefälligst deine Pfote von meiner Titte!"

„Hallo, junge Frau! Würden Sie mit mir für eine Million US-Dollar schlafen?"

„Für eine Million? Ja!"

„Und für 500 Rubel?"

„Also, für wen halten Sie mich eigentlich?!"

„Wofür ich Sie halte, ist inzwischen klar, wir müssen uns nur noch auf einen Preis einigen."

* * *

Vor der Vorlesung zum Thema „Männliche Geschlechtsorgane" kommt der Medizinprofessor auf den faulen Studenten Iwanow zu und sagt: „Ich habe einen Vorschlag für Sie: Sie zeigen Ihren Penis durch das Loch in einer Faltwand, und ich benutze ihn als Anschauungsmaterial für die Vorlesung. Sie bleiben dabei unerkannt und bekommen Ihr Testat." Der Student willigt ein. Die Vorlesung beginnt. Der Professor zeigt auf den Penis und fragt die anwesenden Studenten und Studentinnen: „Wer kann mir sagen, was das ist?" Eine Studentin meldet sich und sagt mit großer Bestimmtheit: „Das ist der Penis des Studenten Iwanow." Der Professor ist erstaunt und hakt nach: „Wie haben Sie denn das erkannt?" Daraufhin die Studentin: „Na, ich kann doch meinen Lippenstift daran wiedererkennen."

* * *

Am frühen Morgen ziehen sich ein junger Mann und eine junge Frau nach einer turbulenten Sexnacht an.

Beide sind äußerst zufrieden. Begeistert sagt der junge Mann: „Wow, siebzehn Nummern pro Nacht und ich bin immer noch absolut fit! So was hatte ich noch nie! Soll ich dich zur Arbeit fahren?" – „Gerne." – „Wo arbeitest du denn?" – „Dekabristenstraße 21, Staatliches Anti-Doping-Labor."

* * *

Eine junge Frau sagt zu ihrem Freund, mit dem sie erst zwei Wochen zusammen ist: „Ich habe eine gute und eine schlechte Nachricht für dich. Die schlechte: Ich bin schwanger." Der verblüffte Freund: „Oh Gott! Wir sind doch erst seit zwei Wochen zusammen. Was soll ich jetzt tun?!" – „Nur keine Bange," antwortet sie. „Jetzt kommt die gute Nachricht: Du bist nicht der Vater."

* * *

Meine Ehefrau ist einfach perfekt. Wenn ich von der Arbeit nach Hause komme, ist schon längst alles erledigt. Sie hat bereits ein leckeres Abendessen zubereitet, den Kindern bei den Hausaufgaben geholfen, alles Nötige für den Haushalt eingekauft, die Wäsche gewaschen, den Boden feucht aufgewischt, mit der Nachbarin geplaudert und mit dem Nachbarn gevögelt.

* * *

Bei einer russischen Satanisten-Sekte klingelt das Telefon. Der Sektenführer meldet sich. Eine weibliche Stimme fragt ihn schüchtern: „Wie kann ich Ihrer Sekte beitreten?" Er: „Dafür musst du am dreizehnten Tag des Monats bei Vollmond auf einem Friedhof mit einer toten Katze auf dem Kopf mit dreizehn männlichen Mitgliedern der Sekte Geschlechtsverkehr haben." Kläglich hakt die Frau nach: „Geht es auch irgendwie ohne die tote Katze?"

* * *

Eine junge Frau bekommt eine SMS von einer Freundin: „38,5 – Mir tut alles weh!"
Die SMS-Antwort: „Wahnsinn! Du hättest doch einen kürzeren finden können!"

* * *

Er war verheiratet, aber beim Sex stellte er sich immer ihre Zwillingsschwester vor.

* * *

Eine Frau sagt zu ihrer besten Freundin: „Jetzt muss ich besonders vorsichtig sein, um nicht schwanger zu werden."
„Wieso denn das? Du hast doch gesagt, dass dein Mann sich einer Sterilisation unterzogen hat."
„Na, eben deshalb!"

„Könntest du dein Sexualleben in ein paar Worten beschreiben?"

„Mein was?"

„Alles klar, danke."

* * *

Ein Student meldet sich bei seinem Professor krank. Er habe eine Halsentzündung und könne daher die Vorlesung nicht besuchen. Nach der Vorlesung läuft der Professor zu Fuß nach Hause und sieht dabei diesen Studenten zusammen mit einer sehr schönen Frau. Der Professor nimmt ihn zur Seite und flüstert ihm vertraulich ins Ohr: „Mit einer solchen Halsentzündung sollten Sie aber im Bett sein."

* * *

Wenn dir ein Mädchen sagt, dass es sich ein Intimpiercing hat stechen lassen, ist die einzige richtige Reaktion darauf, ihr mit viel Skepsis in der Stimme zu sagen: „Das ist doch nicht wahr!"

* * *

Meine Freundin hat mir heute einen echten Schrecken eingejagt. Sie hat gesagt, dass sie mir nur dann einen blasen würde, wenn sie sich als Vierzehnjährige verkleiden darf. Das ist einfach widerlich! Dabei wird sie in zwei Jahren sowieso vierzehn, also wozu diese Eile?

„Hör zu, mein Sohn, dein Vater und ich fahren für ein paar Tage weg. Du hast also sturmfreie Bu… na, sag mal – du kannst doch keine Huren am Telefon bestellen! Wenigstens nicht, während ich mit dir rede."

* * *

„Schwören Sie, sie zu lieben und zu ehren, in guten wie in schlechten Zeiten …"
„Das ist ja ein komischer Puff. Gehen wir lieber."

* * *

Eine Frau kommt mit ihrer Tochter in einen Zooladen und möchte einen Papagei kaufen. Sie entdecken einen einzigen Papagei, der traurig in einem zugedeckten Käfig hockt.
„Wieso ist der so traurig?", fragt die Tochter. – „Keiner will ihn haben. Er hat nämlich früher in einem Puff gelebt." – „Das macht nichts, wir nehmen ihn," sagt die Frau.
Zu Hause angekommen stellt die Tochter den Käfig auf den Tisch und nimmt das Tuch herunter.
Der Papagei schaut sich um und ruft: „Wow, wir haben neue Mädchen!" Die Frau kommt geschwind aus der Küche herbei. Der Papagei: „Oh! Und eine neue Puffmutter!" Der Familienvater kommt ebenfalls angelaufen. Der Papagei: „Na, wenigstens die Freier sind dieselben! Grüß dich, Sergej!"

Nikolai Walujew

Der „Russen-Riese" Nikolai Walujew, geboren 1973, ist ein russischer Ex-Profiboxer und ehemaliger Weltmeister der WBA im Schwergewicht. Walujew hat seine Sport-karriere als Basketballspieler und Diskuswerfer begonnen. Er ist mit 2,13 m Körpergröße und bis zu 150 kg Kampfgewicht der größte und schwerste Schwergewichts-weltmeister, den es bisher gab. Walujew trägt Schuhgröße 52. Für den britischen Profiboxer David Deron Haye ist Walujew ein „Gigant, ein Riesenkerl, der furchterregend aussieht". In der letzten Zeit wurde Walujew zum Protagonisten vieler russischer Witze. In einem TV-In-terview 2010 sagte Nikolai, dass er die Witze über sich überhaupt nicht übel nehme und sie sogar sammle.

Zu einem sehr schönen Doppelsalto rückwärts gestreckt verhalf seinem Widersacher im Ring Nikolai Walujew.

* * *

Der ehemalige russische Profiboxer und Weltmeister der WBA im Schwergewicht
Nikolai Walujew hat den Ausdruck „Bitte, nicht schlagen!" bereits in 17 verschiedenen Sprachen gehört.

* * *

Nikolai Walujew geht auf Bärenjagd nur mit einem Jagd-spieß ausgerüstet. Um die Chancen wenigstens ein wenig auszugleichen, gibt er den Jagdspieß dem Bären.

* * *

Auch wenn Nikolai Walujew stark betrunken ist, über-nachtet er immer zu Hause. Dabei könnte es auch Ihr Zuhause sein.

* * *

Und jetzt die Sportmeldungen: Nikolai Walujew hat seine ersten Erfolge auch im Fußball: Gestern brauchte er nur 1 Minute und 45 Sekunden sowie 11 rechte Geraden, um die Nationalmannschaft von Brasilien zu besiegen.

* * *

Nikolai Walujew begegnete einem schlechten Zahnarzt. Infolgedessen verlor er fünf gesunde Zähne. Zum Glück verlor Nikolaj nur einen.

* * *

Einmal ging Nikolai Walujew am Ufer des Nils spazie-ren und machte für eine halbe Stunde Rast. Das Krokodil, das Nikolaj als Sitzunterlage gewählt hatte, tat so, als wenn es ein Baumstamm sei, und hielt die 30 Minuten den Atem an.

Der „Hummer" des amtierenden Sambo-Weltmeisters Fjodor Jemeljanenko stieß in Moskau mit dem „Porsche Cayenne" des Ex-Boxweltmeisters der WBA im Schwergewicht Nikolai Walujew zusammen. „Da halten wir uns lieber raus", erklärte der Sprecher der Verkehrspolizei Moskau unserem Korrespondenten auf Anfrage.

* * *

Wenn Nikolai Walujew auch mal auf einem Friedhof einen Witz erzählt, kann man von unter der Erde hervor artige Lacher hören.

* * *

Bei seinen Spaziergängen im Park spät am Abend hat Nikolai Walujew bereits mehrmals die Aufforderung gehört: „Hey du da! Gib mir mal schnell eine Zigi!" Dabei hat er ebenfalls mehrmals bewiesen, dass das Rauchen wirklich tödlich sein kann.

* * *

Wenn Nikolai Walujew einen roten Lappen in die Hände nimmt, stellt sich der Stier farbenblind an.

* * *

Die Putzfrau, die im Haus arbeitet, wo Nikolai Walujew wohnt, mag es überhaupt nicht, wenn Nikolai einen

Vandalen erwischt, der im Aufzug pinkelt. Denn in diesem Fall ist der Aufzug nicht nur bepisst, sonder auch bekackt.

* * *

Wenn Ihr Erscheinungsbild sich dem von Nikolai Walujew ähnelt, sind Sie gegen einen Raubüberfall auf der Straße gut gewappnet. Dies gilt auch in dem Fall, wenn der Räuber keine Ahnung hat, wie Nikolai aussieht.

* * *

Obwohl Nikolai Walujew seine Einkäufe mit einer Kreditkarte bezahlt hatte, gab ihm die Kassiererin für alle Fälle etwas Wechselgeld.

* * *

Nikolai Walujew hat sich im Fernsehturm Ostankino verlaufen. Auf diese Weise ist im Ostankino-Gebäude ein zweiter, allerdings etwas inakkurater Ausgang entstanden.

* * *

Schlagzeile in einer russischen Zeitung: „Sensation! Nikolai Walujew fand einen Yeti! (Walujew rechts auf dem Foto)."

Nikolai Walujew wurde zum Gesicht einer Kosmetikmarke. Die Werbekampagne der Marke verläuft unter dem Motto „Wenn du es nur wagst, unsere Produkte nicht zu kaufen ...“

* * *

Einmal biss eine Giftschlange Nikolai Walujew. Als sie jedoch seinen Blick sah, sog sie das Gift wieder ab.

* * *

Nikolai Walujew kann Gedanken lesen! Genau deswegen schlägt er so stark zu.

Schwule

Amsterdam, ein Sandhaufen vor einem Wohnblock. Ein siebenjähriger Bub spielt im Sand. Plötzlich ertönt ein Ruf aus dem Fenster: „ Bertus, komm bitte nach Hause, wir essen gleich zu Mittag". „Ja, Mami, ich komme!" „Ach Schatz, ich bin doch nicht Mami, ich bin Papi!" Der Bub im Flüsterton: „Euch Schwuchteln kann ja kein Schwein auseinanderhalten ..."

* * *

Ich glaube, dass das US-Verteidigungsministerium einen großen Fehler gemacht hat, als es die Schwulen zum Militärdienst zugelassen hatte. Jetzt werden die russischen Soldaten im Falle eines Krieges mit den USA bis zur letzten Patrone kämpfen, um von den Schwulen ja nicht gefangen genommen zu werden!

* * *

Zwei Knirpse streiten sich in der Kita:
„Mein Vater ist sehr stark, er wird deinen Vater ordentlich vermöbeln!"
„Ach was! Ich habe zwar keinen Vater, aber meine Mutter hat einen Freund, der schwul ist. Weißt du, was der mit deinem Vater anstellen kann?!"

* * *

„Können vier Schwule auf einem Hocker sitzen?"
„Ja, aber dafür drehen sie den Hocker um."

* * *

Verehrte schwule Gäste Moskaus! Sollten Sie irgendwo auf den Straßen den Ausruf „Verdammte Schwuchteln!" hören, regen Sie sich nicht auf: Wie die neuesten Meinungsumfragen zeigen, ist damit in 99.9% aller Fälle entweder die russische Regierung oder die russische Fußball-Nationalmannschaft gemeint!

* * *

„Haben Sie gewusst, dass der Professor, der einen Stock unter Ihnen lebt, schwul ist?"
„Na so was! Was man so alles über seine Nachbarn erfährt! Ich bumse ihn schon seit ein paar Jahren, hätte aber nicht geahnt, dass er Professor ist!"

* * *

Ein Mann und seine Ehefrau streiten sich.
Die Frau: „Und ich habe einen Liebhaber!"
Der Mann: „Ich bringe diese Schwuchtel um!"
Die Frau: „Er ist aber nicht schwul!"
Der Mann: „Na zunächst bumse ich ihn und dann bringe ich ihn um!"

* * *

Zwei ältere Frauen hören die Ausrufe von Kindern auf einem Kinderspielplatz: „Du bist Oscar Wilde! Und du bist García Lorca! Und du bist Arthur Rimbaud!"
Eine der Frauen sagt: „Es ist ja sehr erfreulich, dass die Kinder von heute so kultiviert sind."
Daraufhin die zweite Frau: „Na ja, eigentlich beschimpfen sie einander, indem sie die Namen von schwulen Schriftstellern benutzen."

* * *

„Mami, ich bin schon 15 Jahre alt. Darf ich jetzt Stöckelschuhe haben, einen Mini-Rock tragen und mich schminken?"
„Nein, Ivan, das würde ich dir lieber nicht empfehlen."

* * *

„Meine Frau kann sehr gut kochen, sie hat nie Kopfschmerzen, sie geht mit Vergnügen mit mir zusammen angeln und sie ist auch ein Fussballfan."
„Bei euch, Schwuchteln, ist ja alles irgendwie verkehrt."

* * *

Wenn der Kontakt „Ivan Sidorov" im Handy ihres Mannes ihm eine SMS mit dem Text „Schatz, ich vermisse dich" schickt, bedeutet es noch nicht, der ihr Mann eine Geliebte hat. Womöglich bedeutet es, dass es viel besser gewesen wäre, wenn er eine Geliebte hätte.

Der Anruf eines Kunden bei einem Pager-Anbieter: „Guten Tag! Bitte eine Mitteilung an den Abonnenten Nr. 456108: „Vadim, du bist eine verdammte Schwuchtel." „Tut mir leid, solche Ausdrücke dürfen wir nicht übermitteln." Der verdutzte Kunde: „Was soll ich denn ihm sagen?" „Na ich könnte zum Beispiel Folgendes schreiben: „Vadim, du bist schwul" oder „Vadim, du bist ein Gay". „Nein, so was ist mir irgendwie zu lasch ... Moment ... Jetzt habe ich es: „Vadim, ich liebe dich!"

* * *

Zwei Schwule in Frankreich haben einen Jungen adoptiert. In einer Sauna sagte der Junge: „Papi, du hast aber einen großen Schniedel!" Darauf der Vater: „Das ist doch rein gar nichts, mein Sohn. Du hast einfach den Schniedel deiner Mutter noch nicht gesehen!"

* * *

„Herr Professor, heute haben die Ehegatten Petrow einen Termin bei Ihnen. Das ist ein kinderloses Paar mit einem großen Kinderwunsch. Sie haben sich darüber beschwert, dass alle Spezialisten in der Stadt sie mit ihrem Kinderwunsch mit unflätigen Worten zurückgewiesen hätten. Würde Sie sie empfangen?" „Und so was nennt sich Spezialisten? Dass ich nicht lache! Für so etwas braucht es richtiges Fingerspitzengefühl. Selbstverständlich werde ich die Ehegatten empfangen, bitten

Sie sie doch bitte herein." „Herr Igor Petrow und Herr Ivan Petrow, kommen Sie bitte rein!" „Was?! Verdammte Schwuchteln, raus von hier!"

Schwarzer Humor

Gestern Nacht habe ich einen Depressionsanfall gekriegt und die Telefonseelsorge angerufen. Ich habe am Telefon gesagt, dass ich mir das Leben nehmen will. Aus irgendeinem Grund wurde mein Anruf nach Pakistan weitergeleitet. Merkwürdig – die Leute dort haben sich tierisch gefreut und mich gefragt, ob ich einen Lastwagen fahren könne …

* * *

Russland, Gebiet Lipezk. Ein Bus mit Touristen aus Westeuropa fährt an einem Dorf vorbei. Der Reiseführer sagt auf Englisch: „Verehrte Damen und Herren, ich schlage vor, dass wir einen Abstecher in dieses Dorf machen. Dort gibt es nämlich einen weltweit einzigartigen See, in dem Sie fliegende Fische beobachten können." Die Touristen willigen ein. Sie kommen am See an und staunen nicht schlecht: Hunderte von Fischen springen tatsächlich in die Luft! Nachdem die Touristen mehrere Fotos geschossen haben und sehr zufrieden sind, geben sie dem Reiseführer ein schönes Trinkgeld und steigen wieder in den Bus. Kurz bevor die Bustür geschlossen wird, ruft der Reiseführer lautstark auf Russisch in Richtung See: „Wassilij! Wir düsen ab, kannst die Tauchsieder wieder ausschalten!"

* * *

Das Leben in Tschernobyl und Umgebung kommt langsam wieder ins Lot. Die Einheimischen können unbesorgt ans Wasser und in den Wald gehen, um Pilze zu sammeln oder zu angeln. Eine gewisse Gefahr stellen die Säbelzahnkühe und Giftkaninchen dar, aber sobald sie sich zeigen, können die Einheimischen ja davonfliegen.

* * *

Ein Mann hat einen Papagei. Allmählich krümmt sich der Schnabel des Vogels und er kann nicht mehr richtig fressen. Der Mann ruft einen bekannten Tierarzt an und bittet um Rat. Der Tierarzt sagt ihm, er könne den Schnabel vorsichtig mit einer kleinen Feile selbst richten. Nach ein paar Tagen treffen sich der Mann und der Tierarzt zufällig auf der Straße. „Wie geht es deinem Papagei?", fragte der Tierarzt. – „Der ist leider tot." – „Was? Doch nicht vom Feilen? Das ist doch eine völlig harmlose Prozedur!" – „Nein, vom Feilen nicht. Er war schon vorher tot, bevor ich ihn richtig in den Schraubstock gespannt hatte."

* * *

Die russische Firma „Pyrotechnig Urjupinsk GmbH" setzte die Stadt Urjupinsk mit einem gewaltigen Knall von ihrer Liquidation in Kenntnis.

* * *

Im Chat auf einer russischen Dating-Seite:
„Lena, kannst du mir ein Foto von deinem Po schicken?"
„Überweise 100 Rubel auf mein Handy, dann kriegst du das Foto."
„Wow! Du hast ja einen tollen Po! Und kriege ich ein Foto von deinen Titten?"
„200 Rubel."
„Geil! Die sind auch nicht übel. Und kannst du mir ein Foto von deiner Muschi schicken?"
„Klar doch. 500 Rubel."
„Einverstanden."
…
Ein dicker, bärtiger Mann deckt den Körper eines hübschen Mädchens mit einem Laken zu, schaltet seine digitale Fotokamera ab, klappt sein Notebook zu und sagt zu sich selbst: „Na also, und da sagt meine dumme Frau doch immer, mein Job im Leichenschauhaus wäre schlecht bezahlt und ich hätte keine Möglichkeit für einen Nebenverdienst."

* * *

Vier Mitarbeiter eines russischen Bestattungsunternehmens bekommen von ihrem Chef die Aufgabe, sich mögliche Sparmaßnahmen für ihre Arbeit zu überlegen.
Der erste Mitarbeiter: „Lasst uns die Toten nicht in Särgen, sondern in Plastiksäcken beerdigen. Dann sparen wir das Holz."

Der zweite Mitarbeiter: „Und dann beerdigen wir sie senkrecht. So sparen wir Platz."

Der dritte Mitarbeiter: „Und wenn die Plastiksäcke durchsichtig sind und wir die Toten nur bis zur Taille eingraben, sparen wir Marmor für die Denkmäler."

Der vierte Mitarbeiter: „Und wenn wir sie im Kreis beerdigen und sie sich dabei an den Händen halten, gibt das noch einen hübschen Deko-Zaun."

* * *

Was die Edelsteine betrifft, hatte die schicke Dame einen sicheren Geschmack: Die Rubine passten zu ihren Augen und die Smaragde zu ihrer Gesichtsfarbe.

* * *

„Stimmt es, dass Ihre Bank Kredite auf Treu und Glauben gewährt?"

„Ja, das stimmt."

„Und wenn ich den Kredit nicht zurückzahle?"

„Sie werden sich schämen, wenn Sie vor dem Allmächtigen stehen."

„Ach, wann wird das schon sein ..."

„Na, wenn Sie den Kredit zum Beispiel bis zum 31. Januar nicht zurückzahlen, stehen Sie am 1. Februar vor Ihm."

* * *

Die vergessliche Oma Lisa hat sich zwei süße kleine Kätzchen zugelegt. Um die beiden sehr ähnlich aussehenden Tierchen nicht zu verwechseln, hat sie das eine Schmucki getauft und das andere im Klo ertränkt.

* * *

Als der Triebtäter Valerij auf Jagd ging, setzte er eine Schutzbrille auf – falls sein Opfer Pfefferspray anwenden sollte. Er hat aber nicht voraussehen können, dass die hübsche Lena einen Rohrschlüssel in ihrer Handtasche trug. Gott sei seiner Seele gnädig …

* * *

Hinweis in einem Beerdigungsinstitut: „Wenn Sie nicht auf die Beerdigung Ihrer Freunde gehen, wundern Sie sich nicht, wenn diese auch nicht auf Ihre kommen.“

* * *

Sie liebten sich innig, lebten lange und glücklich, und starben am selben Tag beim Orgasmus: sie am frühen Morgen und er so gegen Abend.

* * *

Ein Mann liegt im Sterben. Er ruft seine Angehörigen zu sich.
„Mein Bruder, weißt du noch, wie du deinen Job verlo-

ren hast? Das war meine Intrige. Meine Schwester, weißt du noch, wie die Polizei dir einen Diebstahl anhängen wollte? Das war meine Arbeit. Und du, meine Frau, weißt du noch, wie der KGB dich mehrere Tage lang verhört hat? Ich habe dich denunziert. Verzeiht mir, wenn ihr könnt. Und jetzt ist es mein letzter Wunsch, dass ihr mich für all meine Untaten an den Füßen am Kronleuchter aufhängt und mir eine Gurke in den Arsch schiebt." Der Mann segnet das Zeitliche. Die Angehö-rigen sind entsetzt, erfüllen aber dennoch seinen letzten Willen. Plötzlich klingelt es an der Tür. Sie machen auf. Vor der Tür stehen zwei Polizisten und sagen: „Wir müssen uns in Ihrer Wohnung umsehen. Nach unseren Informationen wird hier ein Leichnam geschändet."

* * *

„Guten Abend! Meine 12-jährige Tochter möchte gern zu Ihnen ins Synchronschwimmen. Ist das möglich?"
„Ja, selbstverständlich, das passt sogar bestens – gestern ist nämlich eine aus der Gruppe ertrunken."

* * *

„Der Weg zum Herzen eines Mannes führt durch seinen Magen", sagte die Kugel mit verlagertem Schwerge-wicht.

* * *

„Schatz", sagt eine Frau zu ihrem Ehemann. „Ich hab die Badewanne einlaufen lassen, du kannst die Kleine jetzt baden." Der Mann nimmt die kleine Tochter und verschwindet im Badezimmer. Nach einer Weile hört die Frau das Kind ganz furchtbar schreien. Sie stürzt ins Badezimmer und traut ihren Augen nicht. Ihr Mann hat die Tochter am Haarschopf gepackt und schwenkt sie im Badewasser hin und her. Die Kleine brüllt dabei wie am Spieß. „Was machst du denn da, du Idiot! Hast du den Verstand verloren?", schreit die Frau ihren Mann an. „Was? Ich und den Verstand verloren?", schreit der Mann zurück. „Probier doch mal selbst das Wasser aus! Da hältst du deine Hand auch nicht rein, so heiß, wie das ist."

* * *

Überschrift hinter dem Fahrersitz in einem russischen Sammeltaxi: „Bitte sagen Sie rechtzeitig Ihre Haltestelle und sprechen Sie laut. Der Fahrer ist schwerhörig und braucht Zeit, bis er seine Beinprothese auf die Bremse kriegt."

* * *

Ein kleiner Bub schreibt an den Weihnachtsmann: „Lieber Weihnachtsmann, die chinesischen Böller, die du mir letztes Jahr gebracht hast, waren prima. Könntest du mir wohl diesmal zwei neue Finger und ein Auge bringen?"

Der Kapitän eines mit Interkontinentalraketen bestückten Atom-U-Boots befindet sich in der Kommandozentrale. Plötzlich verspürt er einen starken Ruck. Er bestellt den diensthabenden Wachoffizier in die Zentrale. Der Wachoffizier kommt.

Kapitän: „Was war das für ein Ruck vor ein paar Minuten?"

Wachoffizier: „Marinefähnrich Kowbasjuk von der Abschussbasis erhielt ein Funktelegramm. Ein Freund aus Moskau teilt ihm mit, dass seine Frau einen Liebhaber hat und die beiden sich momentan in Nizza aufhalten."

Kapitän: „Na und?"

Wachoffizier: „Na ja, das war's dann wohl mit Nizza ..."

* * *

Schatz, sei nicht traurig, es liegt nicht an dir, sondern nur an mir. Du kannst doch nichts dafür, dass ich keine langweiligen, dicken Mädchen mag.

* * *

Ein türkischer Schah hat eine unglaublich schöne Tochter. Ein Engländer, ein Franzose und ein Russe kommen in seinen Palast und halten um die Hand seiner Tochter an. Der Schah gibt jedem die gleiche Aufgabe, und wer sie am besten löst, soll seine Tochter haben. Dann wird jedem von ihnen ein Hund und ein großer Sack mit Dörrfleisch zugeteilt, und jeder für drei Wochen in einer eigenen Kammer eingesperrt. Wer dem Hund in dieser Zeit die besten Tricks beigebracht hat, soll der Sieger sein. Nach drei Wochen wird die erste Kammer geöffnet. Ein magerer Engländer und ein fetter Hund kommen heraus. „Na, was kann dein Hund?", fragt der Schah. Der Engländer führt vor, wie der Hund die Kommandos „Sitz", „Platz", „bei Fuß" und „Apport" ausführt. Die zweite Kammer wird geöffnet, und heraus kommen der Franzose von mittlerer Statur und ein genau solcher Hund. „Na, was kann dein Hund?", fragt der Schah. Der Franzose zeigt, wie der Hund die Kommandos „Sitz", „Platz", „bei Fuß", „Apport", „Aus", „Gib Pfote", „Bring" und „Gib Laut" ausführt. Die dritte Kammer wird geöffnet, und ein fetter Russe und ein abgemagerter Hund kommen heraus. „Na, was kann dein Hund?", fragt der Schah. Der Russe befiehlt: „Gib Laut!", und der Hund sagt: „Iwan, gib mir ein Stückchen Fleisch, bitte!"

* * *

„Papi, gehen wir morgen noch mal auf die Jagd?", fragt der Sohn eifrig.
„Nein, morgen gehen wir zum Augenarzt", antwortet der Vater gequält und pult die restlichen Schrotkugeln aus seiner linken Pobacke.

* * *

Die Stadtfeier in der nördlich des Polarkreises gelegenen russischen Hafenstadt Murmansk war ursprünglich als „Wet T-Shirt Contest" gedacht, endete aber dann als Eisskulpturen-Wettbewerb.

* * *

Mein Vater – Gott sei seiner Seele gnädig – war zeit seines Lebens ein sehr geduldiger Mensch. Hatte ich als Kind irgendeinen Unfug angestellt, dann zählte er zunächst bis hundert, beruhigte sich derweil und zog dann meinen Kopf wieder aus dem Wasser.

* * *

Als sich ihre Blicke zum ersten Mal kreuzten, verlor Leonid den Kopf – entweder weil es Liebe auf den ersten Blick war oder weil er mit heruntergelassener Hose hinter einer Garage hockte …

* * *

Alle denken, ich sei ein Sadist, aber das stimmt überhaupt nicht. Ich habe das Herz eines Kindes. Da liegt es, in einer Glasdose in Formalin.

* * *

Ein kleines Mädchen begegnet an seinem siebten Geburtstag einer guten Fee. „Du hast einen Wunsch frei", sagt die Fee. „Ich wünsche mir, dass ich jeden Tag Geburtstag habe", sagt das Mädchen begeistert. Sein Wunsch geht in Erfüllung. Nach drei Monaten stirbt es im Alter von neunundneunzig Jahren.

* * *

Ein Vater wollte wissen, ob sein neunjähriger Sohn bereits Schimpfwörter kennt. Um dies zu erfahren, ging er äußerst erfindungsreich vor: Er schlug seinem Sohn völlig unerwartet und mit voller Kraft mit dem Hammer auf die Finger.

* * *

Hallo, du da! Hör auf an den Nägeln zu knabbern! An den Zehen … Vom Großvater … Und geh mal lieber ein paar Schritte weg vom Sarg!

* * *

Wie unser Lehrer für Grundlagen der sicheren Lebensführung, ein ehemaliger Offizier, erklärte, zählen zu den ersten AIDS-Symptomen stechende Schmerzen im Arsch und hechelndes Atmen im Genick.

* * *

Eine Frau ruft ihre beste Freundin an:
„Hallo, Maria! Stell dir vor, ich habe meinen Mann in

den Laden geschickt, um Kartoffeln zu kaufen, und er wurde unterwegs von einem Auto erfasst!"

„Oh Gott! Und was machst du jetzt?"

„Ich weiß noch nicht. Wahrscheinlich muss ich jetzt Reis kochen."

* * *

Wie unser Unfallschutzbeauftragter zu sagen pflegt: Nichts freut das Auge mehr als das zweite Auge.

* * *

Ein Datscha-Besitzer ruft seinem Nachbarn über den Zaun zu:

„Hallo, Nachbar! Was habt ihr gestern gefeiert, ihr habt ja alle wie wild getanzt?"

„Von wegen gefeiert! Unser Großvater, der alte Knacker, hat einen Bienenstock umgeworfen."

* * *

Ein niedlicher kleiner Eisbär war auf einer Scholle, als diese sich vom Land löste und ins Meer hinaustrieb. Das arme Tier wäre kläglich verhungert und erfroren, hätte nicht der russische Eisbrecher „Arktis" den jungen Bären in Windeseile um die Schiffsschraube gewickelt.

* * *

Ein Bewohner eines Hochhauses in Moskau hat seinen Nachbarn, der über ihm wohnte, auf brutale Weise umgebracht. Der Ermordete war Profi-Stepptänzer. Das Motiv des Verbrechens sei noch immer rätselhaft, meldet der Pressedienst der Polizei Moskau.

* * *

Die Todesursache waren die Fleischkonserven, die so alt waren wie die 67-jährige Rentnerin aus der russischen Stadt Brjansk.

* * *

Bekanntmachung in einem russischen Supermarkt: „Putzfrau dringend gesucht!" Unterschrift: „Die Kunden."

* * *

Eine neue Realityshow in St. Petersburg: Der Sieger bekommt bis ans Lebensende jeden Monat 3.000 Dollar! Das Kleingedruckte: Datum des Lebensendes wird vom Show-Veranstalter bestimmt.

* * *

„Willst du lernen, wie man in Windeseile einen Sprung über eine fünf Meter hohe Mauer macht?"
„Klar doch!"

„Dann geh durch diese Tür, und ich schließe von hier ab."

„Und was ist da, hinter der Tür?"

„Ein hungriger Tiger, umgeben von einer fünf Meter hohen Mauer."

* * *

Russische Wissenschaftler haben das Alter einer von ihnen eingefangenen Schildkröte berechnet. Dieses beläuft sich auf 300 Jahre. Schade, dass wir nie erfahren werden, wie lange diese Schildkröte noch hätte leben können, wenn die Wissenschaftler sie nicht eingefangen hätten ...

* * *

Eine Frau beim Frühstück zu ihrem Mann:

„Eigentlich lagen wir falsch, als wir dagegen waren, dass unsere Tochter sich ein Piercing stechen lässt. Seitdem sie diesen Ring in der Nase hat, ist es viel einfacher, sie morgens aus dem Bett zu kriegen."

* * *

Ein Teenager hat seine Nachbarn fünf Stunden pro Tag mit seinem Geigenspiel genervt. Die Ärzte der Notfallambulanz haben nur fünf Minuten gebraucht, um die Geige aus seinem Arsch herauszuholen. „Ist das gerecht", fragen die Nachbarn.

* * *

„Hallo, Nachbar, ich habe noch 10 Hektar Land gekauft."

„Das habe ich mir schon gedacht. Dein Pferd hat sich nämlich heute hinter der Scheune erhängt."

* * *

„Schatz, du hast drei Jahre lang auf mich eingeredet, ich solle doch irgendwann spontan und unberechenbar handeln, nicht wahr?

„Ja, stimmt."

„Na also. In einer Stunde brechen wir per Anhalter nach Kenia auf, deine Kalaschnikow liegt in der Küche, für die Kinder ist gesorgt – ich hab sie an Zigeuner verkauft."

* * *

Den Wettbewerb „Russland mit den Augen der Kinder" gewann Herr Nikolaj Iwanow aus der westsibirischen Stadt Surgut, der mit Kinderaugen ein fünf Meter langes Wort „RUSSLAND" ausgelegt hat.

* * *

Wenn Sie in einen unbekannten Wald gehen, nehmen Sie unbedingt einen Kompass mit. Falls Sie sich verlaufen, können Sie ihn jederzeit zerschlagen und sich die Pulsadern mit einem Glassplitter aufschlitzen.

Die Lehrerin Maria Iwanowa sagte, dass diejenigen, die rauchen, nicht mehr weiterwachsen werden. Zum Beweis erschoss sie einen rauchenden Siebtklässler mit einer Kalaschnikow.

* * *

Gestern haben 2,5 Unbekannte versucht, einen Löwen aus dem Zoo von Moskau zu klauen.

* * *

Die modernen Einwohner Afrikas sind viel zivilisierter geworden. Sie töten Zebras und laufen, wenn sie über die Straße gehen, ausschließlich über diese.

* * *

Ein junger Offizier des russischen Auslandsnachrichtendienstes heiratet die Tochter des Chefs dieses Geheimdienstes. Am nächsten Tag bekommt er folgende Information von der Verwaltung: „Sie haben nun eine wichtige Mission zu erfüllen. Ihre Legende: Sie sind ein junger, gelangweilter Millionär, der in Paris zusammen mit seiner jungen Frau lebt. Sie besuchen die besten Kurorte, die teuersten Boutiquen und die noblen Restaurants. In etwa zwanzig Jahren bekommen Sie eine Geheimmeldung mit der ausführlichen Beschreibung Ihrer Mission."
Außer sich vor Freude schmeißt der junge Offizier eine Riesenparty und plaudert dabei ein bisschen zu viel. Er

schwadroniert von seinen neuen Perspektiven und spricht herablassend über seinen Schwiegervater.

Am nächsten Tag bekommt er neue Informationen von der Verwaltung: „Aus strategischen Überlegungen wurde Ihre Legende geändert. Sie sind nun ein einäugiger einsamer schwuler Penner, der unter einer Brücke in Paris haust. In etwa zwanzig Jahren bekommen Sie eine Geheimmeldung mit der ausführlichen Beschreibung Ihrer Mission."

* * *

Ein Tourist kommt zu einem Strand in einem Tropenland. Begeistert sagt er zu einem Einheimischen:
„Das ist ja ein sehr schöner Strand. Darf man hier baden?"
„Aber selbstverständlich."
„Gibt es hier denn auch Rettungsschwimmer?"
„Nein, das nicht, die haben Angst vor den Haifischen."

* * *

„Papi, ist unser Igel an Altersschwäche gestorben?"
„Kann man so sagen. Wäre er jünger gewesen, hätte er vor diesem abgefuckten Lastwagen weglaufen können."

* * *

„Und wir werden lange und glücklich leben und am selben Tag sterben."
„Opa, hör auf!"

Ein kleines Mädchen kommt auf seine Mutter zu und sagt: „Mami, alle Klassenkameraden sagen, dass mein Gesicht wie ein Arsch aussieht. Stimmt das?" Daraufhin die Mutter: „Nein, mein Schatz, das stimmt überhaupt nicht. Die sind einfach neidisch, denn du bist in Wirklichkeit sehr schön."

Danach geht das Mädchen auf seine Großmutter zu: „Oma, alle Klassenkameraden sagen, dass mein Gesicht wie ein Arsch aussieht. Stimmt das?" Daraufhin die Großmutter: „Nein, mein Schatz, stimmt überhaupt nicht. Die sind einfach neidisch, denn du bist in Wirklichkeit sehr schön."

Dann geht das Mädchen auf seinen Großvater zu, der gerade eine neue Latrinengrube aushebt. „Opa! O-o-opa!" Der Großvater hebt den Kopf, sieht das Gesicht des Mädchens und schreit erschrocken: „Halt, nicht scheißen, es ist noch nicht fertig!"

* * *

Ein Armer kommt in einen Lebensmittelladen, um eine billige Wurst zum Abendessen zu kaufen. Auf der billigsten Sorte steht „Hundewurst, Qualitätsklasse 3b". Zu Hause fängt er an, die Wurst zu schneiden. Zunächst kommen ein Stück Knorpel und dann ein Stück Fell zum Vorschein. Na ja, denkt der Arme, es ist ja eine billige Hundewurst. Als er aber noch ein Stück Holz in der Wurst entdeckt, platzt ihm der Kragen. Er nimmt den Rest der Wurst und das Holzstück und geht in den Laden, um sich zu beschweren. Der Verkäufer zuckt bloß mit den Schultern: „Was wollen Sie denn? Da steht es doch Schwarz auf Weiß ‚Hundewurst, Qualitätsklasse 3b‘. Da kommt der Hund zusammen mit der Hundehütte in die Fleischhackmaschine.“

* * *

Bei einem Sargtischler klingelt das Telefon. Er nimmt ab. Eine todtraurige Männerstimme meldet sich im Hörer: „Hier ist Iwan Sidorow. Ich brauche Ihre Dienstleistungen, um meine arme Frau zu beerdigen.“ – „Herr Sidorow, aber ich habe doch Ihre Frau vor fünf Jahren bereits beerdigt.“ – „Ja, schon, aber ich habe wieder geheiratet.“ – „Ach so. Ja dann herzlichen Glückwunsch!“

* * *

Jedes Mal während der Sommerferien schicken mich die Eltern zu den Großeltern. Inzwischen hasse ich diesen Friedhof schon sehr!

* * *

Am späten Abend klopft jemand an der Tür der betagten Frau Iwanowa. Sie schaut durch das Guckloch. Zwei bullige Typen stehen vor ihrer Tür. „Wer sind Sie?“, fragt sie schüchtern. „Wir kommen vom Leichenschauhaus“, antwortet einer der Männer. „Was? Aber hier ist niemand gestorben.“ – „Das spielt keine Rolle.

Wir müssen unser Plansoll erfüllen, sonst kriegen wir keine Weihnachtsgratifikation."

* * *

Preisgünstige Laseroperation der Augen mit Erfolgsgarantie! Taststock und Blindenhund inbegriffen!

* * *

Als Maria die Rollschuhe zum Geburtstag bekam, dachte sie, dass es das beste Geschenk ihres Lebens sei. Allerdings änderte sie ihre Meinung bereits eine Stunde später. Jetzt meinte sie, dass das beste Geschenk ihres Lebens neue Vorderzähne wären.

* * *

Er hatte alles äußerst sorgfältig durchdacht: wie er seine Ehefrau töten würde, wo er ihre Leiche vergraben könnte und wie er sich ein wasserdichtes Alibi sichern würde. Erst danach machte er den ersten Schritt und hielt um ihre Hand an.

* * *

Einmal habe ich mich vor Lachen bepisst. Na ja, ehrlich gesagt, habe ich mich einfach so bepisst. Aber um mein Gesicht zu wahren, habe ich so getan, als ob ich mich tatsächlich vor Lachen bepisst hätte. Das war übrigens gar nicht so einfach, es passierte nämlich bei einer Beerdigung.

* * *

Was bedeutet eine „wirklich hässliche Frau"? Wenn du mit ihr zusammen im Bett aufwachst – ihr Kopf auf deinem Arm – und du beißt dir den Arm ab, um sie beim Abhauen ja nicht zu wecken.

* * *

Die Besatzung eines russischen Atom-U-Bootes laboriert an den Folgen eines Besäufnisses. Am Tag zuvor haben alle den Geburtstag des Kapitäns gefeiert. Der Kapitän fragt den Steuermann: „Wie sind jetzt unsere Koordinaten?"
Steuermann: „Keine Ahnung, Herr Kapitän, ich kann mich an nichts erinnern."
Kapitän: „Verdammter Mist! Also gut, Funker, wie sieht's da oben aus?"
Funker: „Offensichtlich ein Frachtschiff auf 10 Uhr, circa 1.5 Kilometer Entfernung, Geschwindigkeit 10 Knoten, vermutliche Wasserverdrängung 10.000 Tonnen."
Kapitän: „Gut. Torpedoraum zwei, Feuer! Und jetzt zum letzten Mal, Steuermann, wenn dieser schwimmende Untersatz da vorne sein SOS-Signal sendet und die Position durchgibt, werden Sie Letztere unverzüglich in den Zentralcomputer einspeisen. Und ich will hoffen, dass es diesmal wirklich das letzte Mal war!"

Und sie lebten glücklich und lange. Zunächst einen Monat glücklich und dann über fünfzig Jahre einfach lange.

* * *

„Herr Doktor, ist meine Diagnose sehr schlimm?"
„Sie haben eine Gehirnverletzung."
„Und wie wird es mit mir weitergehen?"
„Es wird Ihnen bis ans Ende Ihrer Tage bestens gehen."
„Und das können Sie für die lange Zeit voraussagen?"
„Ach was, lange, die drei Monate …"

* * *

Ein Mann kommt von der Arbeit früher als sonst nach Hause und erwischt seine Ehefrau mit seinem besten Freund im Bett. Der empörte Mann spricht seinen Freund an: „Du Mistkerl, du Arschloch! Wir sind doch alte Freunde, wir waren zusammen auf der Schule und beim Militär. Ich habe dafür gesorgt, dass du einen tollen Job kriegst, und du schläfst mit meiner Frau?" Dann wendet er sich an seine Frau: „Und du, du verdammte Nutte! Ich habe dich im Dreck aufgelesen, habe dich geheiratet, du kriegst die schönsten Kleider und den edelsten Schmuck von mir!" Danach spricht er beide an: „Verdammt noch mal, hört gefälligst auf zu bumsen, während ich mit euch rede!"

* * *

– Sag mal, wieso gehst du eigentlich nur auf die Beerdigungen und nie auf die Hochzeiten?

– Bei einer Beerdigung fragt dich keiner: „Na, und wann bist du dran?"

* * *

Meine Verflossene hatte mal einen Papagei. Dieses verdammte Miststück konnte nie die Klappe halten, aber der Vogel war ganz lieb.

* * *

Ein Mann kommt zum Arzt und sagt: „Herr Doktor, ich habe komische Schmerzen im rechten Ellenbogen."

Der Arzt: „Ich brauche eine Urinanalyse von Ihrer ganzen Familie, damit ich eine genaue Diagnose stellen kann."

Der Mann: „Wieso denn das?"

Der Arzt: „Tun Sie es einfach."

Der Mann sammelt in einem Glas zu Hause seinen Urin, den Urin seiner Frau, seines Sohnes, seiner Tochter und sogar seiner Katze. Er bringt es zum Arzt, und der Arzt bittet ihn, eine Stunde zu warten. Danach wird der Mann wieder ins Sprechzimmer gerufen. Der Arzt liest ihm die Ergebnisse der Analysen vor: „Also, Ihre Katze hat Flöhe, Ihr Sohn ist schwul, Ihre Tochter ist eine Nutte, und Ihre Frau schläft mit Ihrem Chef. Und Sie sollen aufhören, auf dem Klo zu masturbieren, denn Ihr Ellenbogen schlägt dabei immer gegen den Heizkörper."

Aus einem Fluss nahe Tschernobyl wurde zum ersten Mal seit Jahrzehnten ein völlig normaler Barsch mit zwei Augen und normaler Anzahl Flossen herausgefischt. Der Barsch wehrte sich und rief, dass er nicht von hier komme.

* * *

Eine Neuntklässlerin sagt zu ihrer Freundin, mit der sie vorher zusammen auf einer Party war: „Meine Eltern gehen mir so auf den Senkel mit ihrer Fragerei am nächsten Morgen. Immer dasselbe: ,Wer war sonst da? Gab es genug zum Essen? …' Als ob ich mich überhaupt an etwas erinnern könnte …"

* * *

In einer russischen Provinzstadt hat die Stadtregierung beschlossen, die einheimischen Meteorologen zu erschießen, da ihre Wetterprognosen fast nie ins Schwarze trafen. Die Meteorologen, ein Erschießungskommando und die Stadtbevölkerung versammeln sich auf dem Marktplatz. Das Getrommel erklingt, das Erschießungskommando bringt die Gewehre in Anschlag. Da ertönt plötzlich eine Männerstimme aus der Menschenmenge: „Halt! Wir sollten sie nicht erschießen. Sie könnten uns noch nützlich sein." Der Bürgermeister fragt zweifelnd: „Meinen Sie? Und was schlagen Sie vor?" – „Ich schlage vor, sie aufzuhängen, dann zeigen sie wenigstens die Windrichtung an."

* * *

Einmal kam ich nach der Arbeit nach Hause und entdeckte in meiner Wohnung einen völlig fremden Mann. Total erschrocken zog ich ihm mit einem schweren Hocker eins über. Später stellte es sich heraus, dass es ein Elektroinstallateur von der Hausverwaltung war. Jetzt schreibt mir meine Frau, dass sie Probleme mit dem Strom in der Wohnung hat, und die anderen Knackis im Knast haben mir den Spitznamen „Ausschalter" gegeben.

* * *

Zehn Merkmale eines schlechten russischen Krankenhauses:

1. Bei deiner Einlieferung stellt der Arzt eine Liste deiner noch gesunden Organe auf, nur für alle Fälle.

2. Wenn der Arzt zu einer Patientin „Machen Sie sich bitte frei" sagt, schaltet er das Licht aus und stellt leise romantische Musik ein.

3. Im Krankenzimmer setzt man dich auf einen Stuhl und erklärt dir, wie man am besten im Sitzen schlafen kann. Die anderen Patienten schauen dich neidisch an.

4. Anstelle einer Vollnarkose bei der Operation bekommst du ein Holzstäbchen zwischen die Zähne geschoben. Zum Glück siehst du auf dem Stäbchen keine Zahnspuren von früher.

5. Der Chirurg schafft es irgendwie, bei der OP eine Wanduhr in deinem Bauch zu vergessen.

6. Du liegst gleichzeitig auf einem Federbett und auf dem Boden.

7. Die Jungs, die heute Küchendienst haben, kommen aus der Tuberkulose-Abteilung.

8. Herrenlose Hunde im Umkreis der chirurgischen Abteilung sehen merkwürdig wohlgenährt aus.

9. Der Arzt verordnet dir drei Vaterunser und fünf Ave Maria täglich.

10. Im Leichenschauhaus triffst du alle, die „erfolgreich behandelt" und vor dir „nach Hause entlassen" worden sind.

* * *

Ein Mann geht auf eine öffentliche Toilette und pfeift dabei die Melodie der russischen Nationalhymne. Eine empörte Stimme meldet sich aus der benachbarten WC-Kabine: „Schöne Scheiße, soll ich jetzt etwa im Stehen kacken?!"

* * *

Zwei Leichtathletiktrainer unterhalten sich.

„Sag mal," sagt der eine, „die Leistungen deiner Jungs sind in den letzten Monaten deutlich besser geworden. Wie hast du das geschafft?"

„Ich habe einen neuen Trainingsassistenten. Der heißt Chak."

„Ist er ein erfahrener Trainer?"

„Nein, ein aggressiver Kampfhund."

* * *

Nachdem die Israelis Projektile aus gepresstem Sand entwickelt hatten, entwickelten die Russen Projektile aus Kot. Mit denen kann man niemanden töten, aber die Kampfmoral des Angeschossenen ist sofort im Eimer.

* * *

Wie kann ein blinder Fallschirmspringer erkennen, dass er bald landen wird?
Die Straffheit der Hundeleine lässt nach.

* * *

In ein Fotostudio kommt ein aufgeregter Mann mit einem Foto in der Hand und sagt: „Herr Fotograf, das ist doch eine fremde Person auf dem Foto, und nicht ich!"
Daraufhin der Fotograf: „Wieso denn das? Ich glaube, das sind Sie."
Der Mann: „Na, schauen Sie sich das mal an, das kann doch unmöglich meine Nase sein."
Der Fotograf: „Ja, das stimmt wohl."
Der Mann: „Und dieses Muttermal? Ich habe doch überhaupt keins."
Der Fotograf: „Ja, das stimmt auch."
Der Mann: „Und vor allem, sehen Sie – der da liegt im Sarg, und ich bin noch am Leben!"

* * *

Der Besitzer eines Kleidergeschäftes kommt nach der Mittagspause in sein Geschäft und sieht, dass bei seinem Verkäufer ein Bein verbunden ist.

„Was ist denn passiert?", fragt er.

„Ach, Chef, ich konnte endlich diesen blöden Anzug verkaufen, den wir seit einem Jahr nicht loswerden konnten."

„Diesen widerlichen grünen Anzug mit rosa Taschen?"

„Genau den."

„Gut gemacht! Du kriegst eine Gratifikation. Und was ist mit deinem Bein los?" „Ach, nur eine Kleinigkeit. Als der Kunde den Anzug angezogen hatte, ging sein Blindenhund auf mich los."

* * *

An alle Personen, die sich über das Stillen in der Öffentlichkeit empören – ehrlich, Sie müssen zum Psychiater. Sie sind wie Kleinkinder. Das, was ich mache, ist absolut natürlich. Und außerdem verstärkt es die emotionale Bindung zwischen mir und meinem Hund. Also laufen Sie einfach schweigend vorbei, ich mische mich schließlich auch nicht in Ihr Leben ein!

* * *

„Guten Tag! Ich heiße Eugen und ich bin Designer."

„Sehr schön. Könnten Sie mir einige Ihrer Arbeiten zeigen?"

„Ja, selbstverständlich! Hier zum Beispiel – die Wände sind

mit Seide aus Spanien verziert, die Wände selbst bestehen aus Gipskartonplatten, oben sehen Sie einen Sternenhimmel mit Spezialbeleuchtung, umgeben von farbigen Glaswänden. Unten ist eine Fußbodenheizung, und das Licht wird per Klatschen ein- und ausgeschaltet."
„Wow, der Sarg sieht ja klasse aus! Machen Sie eigentlich auch Wohnungsdesign?"

* * *

Es regnet seit drei Tagen. Meine Frau ist total depressiv, sie schaut dauernd aus dem Fenster. Wenn es morgen auch regnet, werde ich sie wohl ins Haus lassen müssen.

* * *

Zwei Freunde stehen Schlange in einem Supermarkt. Der eine erzählt einen Witz: „Was muss man tun, wenn ein Epileptiker in der Badewanne einen Anfall kriegt? Man muss dreckige Wäsche dazu geben und Waschpulver." Die beiden lachen. Der Mann vor ihnen dreht sich um und sagt vorwurfsvoll: „Sie sollten sich aber schämen! Genau so ist nämlich mein Sohn ums Leben gekommen. Er hat sich an einer Socke verschluckt."

* * *

„Sag mal, hast du mir etwa eine tote Schlange in den linken Stiefel geschoben?"
„Oh Gott, ist sie wirklich tot?!"

Ein ungehobelter Mann platzt in eine Apotheke in einer kleinen russischen Provinzstadt und fragt: „Hey, habt ihr Tabletten gegen Kinder?"

Die Apothekerin schaut ihn schief an und sagt: „Erstens heißt es 'orale Kontrazeptiva', und zweitens sind diese für Frauen gedacht, also sollte Ihre Frau selbst zu uns kommen."

Der Mann: „Das weiß ich doch, aber die sind für meine Tochter, und sie ist dreizehn Jahre alt."

Die Apothekerin: „Ist Ihre Tochter in diesem Alter denn bereits sexual aktiv?"

Der Mann: „Ach, von wegen aktiv. Liegt einfach nur da wie eine Dosenwurst. Genauso ein Brett im Bett wie ihre Mami."

* * *

Eine äußerst hässliche Frau, die ihren Urlaub in einem Ferienheim im Wald verbringt, erzählt dem einheimischen Förster von ihrer Begegnung mit einem Bären im Wald: „Als ich genau hier war, kam aus dem Gebüsch ein riesiger Bär." Sie zeigt auf einen Haufen Kot. „Ich hatte eine Heidenangst und habe mir vor Schreck in die Hose gemacht. Dann bin ich weggelaufen."

Der Förster schaut zweifelnd, stochert in dem Kothaufen herum und sagt: „Jetzt schmücken Sie sich aber mit fremden Federn, gnädige Frau. Geben Sie zu, dass es anders herum war. Das ist nämlich Bärenkot ..."

* * *

Ich arbeite in einem Sportladen. Ein jünger Mann kaufte bei uns ein Mountainbike und fuhr damit zufrieden nach Hause. Am nächsten Tag kam er noch einmal in den Laden, sagte „Ich kriege Schwielen vom Lenker" und kaufte Fahrradhandschuhe. Noch einen Tag später kam er mit einem blutigen Verband am linken Ellenbogen und kaufte Ellenbogenschoner. Zwei weitere Tage später kam er hinkend in den Laden und kaufte Knieschoner. Das ist schon eine Woche her, aber er ist immer noch nicht wiedergekommen, um einen Fahrradhelm zu kaufen. So langsam mache ich mir Sorgen.

* * *

Eine Frau sitzt in der Küche und unterhält sich mit einer Freundin. Plötzlich kommt ihre Tochter mit Tränen in den Augen in die Küche gerannt und brüllt: „Mami, die Jungs in unserem Hof nennen mich einen Arsch!", und läuft davon.
Traurig sagt die Frau zu ihrer Freundin: „Und so läuft es jedes Mal. Sie kommt rein, furzt irgendetwas und verschwindet wieder."

* * *

Nachdem ich ein Bad genommen habe, fühle ich mich so wohl. Besonders die ersten vier Wochen.

* * *

Nach dem Besuch beim Kinderpsychologen sind meine Söhne sehr brav geworden. Sie zucken nur beim Wort „Elektroschock" immer etwas zusammen.

* * *

Hey, Kleiner, wieso hast du die Zigarettenkippe am Abfallkorb vorbeigeworfen? Bringt man euch im Kindergarten denn keine Manieren bei?!

* * *

„Ich glaube, alle hassen mich."
„Ach, da übertreibst du aber. Nur die, die dich kennen, hassen dich."

* * *

„Frau Petrowa, wie alt sind Sie eigentlich?"
„Meine Mutter sagt, dass ich wie 35 aussehe."
„Ihre Mutter lebt noch?!"

* * *

Eine hübsche junge Frau steht auf einer Brücke und hat offensichtlich vor, sich hinunterzustürzen. Ein recht heruntergekommener Penner geht auf sie zu.
„Hallo, junge Frau! Es ist Ihnen jetzt doch sowieso alles einerlei. Wie wäre es denn mit einem Quickie? Ich habe schon so lange keinen Sex mehr gehabt."

„Gehts noch?! Du stinkst, du bist dreckig und verlaust, also verschwinde!"

„Ist ja gut. Bin schon weg. Ich warte dann unten auf Sie."

Stierlitz

Der SS-Standartenführer Max Otto von Stierlitz ist der Protagonist eines sowjetischen Zwölfteilers „Siebzehn Augenblicke des Frühlings", der in den 1970er-Jahren nach dem gleichnamigen Buch von Julian Semjonow gedreht wurde. Stierlitz ist in Wirklichkeit der russische Oberst Maxim Issajew und steht im Dienst des Kremls. Er gilt als idealer sowjetischer Agent. Der Mehrteiler erzählt über Stierlitz' Abenteuer im Dritten Reich im Frühjahr 1945. Weitere handelnde Personen sind Abwehrleiter Walter Schellenberg und Gestapo-Chef Heinrich Müller. Dieser Film war in der Sowjetunion dermaßen populär, dass der Volksmund Hunderte von Witzen über Stierlitz erfand. Viele Witze verspotten Stierlitz' Fähigkeit, sich aus den unmöglichsten Situationen herauszuwinden, andere basieren auf kaum übersetzbaren Wortspielen. Gelegent-lich werden auch dramatische Situationen ins Groteske übersteigert. Einige dieser Witze parodieren auch die Er-zählerstimme (Off-Stimme) von Jefim Kopeljan.

Stierlitz fiel vom Balkon im 5. Stock. Wie durch ein Wunder blieb er am Balkon im 3. Stock hängen. Am nächsten Tag schwoll das Wunder allerdings an und störte ihn beim Laufen.

* * *

Stierlitz kommt ins Berliner Café „Elefant".

„Das ist Stierlitz, gleich geht eine Schlägerei los", sagt einer der Gäste.

Stierlitz trinkt in aller Ruhe seine Tasse Kaffee und geht.

„Nein", widerspricht ein anderer Besucher, „das war nicht Stierlitz".

„Doch", schreit ein dritter Besucher, „das war er!"

Und gleich geht eine Schlägerei los...

* * *

„Stierlitz", sagt Müller, „manchmal schau ich mir Ihre Gesichtszüge an und kann mich des Eindrucks nicht erwehren, dass Sie Jude sind".

„Quatsch", sagt Stierlitz beleidigt, „meine Mutter war Russin, mein Vater war Russe, und ich soll Jude sein?!"

Etwa 10 Sekunden danach denkt er: „Bin ich da etwa in ein Fettnäpfchen getreten?"

* * *

Stierlitz lief über Berlin. Müller erkannte in ihm einen sowjetischen Agenten. Was verriet Stierlitz? Das war nicht die sowjetische Maschinenpistole PPSch, die an seiner rechten Schulter hing. Es war nicht der geöffnete Fallschirm, den er hinter sich her schleppte. Und es war auch nicht die sowjetische Offiziersmütze mit einem roten Stern. Stierlitz verriet die Schutzmarke der Moskauer Textilfabrik „Hammer und Sichel" an der Innentasche seines Anzugs, welche man wegen der typisch russischen Liederlichkeit einfach vergessen hat.

* * *

Stierlitz erhielt eine schriftliche Mitteilung der Gestapo:
„Stierlitz, wenn Sie Ihre Stromrechnungen nicht endlich
bezahlen, werden wir Ihr Funkgerät beschlagnahmen.“

* * *

Während eines Luftschutzalarmes hat sich Stierlitz in
Müllers Büro eingeschlichen. Er wollte die Gelegenheit
nicht verpassen, mit seiner Familie in Moskau gratis zu
telefonieren.

* * *

Hitler ruft Stalin an:
„Herr Stalin, kann es sein, dass Ihre Leute aus meinem
Tresor geheime Dokumente gestohlen hätten?“
„Ich werde die Sache klären“, kommt als Antwort.
Stalin ruft Stierlitz an:
„Genosse Stierlitz, haben Sie etwa geheime Dokumente
aus Hitlers Tresor gestohlen?“
„Jawohl, Genosse Stalin.“
„Dann bringen Sie diese endlich wieder zurück, er
macht sich nämlich Sorgen!“

* * *

Müller kommt ins Büro von Stierlitz und sagt: „Standartenführer, für morgen ist ein kommunistischer Subbotnik geplant. Die Teilnahme ist obligatorisch". „Zu Befehl!", antworter Stierlitz. Es ist für ihn klar: er ist aufgeflogen. Er setzt sich hin, nimmt ein Blatt Papier und schreibt; „Ich, Standarterführer SS Max Otto von Stierlitz, bin in der Tat ein sowjetischer Spion". Datum, Unterschrift. Sein Geständnis überreicht er Müller. Müller liest das Geständnis ohne mit der Wimper zu zucken, greift zum Telefon und ruft Walter Schellenberg an.

„Hallo, Walter", sagt er. „Schau mal bei Stierlitz vorbei. Du wirst dich wundern, was unsere Mitarbeiter sich ein-fallen lassen, nur um sich vom Subbotnik zu drücken."

* * *

Stierlitz erhielt eine kodierte Mitteilung darüber, dass er Vater wurde. Eine einsame Männer-Träne wegen Heimweh lief seine Wange herunter: er war ja schließlich seit 7 Jahren nicht mehr in seiner Heimat gewesen.

* * *

Stierlitz fährt mit seinem Auto und sieht am Straßenrand Müller, der offensichtlich per Anhalter fahren will.
„Das ist Müller", denkt Stierlitz.
„Das ist Stierlitz", denkt Müller.
In einer halben Stunde sieht Stierlitz Müller wieder.
„Das ist wohl eine Ringstrasse", denkt Stierlitz.
„Der will mich wohl verarschen", denkt Müller.

„Geben Sie zu, Stierlitz", sagt Müller, Sie würden wohl gerne irgendwo am Wolga-Ufer mit einer Angelrute gemütlich sitzen?"

„Nein, Herr Müller, ich darf momentan nicht in die Sowjetunion", antwortet Stierlitz, „ich müsste sonst meinen Parteibeitrag bei der KPdSU für 7 Jahre nach-zahlen."

* * *

Die Tür im Arbeitszimmer von Heinrich Müller wird aufgestossen. Ein Unbekannter tritt herein, schaut Müller in die Augen und sagt bestimmt: „Die Elefanten ziehen in den Norden." „Die Elefanten scheren sich zum Teufel!", rastet Müller aus. „Das Arbeitszimmer von Stierlitz befindet sich ein Stockwerk höher!"

* * *

Stierlitz lief über die Straßen von Berlin und sah die Überschrift auf einer Hausmauer „Stierlitz ist ein Arschloch". Zwei vorbeilaufende SS-Leute grinsten verächtlich. Und nur Stierlitz wusste, dass er nun mit dem Ehrentitel „Held der Sowjetunion" ausgezeichnet wurde.

* * *

Als die Sitzung bei Müller endlich zu Ende war, wollten schon alle gehen.

„Stierlitz," sagte Müller, „ich möchte Sie bitten zu bleiben."

Alle außer Stierlitz verließen den Sitzungsraum.

„Sagen Sie mal, welche Farbe haben meine Unterhosen?", fragt Müller.

„Weiß", antwortet Stierlitz.

„Aha, jetzt habe ich Sie! Davon wusste nur die russische Fernmelderin."

„Herr Müller, wenn Sie den Hosenladen nicht endlich zumachen, wird davon das ganze Dritte Reich wissen."

* * *

Stierlitz wachte einmal am Samstagmorgen auf und dachte: „Wir haben gestern aber nicht schlecht mit Müller und Schellenberg gefeiert. Wir haben ziemlich viel getrunken, aber ich habe überhaupt keine Kopfschmerzen und es sind noch zwei Tage bis Montag". Off-Stimme von Kopeljan im Hintergrund: „Er konnte nicht mal ahnen, dass es bereits Dienstag war".

* * *

Am 1. April schickte Stierlitz eine unverschlüsselte Nachricht an die NKVD-Zentrale in Moskau. Bereits in 15 Minuten stürmten die SS-Leute in sein Haus. „Das war bloß ein Aprilscherz", lächelte Stierlitz ihnen zu.
Die SS-Leute lächelten verständnisvoll zurück. Die Mitarbeiter der NKVD-Zentrale haben sich währenddessen beinahe totgelacht.

* * *

Zu Beginn des Schuljahres will die Klassenlehrerin ihre neuen SchülerInnen kennenlernen.

Sie fragt den ersten Schüler: „Wie ist dein Name?"

„Stierlitz," antwortet er.

„Willst du mich auf den Arm nehmen," sagte die Klassenlehrerin empört. „Ich will morgen mit deinem Vater reden!"

Am nächsten Tag kommt sein Vater in die Schule.

Die Klassenlehrerin beschwert sich: „Was soll das?! Ich habe Ihren Sohn gebeten, mir seinen Namen zu nennen, und er gab vor, er würde Stierlitz heißen!"

Der Vater sagte verlegen dreinschauend: „Tut mir leid, er geniert sich einfach. Unser richtiger Name ist Müller."

Nachrichten

Aus den Nachrichten: „Der Viehbestand im Gebiet Moskau ist heute Nachmittag deutlich gewachsen. Dies geschah infolge eines enorm starken Orkans zu Lasten des Viehbestandes im Gebiet St. Petersburg."

* * *

Nach Angaben der Nachrichtenagentur Interfax haben 90% der Russen bei der anonymen Umfrage „Glauben Sie, dass die anonymen Umfragen in Russland wirklich anonym sind?" mit „Nein!" geantwortet. Präsident Putin zeigte sich um diese Ergebnisse besorgt und bezeichnete dies als eine Folge des Informationskrieges gegen Russland. Er erteilte dem Geheimdienst FSB umgehend den Auftrag, die Gründe für dieses Misstrauen zu untersuchen. Bald werden die FSB-Agenten die 90% der Respondenten an ihren Wohnorten persönlich besuchen und diese ausführlich befragen.

* * *

Angelina Jolie lehnt es kategorisch ab, sich für die russische „Express-Zeitung" nackt fotografieren zu lassen, was allerdings keinen Einfluss auf das Erscheinen ihrer Nacktfotos in dieser Zeitung nimmt.

* * *

Die russischen Universitäten kamen nicht in die Top-200 der Universitäten weltweit. „Haha! Lol!", lautete der Kommentar für diese Informationen im russischen Bildungsministerium.

* * *

Aus den Nachrichten: „Gestern ist in der Nähe der Stadt Woronesch ein Flugzeug abgestürzt. Die Maschine stürzte über dem Stadtfriedhof ab. Die Rettungskräfte sind voll im Einsatz. Inzwischen haben sie bereits 987 Leichen gefunden. Die Zahl der Toten wächst mit jeder Stunde."

* * *

Vor kurzem wurde in Russland das Gehalt für 450 Duma-Abgeordnete um 10 % gekürzt. Einen Tag später wurde die Sozialhilfe für 10 Mio. Russen um ebenfalls 10 % aufgestockt. Für den Staatsetat gab es keine Verluste, da die beiden Summen gleich waren.

* * *

Das russische Verteidigungsministerium hat als Teil der Armeeausrüstung Damenhandtaschen beschaffen lassen. Die Tests haben nämlich gezeigt, dass in eine solche Handtasche mehr Gegenstände reinpassen als in einen Armeerucksack.

Natürlich sehe ich mir die Nachrichten im Fernsehen jeden Tag an. Aber manchmal überkommt mich das Gefühl, das in Erfahrung zu bringen, was in der Welt wirklich passiert.

* * *

Ca. 30 000 Menschen weltweit sterben jede Nacht im Schlaf aus unerklärlichen Gründen. Gute Nacht!

* * *

Sie: „Ich gehe ins Bett, könntest du mir etwas Nettes wünschen?"
Er: „Wie ich es heute in den Nachrichten gehört habe, saugt im Laufe von einigen Jahren ein Kissen mehrere Hundert Liter Flüssigkeit von unserer Haut ein. Die Hausstaubmilben - eine Gattung der Milben, die zu den Spinnentieren zählen und nur 0,3 mm groß sind – leben ebenfalls auf dem Kissen und können schwere allergische Erkrankungen verursachen. Zu ihrer Nahrung gehören unsere Hautschuppen oder die kleinsten Blutpartikeln, die auf den Federn im Kissen bleiben. Ein altes Federkissen besteht zu 10 % aus Milben-Exkrementen. 1 Gramm von Matratzenstaub enthält von 200 bis zu 15 000 Hausstaubmilben, und in einem Doppelbett gibt es 500 Mio. davon. Ich wünsche eine gute Nacht, Schatz!"

* * *

Auf dem Sadowaja-Ring in Moskau kollidierten der Mercedes 600 eines FSB-Generals mit dem Lexus 470 eines Polizei-Generals. Für schuldig wurde der Fahrer des Wagends der Verkehrspolizei Lada 2109 befunden, sobald er am Unfallort angekommen war.

* * *

Ein russischer Fernsehmoderator begrüsst die Zuschauer-Innen zur Tagesschau: „Guten Abend! Und das war`s wohl mit dem Guten, jetzt kommen die Nachrichten."

* * *

Aus den Polizeimeldungen: „Am 20.10.2016 um ca. 20:00 Uhr in einem Haus auf dem Sadowaja-Ring öffnete ein argloser junger Mann die Wohnungstür für zwei zweifelhaft aussehende junge Frauen, die außerdem alkoholisiert waren. Und er hat es nicht bereut! "

Blondinen

Der Arzt für Innere Medizin steht in seinem Sprechzimmer mit heruntergelassener Hose, und eine junge
hübsche Blondine steht vor ihm auf den Knien und
bläst ihm einen.
Der Arzt kommt, die Blondine schluckt es herunter und
fragt den Arzt besorgt: „Also, Herr Doktor?"
Der Arzt antwortet nachdenklich: „Ja, die Diagnose hat
sich wohl bestätigt, mit größter Wahrscheinlichkeit sind
es die Mandeln".

* * *

Eine Blondine liest die 10 Gebote in einer Blondinen-
Bibel.
1. „Du sollst nicht töten". Na ja, hier ist alles in Ordnung,
ich habe ja niemanden umgebracht.
2. „Du sollst nicht stehlen". Auch O.K. Ich habe ja auch
nichts gestohlen.
3. „Du sollst nicht falsch gegen deinen Nächsten aussagen".
Das habe ich auch nie getan.
4. „Du sollst nicht Ehebrechen". Äh... Das lasse ich lieber
weg...
5. „Du sollst das Vierte Gebot nicht weglassen!"

* * *

Eine Blondine kommt zum Arzt gerannt.
„Herr Doktor, bitte helfen Sie mir! Mich hat eine

Hummel gestochen."

„Macht nichts, ich werde Sie mit einer Salbe behandeln."

„Aber wie wollen Sie sie kriegen?! Die Hummel ist schon längst davongeflogen!"

„Nein, ich werde die Stelle einschmieren, wo die Hummel Sie gestochen hat."

„Ach so. Das war im Park, auf der Bank neben der großen Eiche."

„Nein, ich werde den Körperteil behandeln, wo die Hummel Sie gestochen hat, dann gehen die Schmerzen weg!"

„Das hätten Sie doch gleich sagen können! Die Hummel hat mich in die Hand gestochen."

„Welche denn?"

„Woher soll ich das wissen?! Für mich sehen alle Hummeln gleich aus!"

* * *

„Aus wie vielen Buchstaben besteht das Alphabet?", wurde eine Blondine bei einer Quiz-Show gefragt.

„Aus acht Buchstaben!", antwortet diese stolz.

„Acht Buchstaben?! Sind Sie sicher? Welche sind es denn?"

„A, L, P, H, A, B, E, und T. Insgesamt also acht!"

* * *

Eine Blondine fährt mit einem „Porsche Cabrio". Sie

wird von einem Verkehrspolizisten angehalten.

„Führerschein und Zulassung bitte."

„Und was ist ein Führerschein?"

„Das ist eine Plastikkarte mit Ihrem Foto drauf."

Die Blondine finden ihren Führerschein und reicht ihn dem Polizisten.

„Und jetzt die Zulassung."

„Und was ist eine Zulassung?"

„Das ist ein Papier ohne Foto."

Die Blondine findet die Zulassung und reicht sie dem Polizisten.

Kurz darauf nimmt ein Kollege per Funk Kontakt mit dem Polizisten auf: „Hast du etwa eine Blondine mit einem „Porsche Cabrio" angehalten?" „Ja, wieso?" „Zieh deine Hose runter!" „Spinnst du?!" „Mach`s einfach!"

Der Polizist zieht seine Hose runter.

Begeistert kniet sich die Blondine vor ihm hin: „Ja, ich weiß, was das ist: ein Alkohol-Test!"

* * *

Eine Blondine weint hysterisch auf einer Entbindungsstation. Eine Krankenschwester kommt auf sie zu:

„Was ist denn los?"

„Ich habe Zwillinge gekriegt!"

„Das ist doch gut, wieso weinen Sie?"

„Gut?! Und wie soll ich bitte schön meinem Mann erklären, von wem das zweite Kind ist?!"

* * *

Wie eine Blondine einmal sagte: „Ich will mein ganzes Leben lang Jungfrau bleiben, da ich ein gutes Beispiel für meine Kinder sein will."

* * *

Ein GPS-Gerät, welches eine Blondine in ihrem Auto angebracht hatte, sagte ihr bereits in einer Woche: „Leck mich doch am Arsch!"

Die Schule

Die längste Schlafdauer in Russland wurde in der Geschichtsstunde in der Mittelschule Nr. 29 in Moskau festgestellt: Der Siebtklässler Nikolaj ist im 15. Jahrhundert eingeschlafen und erst im 18. Jahrhundert wieder aufgewacht.

* * *

„Der Fünftklässler Anatoly kann den Zirkel nicht richtig benutzen", verlautete aus den Kreisen, die eher wie Ovale aussahen.

* * *

Ein guter Lehrer hat keine Lieblinge in seiner Klasse. Er hasst alle Schüler gleichmäßig.

* * *

Während des Englischunterrichts stürmte ein Schüler ins Schulzimmer, der offensichtlich etwas sagen wollte. „In English, please!", unterbrach ihn die Lehrerin. Und so erfuhren alle erst in einer halben Stunde, dass der Werklehrer einen Herzinfarkt erlitten hatte.

* * *

Ein Rentner läuft an einem alten Schulgebäude vorbei

und sieht da einen Bagger, der offensichtlich das Gebäude abreissen soll. Der Rentner wird von Erinnerungen an seine Schulzeit überflutet. Er wendet sich an den jungen Baggerfahrer: "Hör mal, als ich noch jung war, bin ich zu dieser Schule gegangen. Du kannst dir nicht mal vorstellen, welche Erinnerungen mit dieser Schule verbunden sind! „Alter," sagt der Baggerfahrer, „es ist alles sehr rührend, aber ich habe leider keine Zeit, ich muss arbeiten." „Warte! Ich habe einen Traum, der mit dieser Schule verbunden ist. Schlag einem alten Mann seine Bitte nicht ab". „Na schön, was willst du?" „Lass mich den ersten Schlage ausführen!"

* * *

Als die Siebtklässlerin Svetlana unbeirrt und schnell Bali, Ibiza und Malediven auf der Weltkarte gezeigt hatte, verstand die Geographie-Lehrerin, dass diese minderjährige Scheiß-Göre die Sommerferien besser als sie selbst verbracht hatte.

* * *

Eine Frau hockt auf einer Bank im Park. Ein Mann kommt auf sie zu. Er schaut sie sich eine Weile an und sagt dann: „Sie arbeiten wohl als Lehrerin?" Lebhaft antwortet die Frau: „Ja! Und wie haben Sie das erfahren?" „Sie haben ein blödes Gesicht," sagt der Mann. Gekränkt kontert die Frau: „Ihr Gesicht ist übrigens auch blöd!" „Ich weiß," antwortet der Mann traurig, „ich arbeite nämlich auch als Lehrer."

* * *

Die russischen Erstklässler lernen das Schreiben. Die Lehrerin wendet sich an eine Schülerin: „Tanja, was hast du gestern nach der Schule gemacht?" „Ich habe im Sandhaufen gespielt." „Sehr gut. Geh doch an die Kreidetafel und schreib das Wort Sand." Dann wendet sich die Lehrerin an einen Schüler: „Wladimir, was hast du gestern gemacht?" „Ich habe zusammen mit Tanja gespielt, ich hatte eine Handschaufel." „Sehr gut. Geh doch an die Kreidetafel und schreib das Wort Schaufel." Danach wendet sich die Lehrerin an einen weiteren Schüler: „Abdullah Hameed Hamsa, und was hast du gestern gemacht?" „Ich wollte mit Tanja und Wladimir zusammen im Sandhaufen spielen, aber sie haben mich einen Schwarzarsch beschimpft und mit Steinen beworfen."
Daraufhin die Lehrerin: „Was für ein Unfug! Das ist doch eine hanebüchene Diskriminierung und schreckliche Ehrenkränkung des Menschen! Abdullah Hameed Hamsa, geht doch bitte an die Kreidetafel und schreib 100 Mal, damit es alle sehen: 'Hanebüchene Diskriminierung und schreckliche Ehrenkränkung des Menschen'."

* * *

Vor einer Schule steht ein Knabe und weint bitter. Ein Passant kommt auf ihn zu: „Was ist passiert? Wieso weinst du?"

Völlig entrüstet antwortet der Knabe: „Dieser verdammte Rheumatismus ..."

„Aber in deinem Alter gibt es doch keinen Rheumatismus!"

„Doch. Bei einem Diktat schon."

* * *

Der Werklehrer sagt zu den SchlülerInnen: „Und merkt euch eine wichtige Regel des Unfallschutzes: nie die Finger in die Steckdose stecken!"

Einer der Schüler: „Die passen da ja überhaupt nicht rein!"

Der Werklehrer: „Dann nimmt halt zwei Nägel, du Depp!"

* * *

Es ist sehr einfach, mit den Kindern zu arbeiten. Sie müssen ihnen einfach zu verstehen geben, dass ein noch unberechenbarer Psychopath seien, als die lieben Kinder.

Die Schwiegermutter

Ein aufgebrachter Mann ruft bei der Rezeption eines Hotels an:
„Sie müssen mir unbedingt helfen! Ich habe einen Riesenstreit mit meiner Schwiegermutter auf Ihrem Hotelzimmer, und sie sagt, dass sie aus dem Fenster springen will!"
„Das ist eine private Angelegenheit, dafür sind wir nicht zuständig."
„Doch! Ich kann das blöde Fenster nicht aufkriegen!"

* * *

Die Schwiegermutter sagt zu ihrem Schwiegersohn: "Iwan, ich bin schon so alt geworden, dass mich immer öfter der Gedanke an den Tod heimsucht. Was meinst du, soll ich vielleicht einen Psychologen aufsuchen?"
Der Schwiegersohn: „Nein, Lidija, lieber einen Chirurgen. Ich glaube nicht, dass der Psychologe zum Messer greifen wird."

* * *

Ein Mann ruft von der Entbindungsstation aus seine Schwiegermutter an und teilt ihr mit:
„Wir haben Zwillinge!"
Die schwerhörige Schwiegermutter versteht nichts und sagt:
„Kannst du das bitte wiederholen?"

Der verdutzte Schwiegersohn:
„Nein, ich würde sagen, das ist für den Moment mehr als genug!"

* * *

Er hatte prima Laune! Er wollte singen und tanzen, und zwar auf der Stelle! Daran hinderte ihn lediglich der Sarg mit seiner Schwiegermutter, der schwer auf seiner linken Schulter lastete...

* * *

Lachen verlängert das Leben, sagte der Schwiegersohn, und lachte lauthals am Bett seiner Schwiegermutter, die im Sterben lag.

* * *

Ein Mann kommt zur Rettungsstation auf einem Strand.
„Hallo Jungs! Habt ihr vielleicht Streichhölzer?"
„Hier – ein Feuerzeug."
„Danke!"
„Keine Ursache!"
„Na wie gehts, wie stehts?"
„Es geht, wir können nicht klagen."
„Der Sommer ist ja so heiß."
„Du sagst es! Und so geht es schone eine ganze Weile."
„Na gut, dann geht ich wieder."

„Und was hast du eigentlich gewollt – abgesehen von den Streichhölzern?"

„Ach ja, stimmt: meine Schwiegermutter ertrinkt ja gerade!"

* * *

Ein Mann kommt mit seiner Schwiegermutter in einen Schießkeller. Der Schießkellerbesitzer sagt zu ihm: „Tut mir leid, aber es ist bei uns verboten, eigene Zielscheiben mitzubringen."

* * *

Hallo, ist hier die Notfallambulanz? Meine Schlange ist krank geworden. An wen soll ich mich wenden? An wen?! An einen Schlangenspezialisten? Das ist ja eine „tolle" Idee: Ich soll Ihrer Meinung nach meine Schwiegermutter zu einem Schlangenspezialisten bringen?!

* * *

„Ich habe gestern drei Körbe Pilze für meine Schwiegermutter gesammelt."

„Und wenn diese Pilze Giftpilze sind?"

„Was heißt schon 'wenn'?"

* * *

„Sie haben also gesehen, wie der Angeklagte ihre Schwiegermutter würgte?"

„Ja, Euer Ehren, ich habe es gesehen."

„Und wieso haben Sie keine Hilfe geleistet?"

„Das wollte ich auch zunächst. Dann habe ich aber gesehen, dass er es auch alleine schafft, und habe beschlossen, mich nicht einzumischen."

* * *

In einen Waffenladen platzt ein wütender Mann herein und schreit dem Verkäufer zu: „Ich will eine Pumpgun und viel Munition, und zwar sofort!"

„Ein Pumpgun mit Munition? Kein Problem. Und für was brauchen Sie die?"

„Ich will meine Schwiegermutter abknallen! Sie treibt mich in den Wahnsinn!"

„Entschuldigung, aber wenn Sie Ihre Schwiegermutter abknallen wolle, würde ich Ihnen raten, erst mal abzuwarten."

„Wieso denn das?"

„Sie müssen sich unbedingt beruhigen, denn in diesem Zustand werden Sie mit Sicherheit daneben schießen."

* * *

Wenn Sie beschlossen haben, doch noch drei Ehefrauen zu haben, dann heiraten Sie wenigstens drei Schwestern, damit Sie nur eine Schwiegermutter haben.

Ich habe Respekt von Katzen. Einmal wollte ich meine Katze loswerden. Ich fuhr sie mit dem Auto in eine andere Stadt. Dort habe ich sie in der Nähe von einer Müllhalde ohne Futter ausgesetzt. Und dann ist sie nach ein paar Tagen zurückgekommen. Sie hat mich nicht angeschrien, mich nicht bedroht und keine Anzeige bei der Polizei erstattet. Mit meiner Schwiegermutter also überhaupt nicht zu vergleichen.

* * *

„Ich habe im Internet unter einem weiblichen Nickname einen Mann mit Beleidigungen zur Weißglut getrieben. Er hat geschworen, dass er mich nach meiner IP-Adresse findet und mich umbringt."
„Und wieso strahlst du so dabei? Es ist durchaus möglich, dass er dich tatsächlich findet."
„Das hoffe ich doch. Ich habe das alles vom PC meiner Schwiegermutter gemacht, als ich bei ihr zu Besuch war."

* * *

„Ich will, dass meine Schwiegermutter was erlebt, und schenkte ihr deswegen den Gutschein für einen Fallschirmsprung. Das wird sie dann feiern!"
„Und wenn dabei irgendetwas schiefgeht und sie ums Leben kommt?"
„Na dann werde ich es halt feiern!"

„Das war auch nicht schlecht," sagte der Schwiegersohn, als er einen Stein nach dem Hund geworfen hatte, aber die Schwiegermutter traf.

* * *

Die Schwiegermutter: „Hör mal zu, mein lieber Schwiegersohn. Mach, was du willst, rotiere, wie du willst, aber ich will, dass man mich in der Kremlmauer beerdigt, wo all hohe Tiere nach ihrem Tod liegen."
Am nächsten Tag meldet sich der Schwiegersohn: „Hör mal zu, meine liebe Schwiegermutter. Ich habe alles arrangiert. Mach, was du willst, rotiere, wie du willst, aber die Beerdigung findet morgen um genau 12:00 Uhr statt!"

* * *

Es ist Abend. Draußen gießt es in Strömen. Jemand klingelt an der Tür. Der Hausherr öffnet die Tür und sieht dort seine Schwiegermutter. „Ach Frau Semjonova! Was mach Sie bloß hier draußen bei diesem Wetter?! Gehen Sie doch schnell nach Hause!"

* * *

Ein Fahrgast auf einem Kreuzfahrtschiff wendet sich an den Kapitän: „Herr Kapitän, entschuldigen Sie bitte, ich störe nur ungern, aber meine Schwiegermutter ist vor ca. 1 Stunde über Bord gefallen."

Wenn ein Schwiegersohn bei der Beerdigung seiner Schwiegermutter aufrichtig weint, heiß es, dass die alte Schlampe ihn im Testament nicht erwähnt hat.

* * *

Einmal kam ich angeheitert nach Hause und habe zum Spaß in einer Mausefalle anstelle von Köder einen Tausender benutzt. Jetzt hat meine Schwiegermutter drei gebrochene Finger.

* * *

Hallo, ist hier die Stadtklinik? Meine Schwiegermutter ist krank geworden. Was heißt: „Behandeln wir nicht?" Und wer macht das?! Ach so, alles klar. Und die Rufnummer? Danke. Hallo, ist hier die Schlangenfarm?

* * *

Ivan Petrov wollte seine Beziehungen mit der Schwiegermutter wieder ins Lot bringen und als Überraschung für sie ein schönes Kleid bestellen. Dummerweise wachte seine Schwiegermutter just in dem Moment auf, als er sie mit einem Metermaß abmessen wollte.

* * *

Ein Mann läuft durch die Straße und sieht auf einmal

einen Trauerzug. Vorne wird ein Sarg getragen, hinter dem Sarg wird ein Ziegenbock geführt, und hinter dem Ziegenbock laufen etwa 50 Männer.

„Wer wird da beerdigt?"

„Die Schwiegermutter von meinem Kumpel Oleg."

„Und was macht der Ziegenbock da?"

„Er hat die Schwiegermutter mit den Hörnern zu Tode gestoßen."

„Wow! Könnte ich mir den Ziegenbock für ein paar Tage leihen?"

„Ha! Siehst du diese Schlange? Stell dich hinten an!"

Russen über Russen

Die Russen lachen über Politiker, Polizisten, Militärs und Beamte, über Drogensüchtige und Alkoholiker, über Schwiegermütter, untreue Frauen und eifersüchtige Männer. Sie können jedoch auch über sich selbst lachen. Die russischen Russen-Witze sind selbstkritisch, gleichzeitig ironisch und zuweilen auch sarkastisch.

Die Russen sind berühmt für ihre Fähigkeit, sich aus jeder noch so schwierigen Lebenssituation herauszuwinden. Noch berühmter sind sie allerdings für ihre Fähigkeit, sich selbst in solche Situationen hineinzureiten.

* * *

Wenn Russen wichtige Informationen auf elektronischem Wege verschicken wollen, befestigen sie die Diskette besonders sorgfältig an der Brieftaube.

* * *

Wenn ein Russe etwas Gutes tun will, dann tut er es auch. Dafür ist ihm kein Opfer und keine Zerstörung zu groß.

* * *

Wann ist es richtig kalt in Russland? Wenn man Wodka nicht mehr trinken kann, sondern knabbern muss.

In Russland zählt nur ein Betonklotz als Verbotsschild. Alle anderen Schilder sind nur Warnzeichen, weil die Missachtung ja kostenpflichtig werden könnte.

* * *

Wenn ein Russe fest entschlossen ist, nichts zu tun, dann kann ihn nichts und niemand davon abhalten.

* * *

„Papa, erzählst du mir zum Einschlafen noch ein Märchen?"
„Na gut. Also, es war einmal in Russland ein Abgeordneter des Parlaments. Er war arm, aber er war ein rechtschaffener Mann. Als er einmal etwas Gutes für sein Volk tun wollte, da –"
„Papa, hör auf, ich lach mich tot! So kann ich nie im Leben einschlafen."

* * *

Sieben russische Bergsteiger bezwingen einen Tag nach den Amerikanern den Mount Everest. Das erlaubt ihnen nicht nur, die russische Staatsfahne auf dem Gipfel zu hissen, sondern auch, die amerikanische Fahne abzureißen und wegzuwerfen.

* * *

Ein bekanntes russisches Sprichwort besagt: „In Russland gibt es nur zwei Probleme – Idioten und Autostraßen." Eigentlich könnte man eines dieser Probleme mit vielen Straßenwalzen lösen. Die Situation mit den Autostraßen gestaltet sich aber schon schwieriger.

* * *

Sie trinken Wodka aus Wassergläsern und sind ein alteingesessener Schnorrer? Sie lieben Revolutionen und Krawalle und sind ein gewiefter Idiot? Nun gut, aber das allein reicht nicht, um sich stolz als Russe bezeichnen zu dürfen!

* * *

Eine Gruppe russischer Touristen will ihre Ferien in Taiwan verbringen. Bereits im Flugzeug besaufen sie sich ordentlich, auf dem Weg ins Hotel gibt es noch mehr Alkohol. Im Hotel machen sie einen Riesenkrawall. Erst ein großes Aufgebot der Polizei kann sie wieder zur Vernunft bringen. Die Polizei belegt die Russen außerdem mit einer saftigen Geldstrafe. Endlich sind alle Russen in ihren Zimmern eingeschlafen. Sie schlafen so fest, dass sie nicht einmal den gewaltigen Tsunami bemerken. Am nächsten Tag wacht einer von ihnen auf, geht auf den Balkon und sieht die schweren Verwüstun-gen um das Hotel. „Verdammter Mist!", schreit er verzweifelt. Das können wir doch gar nicht bezahlen!"

In Russland hat man ein neues Verkehrszeichen eingeführt: das Wort „Autostraße" in Weiß vor blauem Hintergrund. Es soll helfen, die besonders misstrauischen
Autofahrer zu überzeugen.

* * *

Ein Alpin-Ski-Weltmeister rast einen steilen Berghang
hinunter. Plötzlich wird er von einem Russen mit zwei
Kindern überholt. Völlig verblüfft geht er unten auf den
Russen zu und fragt: „Haben Sie denn bei dieser
Geschwindigkeit gar keine Angst gehabt?" – „Nein",
antwortet der Russe gelassen, „ich nicht, aber die Kinder.
Sie sind einfach noch viel zu jung, um Wodka zu trinken."

* * *

Eine japanische Fabrik für hochtechnologische Roboter
bekommt einen wichtigen und teuren Auftrag. Ein neuer
Roboter muss eine 7-saitige Gitarre spielen, gut singen,
hohe Temperaturen in der Sauna aushalten und gekonnt
fluchen können, außerdem muss er ein schneller Autofahrer sowie ein guter Witzeerzähler sein und Wodka aus
Wassergläsern auf einen Zug austrinken können. Die
Nationalität des Auftraggebers bleibt streng geheim.

* * *

Als „Autostraße" bezeichnen die Russen die Stelle, an
der sie gerade durchfahren wollen.

Wie werde ich Millionär an einem Tag? Wie kann ich eine ganze Woche einfach alles in mich hineinstopfen und dabei 20 Kilo abnehmen? Wie komme ich an einen neuen Wagen, ohne Geld auszugeben? Antworten auf diese und noch spannendere Fragen finden Sie im neuen russischen Magazin „Weiß der Geier!".

* * *

Das Satelliten-Programm der NASA schickt einen neuen Spionage-Satelliten ins Weltall. Nach Angaben dieser Behörde ist der Satellit imstande, ein Objekt von der Größe eines Baseballs auf der Erde zu entdecken. Bereits beim ersten Flug über Russland kommen die Spezialisten jedoch zu dem Schluss, dass das Programm gescheitert ist. In Russland findet sich kein einziger Baseball, und das, obwohl nach Angaben der statistischen Behörden bereits einige Millionen Baseball-schläger nach Russland verkauft wurden.

* * *

Amerikanische Wissenschaftler haben bewiesen, dass es Wasser auf dem Mars gibt. Das bedeutet, dass auch Leben auf dem Mars möglich wäre. Russische Wissenschaftler versuchen nun zu beweisen, dass es Ethylalkohol auf dem Mars gibt, was die Existenz von intelligentem Leben auf diesem Planeten beweisen würde.

* * *

Die Slawen waren schon immer ein besonders freiheitsliebendes Volk. Man hat sie zwar oft in die Sklaverei verschleppt, aber auch dort haben sie nicht gearbeitet.

* * *

Manchmal laufe ich einfach durch die Gegend, irgendwo am Schwarzen Meer, in der Stadt Sotschi zum Beispiel. Der Himmel ist blau, die Sonne scheint, es ist warm, und ich bin von Palmen umgeben. In der Nähe rauschen die Meereswellen. Ich könnte in Nizza sein. Dann versuche ich, in einen Bus einzusteigen, kriege gleich eins mit dem Ellenbogen auf den Unterkiefer und weiß sofort: Nein, ich bin zu Hause in Russland.

* * *

In Russland werden die Aufnahmen der Marsoberfläche nicht veröffentlicht, damit die Bevölkerung nicht sehen kann, dass die Qualität besser ausfällt als russische Autostraßen.

* * *

Und wir setzen unsere Zählung der Jungfrauen Russlands fort. Es ist bereits das neunzehnte russische Gebiet an der Reihe, und unser A4-Blatt ist beinahe voll beschrieben.

* * *

„Sie überqueren die Grenze zur Russischen Föderation. Haben Sie Waffen, Drogen oder Alkohol dabei?" – „Nein!" – „Hm, da werden Sie es hier aber schwer haben."

* * *

Die Russen mögen den Sommer besonders deswegen, weil man in dieser Jahreszeit besoffen auf der Straße einschlafen kann, ohne zu erfrieren.

* * *

Die Russen haben vor, den Mond und den Mars zu besiedeln. Das leuchtet mir ein. Es ist natürlich viel einfacher, auf einem anderen Planeten alles von vorn aufzubauen, als in Russland etwas zu verbessern.

* * *

„Papa, kommt dieser Hund nicht aus China?"
„Ja, sicher, der ist aus China."
„Wieso hat er dann so große Augen?"
„Ach, Junge, das solltest du doch wissen. Jeder, der nach Russland kommt, macht bald große Augen!"

* * *

Ein Amerikaner liebt seine Heimat und hasst alle, die seine Meinung nicht teilen.
Ein Russe liebt seine Heimat nicht und hasst alle, die

seine Meinung teilen.

* * *

Bei vielen touristischen Firmen weltweit wird die „Tour ohne Russen" immer beliebter. Besonders bei den Russen.

* * *

Die russische Mentalität lässt sich so beschreiben: „Verdammter Mist, man sieht ja gar nichts", sagt der Autofahrer und gibt Gas.

* * *

Aus dem Moskauer Zoo ist ein Löwe abgehauen. Als er die wirtschaftliche Situation in der russischen Hauptstadt sieht, kehrt er freiwillig in seinen Käfig zurück.

* * *

Um die Kultiviertheit verschiedener Nationen vergleichen zu können, haben japanische Wissenschaft-ler eine spezielle Uhr erfunden. Sobald in der Nähe dieser Uhr ein Schimpfwort fällt, geht sie eine Minute vor. Nun ist es so weit, und die Uhr kommt zum Test für 24 Stunden in eine japanische Bar. Danach geht sie 2 Minuten vor. Als Nächstes gibt man die Uhr in einen englischen Pub. Nach 24 Stunden geht die Uhr 5 Minuten vor. Schließ-lich befindet sich die Uhr in einer russischen Bar. Nach

24 Stunden kommen die japanischen Wissenschaftler zurück in die Bar und stellten fest, dass die Uhr weg ist. „Wo ist denn die Uhr hin?", fragen sie den Barkeeper. Der Barkeeper wundert sich. „Das war eine Uhr? Verflucht, und wir haben gedacht: Wieso zum Geier brauchen wir im Winter diesen abgefuckten Scheißventilator?"

* * *

In den USA findet ein Wettbewerb mit dem Titel „Wer kennt Russland am besten?" statt. Erster Preis: eine zweiwöchige Reise nach Russland. Zweiter Preis: eine dreiwöchige Reise nach Russland.

* * *

Die Aeroflot-Maschine ist noch nicht gestartet, aber die Fluggäste applaudieren bereits begeistert: Die Crew ist nüchtern in die Kabine gekommen!

* * *

Er hat drei Tage und drei Nächte gesoffen, da hört er eine laute Stimme sagen: „Das reicht, Monsieur Depardieu. Test bestanden. Hier ist Ihr russischer Pass."

* * *

Was wäre, wenn der Wodka plötzlich aus Russland verschwinden würde? – Antwort: In der Natur verschwin-

det nichts einfach so. Wenn in Russland Wodka verschwindet, taucht er in einem anderen Land wieder auf,
und dort, wo er auftaucht, ist wieder Russland.

* * *

Tiefe Temperaturen in verschiedenen Ländern:

+10° C: Die Amerikaner zittern. Die Russen setzen
Gurken im Garten.

+1,6° C: Bei den Italienern springen die Autos nicht an.
Die Russen fahren mit heruntergekurbelten Scheiben.

0° C: Das Wasser in den USA gefriert. Das Wasser in
Russland wird dickflüssig.

−12,5° C: Die Pariser haben längst die Heizung eingeschaltet. Die Russen finden, es wäre eine gute Zeit für
einen Ausflug ins Grüne.

−37° C: In Westeuropa bricht der öffentliche Verkehr
zusammen. Die Russen essen Speiseeis auf der Straße.

−73° C: Eine finnische Spezialeinheit rettet den Nikolaus
aus Lappland. Die Russen setzen die Pelzmützen mit
Ohrenklappen auf.

−114° C: Der Gefrierpunkt für Ethylalkohol ist erreicht.
Die Russen sind schlecht gelaunt.

-273,15° C: Der absolute Nullpunkt ist erreicht, die
brownsche Molekularbewegung hört auf. Die Russen
schimpfen: „Fuck, ist es kalt!"

−295° C: In der katholischen Hölle erfrieren alle Teufel.
Die russische Fußball-Nationalmannschaft wird Weltmeister.

In vielen Supermärkten Stockholms sieht man ein Schildchen mit der Überschrift „Diebstahl lohnt sich nicht – Videoüberwachung". Diese Überschrift ist nur in einer Sprache verfasst. Raten Sie mal, in welcher.

* * *

Ein Mann, der nach links und nach rechts schaut, während er eine Einbahnstraße überquert, ist nicht unbedingt Pessimist oder Paranoiker, sondern wahrscheinlich ein Russe, der in einer russischen Großstadt lebt.

* * *

In Russland muss man sich unbedingt jeden Tag die Nachrichten anschauen. Sonst erfährt man womöglich auf einen Schlag, was in den letzten zwei Wochen passiert ist, und die Verblüffung kann tödlich sein.

* * *

Intelligenter Russe + intelligente Russin = leichter Flirt
Dummer Russe + dumme Russin = kinderreiche Familie
Intelligenter Russe + dumme Russin = alleinerziehende Frau
Dummer Russe + intelligente Russin = normale russische Familie

* * *

Wie geht Business auf Russisch? – Antwort: Zunächst klaut man eine Kiste Wodka, dann verkauft man den Wodka, und zuletzt versäuft man das Geld.

* * *

Wenn ein Amerikaner etwas nicht weiß, bezahlt er jemanden, um es zu erfahren.

Wenn ein Engländer etwas nicht weiß, schließt er eine Wette darüber ab.

Wenn ein Franzose etwas nicht weiß, tut er so, als ob er es wüsste.

Wenn ein Deutscher etwas nicht weiß, bittet er einen Sachkundigen, es ihm zu erklären.

Wenn ein Grieche etwas nicht weiß, fängt er an, mit dem zu streiten, der es weiß.

Wenn ein Ire etwas nicht weiß, lässt er sich vor Kummer volllaufen.

Wenn ein Schweizer etwas nicht weiß, versucht er es zu erlernen.

Wenn ein Russe etwas nicht weiß, bringt er es allen bei.

* * *

Die Vorbereitung auf die Olympischen Winterspiele in Sotschi läuft auf Hochtouren. Drei Firmen bewerben sich für den Bau eines Stadions in Russland.

Deutsche Baufirma: „Wir können dieses Stadion für 20 Millionen Euro bauen. Wir arbeiten schnell und zuverlässig."

Auswahlkommission: „Na ja, das müssen wir uns erst mal überlegen."

Türkische Baufirma: „Wir können dieses Stadion für 10 Millionen Euro bauen."

Auswahlkommission: „Das ist schon besser."

Russische Baufirma: „Wir können dieses Stadion für 30 Millionen Euro bauen."

Auswahlkommission: „Moment mal … Warum denn so teuer?"

Russische Baufirma: „Ganz einfach, 10 Millionen für uns, 10 Millionen für Sie, und 10 Millionen für die Türken, die es bauen."

* * *

Was bedeutet „topologisches Rätsel der russischen Seele"? – Antwort: Man ist im Arsch und schaut dabei trotzdem auf alle anderen von oben herab.

* * *

Treffen sich eine Amerikanerin, eine Französin und eine Russin.

Die Amerikanerin sagt stolz: „Ich habe meinem Mann sofort nach der Hochzeit gesagt, dass ich nicht kochen werde. Dann habe ich ihn zwei Tage nicht gesehen, und am dritten Tag kam er mit einer Mikrowelle und kocht jetzt selbst."

Die Französin sagt: „Und ich habe meinem Mann sofort nach der Hochzeit gesagt, dass ich keine Wäsche wasche. Dann habe ich ihn zwei Tage nicht gesehen, und am dritten Tag kam er mit einer Waschmaschine und wäscht nun selbst."

Die Russin sagt: „Ich habe meinem Mann auch sofort nach der Hochzeit gesagt, dass ich weder kochen noch Wäsche waschen werde. Dann habe ich ihn auch zwei Tage nicht gesehen. Am dritten Tag hat dann endlich die Schwellung nachgelassen, und ich konnte mit dem rechten Auge schon wieder ein bisschen sehen."

* * *

Wenn Sie in Russland leben und hundertprozentig si-cher sind, dass Sie in absehbarer Zeit nicht im Knast landen werden, sind Sie höchstwahrscheinlich schon drin.

* * *

Die Werbung für den russischen Actionfilm mit dem Titel „Das kann jedem passieren" lautet folgendermaßen: „Der ehemalige Fallschirmjäger Pawel steht unter dringendem Verdacht, zwei Polizeibeamte brutal ermordet zu haben. Die ganze Welt ist gegen ihn: ein dummer Chef der Kriminalpolizei, skrupellose Polizeifahnder, ein karrieregeiler Staatsanwalt und ein korrupter Richter. Aber dank der Hilfe seiner treuen Freunde und der bildhübschen Anwältin Maria sorgt Pawel für Gerechtigkeit und erkämpft sich seine Freiheit. Eine große Liebe wartet als Belohnung auf ihn. Und was die zwei Bullen betrifft – die hat Pawel aus Versehen abgemurkst. Er war nun mal besoffen. Das kann jedem passieren."

Edward Snowden erklärte, dass er bereit sei, Russland zu verlassen und sich der amerikanischen Justiz zu stellen. Das U.S. State Department erwiderte, Snowden habe seine Strafe noch nicht verbüßt und müsse deswegen noch eine Weile in Russland bleiben.

* * *

„Vater, wieso gibt es keine guten russischen Horrorfilme?" – „Ach, Junge, geh einfach auf die Straße und schau dich um."

* * *

Ein richtiger russischer Taucher muss unbedingt dick und dumm sein. Wenn er dick ist, wird er im kalten Wasser weniger frieren, und wenn er dumm ist, wird er nicht fragen, was er im kalten Wasser verloren hat.

* * *

„Hör mal, das habe ich in der Zeitung gelesen: Der chinesische Bürger Mao Li lebte in einem zwei Meter langen Betonrohr. Darin hatte er eine Holzpritsche und außen eine Tür angebracht. Alles, was er noch besaß, waren eine Decke und ein Kissen. Als der Bürgermeister davon erfuhr, sagte er: ‚Es darf bei uns nicht sein, dass Menschen in einem Betonrohr hausen müssen.' Daraufhin hat Mao Li eine kleine Wohnung bekommen."
„Und wie hätte ein russischer Bürgermeister reagiert?"

„Das kann ich dir sagen: Ein russischer Bürgermeister hätte auch gesagt: ,Es darf bei uns nicht sein, dass Menschen in einem Betonrohr hausen müssen.' Und dann hätte man dem Mann das Betonrohr weggenommen."

Beamte und Korruption

„Herr Iwanow, nach unseren Informationen lassen Sie sich schmieren!"

„Mein Gott, sie übertreiben ja! Ich kriege nur ab und zu kleine Geschenke, Cognac und Schokolade zum Beispiel, das ist ja eine Lappalie!"

„Vier Eisenbahnwaggons mit Hennessy XO und 24,5 Prozent der Aktien der Schweizer Schokoladen AG ist also eine Lappalie?!"

* * *

Wenn die russischen Beamten über die Käuflichkeit von Journalisten sprechen, ist es für mich etwa das Gleiche, wie wenn Tiger den Katzen zur Last legen, dass diese Raubtiere sind.

* * *

Verehrte Bürger! Wenn Sie einen Termin bei einem Beamten haben, sollten Sie eins beachten: der Metalldetektor kann eine Pistole, ein Beil oder ein Messer entdecken, aber keinen Ziegelstein!

* * *

Ein Richter beschwert sich bei seinem Freund: „Es ist unglaublich, was für eine ausufernde Korruption wir haben! Gestern vor der Gerichtsverhandlung hat mir der

Anwalt des Klägers 1000 Dollar gegeben, und nur 10 Minuten danach bekam ich 1500 Dollar vom Anwalt des Angeklagten! Aber ich bin nicht so einer, der einen Prozess parteiisch führt! Deshalb habe ich 500 Dollar dem Anwalt des Angeklagten zurückgegeben, und basta!"

* * *

Korruption kann nützlich sein! In unserer Stadt hat zum Beispiel ein Verrückter die Banknoten für insgesamt eine Million Rubel mit Kontaktgift präpariert und an ein Waisenhaus gespendet. Der Bürgermeister, fünf Abgeordnete im Stadtparlament, ein Polizeioffizier und ein Finanzinspektor kamen ums Leben, aber niemand im Waisenhaus!

* * *

Eine Befragung in der 11. Klasse einer russischen Schule:
„Die nächste Frage: Einfluss von Verwandtschafts-beziehungen auf die Korruption. Stepan, was sagen Sie dazu?"
„Ich weiß es nicht."
„Setzen Sie sich. Note 'sehr gut'."
„Danke, Vater!"

* * *

Die wohl weltweit kleinsten Kühe mit einem Gewicht von lediglich 1,5 Kilo wurden per Zufall im russischen

Dorf Fuflowka entdeckt. Diese einzigartige Entdeckung machten die Beamten der zuständigen Steuerbehörde, indem sie das Gewicht des von der Kollektivwirtschaft des Dorfes gelieferten Rindfleisches durch die Zahl der geschlachteten Kühe dividierten.

* * *

„Ich werde mich nicht schmieren lassen", wiederholt der Beamte Petrow jeden Tag auf seinem Weg zur Arbeit hoffnungsvoll. Und jeden Tag kommt er völlig enttäuscht und mit zerschlagenen Hoffnungen wieder nach Hause.

* * *

Das Bundesamt für Statistik erfasste am 1. Juli 2010 rund 18 Mio. Beamte in Russland, was etwa ein Drittel aller Nichterwerbstätigen ausmacht.

* * *

Die russischen Machthaber haben die Korruption doch noch besiegt: Sie haben sie gefangen genommen und halten sie hinter der Kremlmauer fest.

* * *

Befriedigt meldet der Staatliche Antikorruptions-Ausschuss die Ergebnisse seiner Inspektionsreise durch ganz Russland: Nirgendwo haben russische Beamte

Schmiergeld genommen! Nur gegeben!

* * *

Um 14:00 Uhr brach im Rathaus der russischen Stadt Lipezk ein Brand aus. Nur der Hausmeister und die Putzfrau konnten sich retten. Alle Beamten sind im Schlaf an Rauchvergiftung erstickt.

* * *

Der Reporter einer Zeitung spricht einen Abgeordneten des russischen Parlaments an:

„Herr Abgeordneter, wie wäre es mit einem Interview für unsere Zeitung?"

Der Abgeordnete: „Ich habe keine Zeit. Und Zeit ist Geld!"

Der Reporter: „Das verstehe ich doch! Ich habe als Spesen für dieses Interview 300 US-Dollar von der Redaktion bekommen. Ich gebe Ihnen 200, wenn Sie mir einen Beleg für 300 Dollar ausstellen."

Der Abgeordnete: „Abgemacht! Wie lautet das Thema des Interviews?"

Der Reporter: „Kickback-Zahlungen und Korruption im Parlament".

* * *

Rund ein Tausend führender Politiker in Russland haben sich freiwillig für einen Antikorruption-Test gemeldet. Der Test wurde mit Hilfe eines Lügendetektors durchgeführt. Der Lügendetektor hat bestätigt, dass alle Testpersonen ehrliche Menschen sind. Gleichzeitig wurde der Polizeibeamte, der den Lügendetektor bediente, um einige Hundert Millionen Dollar reicher.

* * *

Ein Mann kommt ins Büro eines hohen Beamten, der für Immobiliengeschäfte zuständig ist. Auf dem Arbeitstisch des Beamten stehen zwei Schilder mit den Überschriften: „Rauchen verboten!" und „Kein Schmiergeld!"
Der Mann: „Guten Tag! Ich habe da eine etwas heikle Angelegenheit. Ich wünsche mir Eigentumsrechte für eine Immobilie, wobei mir eigentlich keine Rechte zustehen. Hätten Sie da vielleicht einen Tipp für mich?"
Daraufhin schob der Beamte mit den Worten „Lass uns mal zunächst eine rauchen" das Schild mit der Überschrift „Rauchen verboten!" beiseite.

* * *

Am Montag hatte Präsident Putin eine Rede abgehalten, in der er die Korruption in Russland anprangerte und korrupten Beamten mit Konsequenzen drohte. Am nächsten Tag haben sich viele russische Beamte nicht in der Öffentlichkeit gezeigt, sondern eifrig mit Unterlagen gearbeitet. Sie haben diese versteckt, zerrissen oder verbrannt.

Kriminalität

„Einmal sah ich auf der Straße eine hübsche junge Frau. Ich ging auf sie zu und wollte sie näher kennen lernen. „Ich schließe keine Bekanntschaften auf der Straße!", sagt sie zu mir resolut. Und so, Herr Untersuchungsrichter, war ich einfach gezwungen, sie ins Treppenhaus zu schleppen..."

* * *

Zwei Verbrecher werden zum Richtplatz gebracht. Der Scharfrichter fragt den ersten: „Was ist dein letzter Wunsch?" „Ich bin ein Fan vom russischen Pop-Duo „t.A.T.u." und möchte noch einmal ihren Song „Dangerous and Moving" hören". Der Scharfrichter: „Gut, das lässt sich machen". Er wendet sich an den zweiten Verbrecher: „Und dein letzter Wunsch?" Der zweite: „Ich flehe Sie an – richten Sie mich vor ihm hin!"

* * *

Die USA und Russland haben während eines Experimentes zum Vergleich der Vollzugssysteme zwei Gruppen von je 10 Strafgefangene für drei Monate ausgetauscht. Nach etwa einem Monat haben die Gefangenen eine Erklärung abgegeben: Die Russen baten um eine lebenslängliche Haftstrafe, die Amerikaner flehten um eine baldige Hinrichtung.

Ein Mann bestellt in einer Moskauer Bar einen Drink, gibt dem Barkeeper 500 Rubel Trinkgeld und flüstert ihm zutraulich ins Ohr: „Kumpel, ich würde gerne irgendein süßes Mädchen aufgabeln, nur für eine Nacht. Könntest du mir eine empfehlen?" De Barkeeper flüstert zurück: „Die Rothaarige da drüben. Sie hat sich vor kurzem bei ihrer Freundin beschwert, dass sie ihre K.O.-Tropfen zu Hause vergessen hat".

* * *

Gestern kollidierte in Moskau ein „Lada Kalina" mit einem „Porsche Cayenne". Der Lada-Fahrer beging Fahrerflucht im Kofferraum des „Porsche".

* * *

„Sag mal, du musst jetzt für 3 Jahre in den Knast. Hast du denn keine Angst, dass deine Frau dich mit einem anderen Mann betrügt?"
„Überhaupt nicht. Erstens: sie ist eine anständige Frau. Zweitens: sie liebt mich wirklich. Und drittens: sie ist selber schon im Knast."

* * *

Am späten Abend treffen sich auf einer dunklen Straße zwei Männer.
Der erste zieht ein Messer und sagt: „Hast du Kohle?"
Der zweite zeigt ihm ein Beil und fragt: „Ja. Wieso?"

Der erste Mann versteckt das Messer, holt schnell einen Tausender aus seinem Portemonnaie heraus und sagt: „Könntest du bitte wechseln?"

Chat, Internetforum...

Ein Gespräch im Chat:
Andrej: „Komisch... Nach dem Suchwort „businassman"
kommt in Google nur irgendein Quatsch..."
Sergej: „Und was soll denn da kommen?"
Andrej: „Etwas über Geschäftsleute..."
Sergej: „Dann such eben nach den Geschäftsleuten, und
nicht nach einem Mann mit dem Bus im Arsch!"

* * *

In einem Internetforum:
12:05:17: verkaufe ein blaues Chamäleon
12:07:28: sorry – ein rotes Chamäleon
12:14:11: nein, ein grünes
12:15:09: ähh... es ist jetzt gelb...
12:17:18: jetzt ist es wieder rot! Cool! Nö, ich behalte
das Vieh.

* * *

Er und sie im Chat:
Sie: „Übrigens, mein Vater möchte dich persönlich
kennenlernen."
Er: „Was?! Nachdem er mich vorgestern mit einem
Stock in der Hand fast drei Stunden lang durch die
Stadt gejagt hatte und ich nur mit Mühe und Not
entkommen konnte?! Du willst mich wohl verarschen!"
Sie: „Nein, überhaupt nicht! Du hast ihm gefallen. Mein

Vater ist ja ein leidenschaftlicher Marathonläufer."

* * *

In einem Internetforum:
Der Tod: „Ich hole dich morgen um 10:00 ab."
Ljocha_23: „Fuck, Natascha, ändere endlich deinen Nick-Name!"

* * *

Alexander: „Wir möchten uns gerne eine Eule zulegen, damit sie an unserem Getreidelager Spatzen, Tauben und Meisen vernichtet. Mit welchen Schwierigkeiten sollen wir dabei rechnen?"
Oleg: „Die Eule selbst wird sich dagegen sträuben! In der freien Natur fressen die Eulen verschiedene Nager und keine Vögel!"

* * *

In einem Frauen-Forum:
Lena_75: „Mädels, ich brauche dringend Hilfe! Ich habe den Verdacht, dass mein Mann mich betrügt. Wie könnte man das überprüfen?"
Lana_72: „Streu ihm doch etwas Senfpulver in die Unterhose. Wenn er sich beschwert, dass es juckt und brennt, dann ist er dir treu. Wenn er aber schweigt, dann hat er eine Affäre. Es ist eine sichere Sache. Viel Glück!"

Lena_75 an Lana_72: „In der Hölle sollst du schmoren, du Miststück! Zusammen mit deinen sicheren Ratschlägen! Er hat nichts gesagt. Er hat mir mit einem Schlag die Nase gebrochen und mich danach zu einem Facharzt für Geschlechtskrankheiten geschleppt. Als ich ihm dann alles gebeichtet hatte, kriegte ich noch eine schmerzhafte Ohrfeige!"

* * *

User 1: Hallo, wie gehts?
User 2: +
User 1: Gehst du heute zur Uni?
User 2: -
User 1: So wirst du aber rausfliegen!
User 2: =
User 1: Sagt mal, hast du einen PC oder einen Taschenrechner?

* * *

Anton: „Ich habe neulich gelesen, dass der Autohersteller „Hyundai" einen neuen Sicherheitstest eingeführt hat: man lässt in ein neues Auto ein Rudel Babuine rein."
Vitaly: „Und das soll ein Sicherheitstest sein?! Sie hätten lieber ein paar Fünftklässler reingelassen mit der Aufforderung, nichts anzufassen."

* * *

Alex_25: ich habe dich mit irgendwelchen Männern gesehen.

Lana_23: Schatz, die waren von meiner Arbeit.

Alex_25: tut mir leid, ich vergesse ab und zu, dass du eine Nutte bist.

Lana_23: macht nichts, Schatz!

* * *

„Wenn mir meine Katze entlaufen würde, wie viel würde es kosten, sie durch deine Privatdetektei zu finden?"

„Für einen Hamster verlangen wir 250 Rubel, wenn ein Foto vorhanden ist. Die Suche nach entlaufenen Katzen bieten wir aber nicht an."

„Wieso denn das?"

„Weil es einfach nicht möglich ist, eine identisch aussehende Katze in einem Zooladen für 50 Rubel zu kriegen."

* * *

„Heute habe ich versucht meinem Papagei beizubringen, zu Dubstep zu tanzen. Aber es hat nicht funktioniert. Offensichtlich ist er einfach zu dumm."

„Bist du dir ganz sicher, dass *er* es ist?"

* * *

12.01.2017: Studenten-Monatsabo für Januar abhanden

gekommen. Garantiere eine Belohnung für den ehrlichen Finder.

2.02.2017: Danke, du Arschloch.

Meinungsumfragen

Nach der letzten Umfrage sind nur 5% der befragten Russen der Meinung, dass sich die Entwicklung Russlands in die falsche Richtung bewegt. Die übrigen 95% sind hingegen fest davon überzeugt, dass das Land sich überhaupt nicht bewegt.

* * *

Nach jüngsten Meinungsumfragen halten 85 von 100 Befragten die russische Innenpolitik für gut. Die übrigen 142 Millionen Russen hat allerdings bisher noch niemand nach ihrer Meinung gefragt.

* * *

Wie eine Meinungsumfrage zeigt, haben 45% der Abgeordneten der russischen Staatsduma eine kriminelle Vergangenheit. Die übrigen 55% haben hingegen eine kriminelle Gegenwart.

* * *

Die Popularitätswerte des Präsidenten Wladimir Putin haben ihren historischen Höhepunkt erreicht, teilte das soziologische Lewada-Zenrum Moskau mit. Diese liegen aktuell bei 120 %. Die Soziologen erklärten es dadurch, dass einige Russen ihren Präsidenten zweimal lieben.

Auf die Frage der Soziologen „Sind Sie zufrieden mit der Wirtschaftspolitik der russischen Regierung?" äußerten 90 % der Befragten ihr Erstaunen darüber, dass die russische Regierung angeblich überhaupt irgendeine Wirtschaftspolitik durchführe.

* * *

Interessante statistische Informationen: Nach Angaben des Russischen Statistischen Amtes ist in Russland eine merkwürdige Regelmäßigkeit zu beobachten: Die Anzahl der gläubigen Christen geht kurz vor der Großen Fastenzeit steil nach unten und wächst wieder rapide an einen Tag vor Ostern.

* * *

Interessante Statistik: Nach Angaben des Russischen Statistischen Amtes betragen drei Viertel Drittel der Einwohner Russlands genau 75% der Bevölkerung des Landes.

* * *

Die ersten Ergebnisse der russischen Volkszählung von 2008 wurden bereits veröffentlicht: 2 345 Mitarbeiter des Statistischen Amtes wurden verprügelt, 92 wurden ausgeraubt, 3 wurden als vermisst gemeldet, 12 456 hat man zum Teufel geschickt.

Nach Angaben des Statistischen Amtes ist der Benzinpreis im Durchschnitt um 0,7 % gesunken. Das Volumen eines Liters Benzin verringerte sich dabei um 1,2%.

∗ ∗ ∗

Nach Angaben des soziologischen Zentrums Moskau schätzen sich 85 % der Russen glücklich. Die übrigen 15 % leben abstinent.

∗ ∗ ∗

Bei der letzten Umfrage zum Thema „Wie gehts?" haben rund 50 % der befragten Russen mit „Leck mit am Arsch!" geantwortet. Weitere Antworten verteilen sich wie folgt:
14.5 %: „Früher war alles besser!"
11.5 %: „Na ja, wir haben uns gewöhnt."
7.9 %: „Immer schön die Klappe halten – das ist das Wichtigste."
5.1 %: „Es geht noch einigermaßen."
4.7 %: „Wir hätten besser leben können!"
4.0 %: „Eine Revolution wäre nicht schlecht."
3.3 %: „Wie ich die alle hasse!"
Die Umfrage läuft weiter.

∗ ∗ ∗

Die Fragen „Benutzen Sie das Internet?" haben 100 % von 2 500 befragten Russen bejaht. So lauten die Ergebnisse einer soziologischen Umfrage, welche online durchgeführt wurde.

* * *

Wir Russen sind echt ein besonders freiheitsliebendes Volk. Ich haben neulich 200 Menschen befragt – kein einziger will in den Knast!

* * *

In einem entlegenen russischen Dorf hockt ein alter Mann auf einer Bank vor seinem Haus. Ein junger Mann mit einer Mappe unter dem Arm kommt auf ihn zu. Der Alte hebt den Kopf.
„Haben Sie mir etwa meine Rente gebracht?"
„Nein, ich bin ein Volkszähler."
„Wer sind Sie?"
„Ich arbeite beim Statistischen Amt und führe zusammen mit meinen Kollegen eine Volkszählung in Russland durch."
„Wozu?"
„Wir wollen wissen, wie viele Menschen in Russland leben."
„Ach, Sie vergeuden mit mir bloß Ihre Zeit: ich habe ja keine Ahnung."

Sie und er

Eine Frau ruft ihre beste Freundin an:
„Hallo, Lena! Heute ist der 1.April, hat dich schon jemand reingelegt?"
„Nein, Katja, du weißt ja, dass mich niemand reinlegen kann. Können wir aber etwas später plaudern? Ich mach gleich bei einem Wettbewerb mit."
„Was für einem Wettbewerb?"
„Mein Mann hat angerufen und gesagt, dass ich zu einem Wettbewerb „Die beste Ehefrau" eingeladen bin. Und er wartet bereits mit seinen Freunden auf mich beim Zieleinlauf, mit Kamera, Blumenstrauss und Sekt. Er ist ganz sicher, dass ich gewinne. Und für den Wettbewerb muss ich das Bügeleisen heiß machen und damit in der Hand bis zur Kneipe an der Moskowskaja-Straße rennen, da ist der Zieleinlauf. Wessen Bügeleisen am heißesten ist, die hat gesiegt. Also, tschüss, ich muss los."

* * *

„Hallo, junge Frau! Sie sehen so phänomenal aus! Darf ich Ihre Telefonnummer haben? Ach so, Sie zeigen diese mit den Fingern, dann notiere ich: Eins, eins, eins... Moment... Und wieso ist es immer der Mittelfinger?"

* * *

„Katja, stimmt es, dass dein Mann dich verlassen hat?"
„Ja."

„Und was war der Grund?"

„Na kannst du denn neben dir eine Person ertragen, die schimpft, raucht, säuft und dazu auch noch handgreiflich wird?"

„Natürlich nicht!"

„Eben, mein Mann konnte es auch nicht..."

* * *

Der Sohn kommt zu seinem Vater.

„Papa, du hast mir beigebracht, immer die Wahrheit zu sagen, und jetzt habe ich ein Problem mit den Frauen!"

„Was ist denn passiert?"

„Ich habe eine coole junge Frau kennen gelernt. Und Sie hat mich gefragt: „Hast du ein purpurrotes Jackett für 1 000 Dollar?" Nein, habe ich gesagt. „Und hast du einen Mercedes 600?" Nein, habe ich gesagt. „Und hast du ein dreistöckiges Ferienhaus?" Ich habe wieder nein gesagt. Und sie hat mich verlassen mit den Worten: „Erst wenn du das alles hast, kannst du mich haben!" Ich habe doch nur die Wahrheit gesagt! Was soll ich jetzt tun?"

„Hör mal, das purpurrote Jackett für 1 000 Dollar kannst du dir bei unserem Gärtner ausleihen. Verkaufe deinen Chrysler und kaufe dir diesen abgefuckten Mercedes. Aber ich habe nicht vor, wegen jeder dummen Kuh zwei Stockwerke an unserem Ferienhaus abzureißen!"

* * *

Eine Frau spricht ihren Mann an:

„Sag mal, Schatz, habe ich schöne Haare?"

„Ja, die sind schön."

„Und meine Augen?"

„Ja, die sind schön."

„Und meine Lippen?"

„Ja, die sind auch schön..."

Die Stimme des Mannes wird plötzlich misstrauisch:

„Moment mal... Spiegelst du dich im Spiegel etwa nicht wider?!"

* * *

Eine Frau ruft ihren Mann, der angeblich auf der Jagd sein soll, auf dem Handy an:

„Iwan, wo bist du gerade?"

„Na wo schon? Auf der Jagd natürlich!"

„Und wer keucht da so laut?"

„Das ist ein Bär."

„Und wieso höre ich auch ein Stöhnen?"

„Ich habe ihn angeschossen."

„Und wieso hört sich diese Stimme weiblich an?"

„Na jetzt hör mal auf! Ich bin Jäger und kein Tierarzt!"

* * *

Zwei Freundinnen unterhalten sich.

„Ich habe meinen Ehemann betrogen, ich habe mit einem anderen geschlafen. Und am Tag meines Todes werde ich es ihm beichten."

„Weißt du etwa deinen Todestag?"

„Ja. Das wird der Tag sein, an dem ich es ihm beichte."

* * *

„Männer und Frauen sind dermaßen verschieden, dass bei Ihnen die gleichen Handlungen zu unterschiedlichen Ergebnissen führen."

„Tatsächlich? Können Sie auch ein Beispiel anführen?"

„Klar doch. Wenn ein Mann sich das Gesicht wäscht, sieht er danach besser aus."

* * *

Viele liebenswerte und herzige Dinge helfen einem Mann zu verstehen, dass er eine treue Seele ist und außer seiner Ehefrau keine andere Frau braucht: alte Hochzeitfotos, Spielzeug im Kinderzimmer, ein wuchtiges Nudelholz in der Hand seiner Gemahlin ....

* * *

„Mami, können wir uns nicht eine kleine Katze anschaffen? Bitte-bitte!", fleht ein siebenjähriges Mädchen seine Mutter an.

„Nein, Schatz. Du weißt doch, dass ich auf Tierhaare allergisch bin", antwortet die Mutter streng.

„Merkwürdig", denkt der Vater, „sie hat Probleme mit einer Katze, aber keine Probleme mit dem Nerzmantel".

Eine Frau, die vor Weihnachten über 8 Stunden shoppen war, kommt am Abend nach Hause.

Ihr Ehemann: „Wo warst du denn so lange?"

Sie: „Ich habe mich nach Weihnachtsgeschenken umgeschaut."

Er: „Und? Hast du für alle etwas gefunden?"

Sie: „Nein, nur für mich!"

Er: „Du hast acht Stunden gebraucht, nur um ein einziges Geschenk zu kaufen?!"

Sie: „Wieso nur eins? Sieben!"

* * *

Der Chef einer Firma ruft seine Frau an: „Schatz, ich habe Lust auf Sex mit dir auf meinem Schreibtisch, komm doch schnell zu mir ins Büro!"

Die Ehefrau: „Da ist doch deine Sekretärin!"

Der Chef (verblüfft und hoffnungsvoll): „Hast du wirklich nichts dagegen?.."

* * *

Männer sind eigentlich sehr treu: Ein guter Freund von mir ist zum dritten Mal verheiratet, aber seine Geliebte ist immer noch dieselbe!

* * *

Liebe Männer! Es steht geschrieben: „Richtet nicht, auf dass ihr nicht gerichtet werdet. Denn mit welcherlei

Gericht ihr richtet, werdet ihr gerichtet werden; und mit welcherlei Maß ihr messet, wird euch gemessen werden." Also richtet uns nicht nach unseren Kilos, und wir werden euch nicht nach euren Zentimetern messen!

* * *

Eine Frau amüsiert sich mit ihrem Liebhaber im Schlafzimmer. Plötzlich klingelt ihr Handy, das auf dem Nachttisch liegt. Ihr Ehemann ist in der Leitung. „Schatz, ich spiele gerade Billard mit Wassilij, ich komme etwas später nach Hause". „Ist in Ordnung", sagt die Frau und legt ab. Der Liebhaber: „Wer war denn das?" Die Frau: "Mein Mann. Er hat gesagt, er komme später nach Hause, weil er mit dir Billard spielt".

* * *

Eine Frau kommt zur Arbeit mit einem blauen Auge. Da fragt ihre Kollegin: „Nanu, wer hat dir denn das Veilchen verpasst?"
„Mein Mann!"
„Moment mal, ich habe gedacht, der sei in der Ukraine auf Dienstreise?"
„Hast du gedacht! Ich war mir sogar hundert Prozent sicher!"

* * *

„Maria, ich glaube, dass unsere Beziehung inzwischen jene unsichtbare Grenze überschritten hat, nach der ich als ehrenhafter und ehrlicher Mann endlich deine Familie kennen lernen sollte!"

„Glaub mir, Sergej, mein Ehemann will dich bestimmt nicht kennen lernen!"

* * *

„Ich bin meiner Frau sehr dankbar. Sie hat im richtigen Moment drei äußerst wichtige Worte gesagt."

„Ich liebe dich?"

„Nein. 'Aufgepasst, die Bullen!'"

* * *

Ein Ehepaar hat einen Erziehungsroboter mit eingebautem Lügendetektor gekauft.

Bald kommt ihr Sohn aus der Schule. Das Ehepaar will den Roboter testen.

„Wo warst du, Andrej?", fragt der Vater.

„Ich habe meine Hausaufgaben in der Schule gemacht", sagt Andrej.

Der Roboter verpasst ihm eine Kopfnuss.

„Aha", sagt der zufriedene Vater, „und jetzt sag die Wahrheit!"

„Na ja, ich habe mir mit ein paar Freunden einen Film angeguckt".

„Siehst du", sagt der Vater, „den Eltern muss man immer die Wahrheit sagen. Ich zum Beispiel habe meine

Eltern nie angelogen."

Der Roboter geht auf den Vater zu und verpasst ihm eine Ohrfeige.

„Sei doch nett zu Andrej", sagt die lachende Mutter, „das ist doch schließlich dein Sohn!"

Der Roboter verpasst ihr einen rechten Haken.

* * *

Was ist der Unterschied zwischen einem ledigen und einem verheirateten Mann? - Der ledige ist gezwungen, den Haushalt selbst zu schmeißen, den verheirateten zwingt dazu seine Ehefrau.

* * *

Als sie ging, fühlte ich mich traurig und verlassen. Seitdem habe ich mir einen Hund zugelegt, ein neues Auto gekauft, mit zwei anderen Frauen geschlafen und mit dem Saufen angefangen. Sie wird wohl sauer sein, wenn sie von der Arbeit zurück nach Hause kommt.

* * *

Nach einiger Jahren des Zusammenlebens wollte die Ehefrau auf einmal wissen, wie viele Frauen ihr Mann vor der Ehe gehabt hatte.

„Schatz, sag mir doch bitte, mit wie vielen Frauen du früher geschlafen hast."

„Liebste, das würde dir bloß die Stimmung verderben."

„Nein, ich verspreche es dir."

„Na gut", sagte der Mann und fing an zu zählen: „Eins, zwei, drei, vier, fünf, sechs, du bist die siebte, acht, neun, elf, zwölf …"

* * *

Wie sieht eine ideale russische Familie aus?
Die Frau: „Schatz, komm doch Wodka trinken!"
Der Mann: „Augenblick, Schatz, ich nehme noch geschwind den Boden feucht auf!"

* * *

Bei einem Bankett fährt eine Frau ihren Mann an:
„Es ist wie immer: nach dem fünften Glas Cognac verwandest du dich in ein widerliches Tier!"
„Ich habe doch gar nichts getrunken!"
„Aber ich!"

* * *

Meine Frau kam nach Hause nach einer langen Dienstreise. Als ich am nächsten Morgen zur Arbeit ging, sagte ich ihr: „Schalte meinen Computer nicht ein. Das, was du da sehen könntest, wird dir nicht gefallen." Am Abend kam ich nach Hause. Mein Frau sah total sauer aus.
„Was ist denn passiert?"
„Ich habe deinen PC eingeschaltet. Den ganzen Tag

habe ich nach Spuren für eine Geliebte gesucht. Und es war nichts zu finden!"

„Und das hat dir nicht gefallen?"

„Natürlich nicht!"

„Ich habe dich doch gewarnt!"

* * *

Ein Mann merkt nur in zwei Fällen, dass sein Frau beim Friseur war:

1. Sie kam nach Hause kahlgeschoren.
2. Er musste auf sie vor dem Friseursalon warten.

* * *

Na gut, Lena, jetzt werfen wir einfach eine Münze, um zu entscheiden, wer von uns den Abwasch übernimmt. Du sollst dir auch diese einfache Regel merken: Kopf – ich habe gewonnen, Zahl – du hast verloren.

* * *

„Schatz, wo kommen die Kinder her?"

„Ach Andrej, wir sind schon seit fünf Jahren verheiratet, wir haben zwei Kinder, und du weisst es immer noch nicht?"

„Eben! Ich würde gerne wissen, wo unsere Kinder herkommen, weil mein Arzt mir heute gesagt hat, dass ich schon seit Jahren unfruchtbar bin!"

Ein Mann kommt nach Hause und sieht, dass seine Frau weint.

„Was ist denn los?"

„Ach, ich muss dir etwas beichten! Ich kriege ein Kind, aber das Kind ist vom Nachbarn!"

„Das ist doch kein Grund so zu heulen! Wir behalten das Kind und werden es dem Nachbarn nicht sagen!"

* * *

Zwei Freundinnen unterhalten sich.

„Ich muss jetzt dauert aufpassen, um nicht schwanger zu werden."

„Moment man, du hast aber vor vier Wochen gesagt, dass dein Mann sich endlich entschieden hat, eine Vasektomie machen zu lassen."

„Na eben deshalb!"

* * *

Der Mann: „Schatz, wo ist der Zucker?"

Die Frau: „Die findest aber nie was! Der Zucker ist doch in der Kaffeedose mit der Überschrift „Salz" auf dem zweiten Regal von oben rechts im Badezimmer!"

* * *

Es ist Silvesterabend in Russland, die Uhr zeigt 23:30 Uhr. Durch eine spärlich beleuchtete Straße läuft nach Hause ein Pärchen mit vollen Einkaufstaschen. Auf der anderen Straßenseite stützt sich ein besoffener Typ auf eine Strassenlaterne und kotzt wie ein Reiher. Der Mann sagt zu seiner Frau vorwurfsvoll: „Na siehst du! Die anderen feiern schon in vollen Zügen, und wir müssen alles auf den letzten Drücker erledigen!"

* * *

Als meine Freundin schwanger wurde, hat sich in meinem Leben vieles verändert. Mein Nachname, meine Handy-Nummer, mein Wohnort...

* * *

„Mein Mann brüllt beim Sex wie ein Löwe. Ich geniere mich schon vor den Nachbarn."
„Wieso hast du ihn nicht gebeten, sich zu beherrschen?"
„Das habe ich ihm schon tausendmal gesagt. Aber jedes Mal, wenn er mich im Bett mit einem fremden Mann beim Sex erwischt, brüllt er wie ein Löwe!"

* * *

Er hat mir gesagt, dass er keine Karotten isst. Ich, als wahre Gastronomin, wollte ihm etwas mit Karotten zubereiten. Und zwar so, dass er nicht merkt, was es alles drin hat, und „wie lecker!" sagt. Dann hätte ich ihm alles gebeichtet. Es stellte sich aber heraus, dass es äußerst schwierig ist, so etwas vor einem Menschen zu verbergen. Besonders wenn er eine akute allergische Reaktion auf Karotten hat.

„Gestern kam ich von der Dienstreise nach Hause früher als geplant. Dann habe ich den Kleiderschrank aufgemacht. Und dort war der Liebhaber meiner Ehefrau!"

„Und was hast du dann gemacht?"

„Ich habe zu ihm gesagt: 'Du Depp! Wie oft soll ich dir das noch sagen? Wir haben uns getrennt, sie ist schon längst ausgezogen!'"

* * *

Die Frau: „Wo warst du so lange?"

Der Mann: „Ich bin mit dem Hund Gassi gegangen."

Die Frau: „Wie haben doch gar keinen Hund!"

Der Mann: „Das macht nichts. Ich habe ihn auf der Straße kennengelernt."

* * *

Der Mann: „Ich hätte so gern einen Doppelgänger."

Die Frau: „Für was brauchst du einen?"

Der Mann: „Dann hätte ich ruhig mit meinen Freunden Wodka trinken können, und er hätte mich zu Hause ersetzt."

Die Frau: „Dann geh doch zu deinen Freunden, ich habe nichts dagegen."

Der Mann verschwinden für drei Tage. Danach kommt er nach Hause und sieht seine Frau im Bett mit einem fremden Mann.

Der Mann: „Wer ist denn das?!"

Die Frau: „Na was glotzt du so? Das ist doch dein Doppelgänger!"

Der Mann: „Der hat doch gar keine Ähnlichkeit mit mir!"
Die Frau: „Nu und! Dafür aber kann er dich bestens ersetzen!"

* * *

„Ich habe gehört, du hast geheiratet."
„Ich wollte einfach die Puffs in unserer Stadt nicht mehr abklappern."
„Und jetzt?"
„Und jetzt will ich es schon!"

* * *

Wäre der liebe Gott eine Frau, hätten wir bestimmt mehr als 10 Gebote gehabt. Es kämen noch dazu: Du sollst nicht schnarchen, du sollst nicht paffen, du sollst nicht saufen, du sollst mich nicht anschreien ...

* * *

„Hallo, Alexej! Ich habe gehört, dass deine Frau deinen neuen Porsche kaputt gefahren hat."
„Ja, das stimmt."
„Ist ihr selbst etwas passiert?"
„Noch nicht. Sie hat es geschafft, sich ins Badezimmer zu verkriechen."

* * *

Der eifersüchtige Mann: „Würdest du mit Bruce Willis

für eine Million US-Dollar schlafen?"
Die Frau: „Na klar doch. Wenn ich so viel Geld hätte."

* * *

Es ist nicht schwierig, seinen ganzen Lohn an seine Ehefrau abzugeben. Viel schwieriger ist es, sie davon zu überzeugen, dass es tatsächlich der ganze Lohn ist.

* * *

„Stellen Sie sich folgende Situation vor: Ihr Ehemann/ Freund/Liebhaber hat einen Seitensprung gemacht. Wie würden Sie darauf reagieren?"
„Was?! Alle drei zugleich?! Arschlöcher!"

* * *

Sie: „Schatz, ich gehe mit meinen Freundinnen heute aus."
Er: „Schön, aber komm bitte nüchtern nach Hause."
Sie: „Oops ... Na dann bis übermorgen."

* * *

Hallo, Leute! Eine Freundin von mir hat einen schönen jungen Kater geschenkt gekriegt. Ihr Mann ist aber auf Katzenhaare allergisch. Jetzt sucht sich für ihn ein neues Zuhause. Er heißt Andrej, 35 Jahre 180 cm, 85 kg, braunes Haar, braune Augen, hat einen gutbezahlten Job.

Ein Mann kommt nach Hause und sieht, wie seine Frau nackt durch die Wohnung läuft.

„Was läufst du nackt herum? Zieh dir doch etwas an".

Der Mann öffnet den Kleiderschrank: „Schau mal, wie viele Klamotten du hast. Hier sind Kleider, Blusen, T-Shorts, grüss dich, Nachbar, Röcke, Jacketts ..."

* * *

„Papi, welche Form hat die Erde?"

„Die Erde ist kugelförmig."

Die beleidigte Kindesmutter: „Du hättest dabei als Beispiel auf einen Ball zeigen können und nicht auf mich!"

* * *

Die Frau: „Du hast mich eine dumme Kuh geschimpft! Jetzt wirst du aber sofort sagen, dass es dir leid tut!"

Der Mann: „Schatz, es tut mir leid, dass du eine blöde Kuh bist."

* * *

Die Frau sagt empört zu ihrem Mann: „Ach, du bist so ein Sensibelchen! Das erste Mal hast du mich ohne Make-up gesehen, und nun muss ich mich mein ganzes Leben lang mit einem Stotterer herumschlagen!"

* * *

Ein Mann kommt nach Hause früher als erwartet und entdeckt im Kleiderschrank einen schmächtigen Mann. „Maria," brüllt er, „was ist das für ein Typ?" Mit zittriger Stimme meldet sich seine Frau zu Wort: „Das ist Oleg." Der Mann vermöbelt Oleg ordentlich und wirft ihn aus der Wohnung. Am nächsten Tag passiert genau das Gleiche. Am dritten Tag entdeckt aber der Mann zu seiner Überraschung einen riesigen Muskelprotzen im Kleiderschrank. Der Mann knallt die Schranktür zu, lehnt sich an diese mit ganzer Kraft und brüllt in Richtung Küche: „Maria! Und wo ist Oleg?!"

* * *

„Wieso bist du immer noch nicht verheiratet?"
„Ehrlich gesagt, denke ich dauernd an deine Frau."
„Was?! Du Arschloch!"
„Nein, mach dir keine Gedanken deswegen. Ich habe nur Angst, dass ich auch so eine Frau erwische."

* * *

Die Frau: „Schatz, sag mir bitte noch einmal meine drei Lieblingswörter!"
Der Mann: „Ich kaufe dir ..."

* * *

Der Mann: „Liebste, ich wünsche mir so sehr, dass du endlich zurückkommst. Es geht mir so schlecht, weil du mich verlassen hast. Ich habe schon zwei Wochen lang kein Liebesleben gehabt."

Die Frau: „Verdammt noch mal, ich habe dich vor drei Monaten verlassen!"

* * *

„Du bist alt!"

„Na und!"

„Ich liebe dich nicht!"

„Vielleicht ist es nur eine Frage der Zeit."

„Du bist wirklich ein Psycho!"

„Jeder hat seine Marotten."

„Aber du hast mich mit Handschellen an einen Heizkörper angeschnallt!"

„Hier stimme ich dir zu: das macht die Sache etwas schwieriger ..."

* * *

Es gilt als schlechtes Omen, wenn man früher als erwartet nach Hause kommt, die Rufnummer seines besten Freundes wählt und die entsprechende Melodie unter seinem eigenen Bett hört.

* * *

„Wow, du hast jetzt neue Socken an. Du hast die alten aber nur zwei Monate lang getragen!"

„Aber, Schatz ..."

„Schau mir gefälligst in die Augen! Wer ist sie?!"

* * *

Im Laufe einer Gerichtssitzung soll die Vaterschaft bestimmt werden. Der Gerichtsvollzieher liest laut vor: „Da der mutmassliche Kindesvater sich geweigert hat, an der Expertise teilzunehmen, sind die Proben des Erbguts der Grossmutter und dem Grossvater des Kindes entnommen worden. Die durchgeführte Expertise hat gezeigt, dass die vermeintliche Großmutter (Probe J3MS517) tatsächlich die Großmutter des Kindes ist. Jedoch ist der vermeintliche Großvater (Probe J4MS518) kein Großvater des Kindes."
Im Gerichtssaal herrscht eine totale Stille. In wenigen Sekunden erklingt eine weibliche Stimme: „Mist! Das war je eine bescheuerte Idee! Vladimir, nimmt gefälligst deine Hände von meine Hals weg, ich werde dir alles erklären!"

* * *

Die Frau: „Wir leben schon jahrelang in Eintracht. Wir haben nie Krach miteinander, unsere Beziehung ist sehr harmonisch. Wieso? Das ist doch kein Geheimnis. Ich mach nur das, was in meinem Tageshoroskop steht."
Der Mann: „Zwischen meiner Frau und mir läuft alles bestens. Wieso? Bereits vor Jahren habe ich erfahren, dass sie beschlossen hat, nur das zu machen, was in ihrem Tageshoroskop steht. Dann habe ich diese Horoskop-Webseite geknackt und schreibe ihre Horos-kope nun selbst."

„Schatz, was wünscht du dir zum Geburtstag?"
„Ach, das ist mir doch völlig gleich!"
Gesendet von meinem sehr alten iPhone, über das alle schon lachen.

* * *

10 Merkmale dafür, dass es bei Ihrem Date etwas schiefläuft.

1. Sie hat noch einen Kerl mitgebracht.

2. Sie hat erfahren, dass dein Sternzeichen Zwillinge ist, und hat angefangen zu heulen.

3. Sie spielt mit ihrem Haar nachdem sie die Perücke von ihrem kahlen Kopf abgesetzt hat.

4. Sie sagt dir ab und zu, du sollst dich beeilen, sie wird ja schließlich pro Stunde bezahlt.

5. Sie ist aufs WC gegangen und kommt seit 3 Stunden nicht mehr zurück.

6. Dein Blick bleibt unverwandt an ihrem Adamsapfel kleben.

7. Das Panzerglas im Besuchszimmer ist sehr dick und man hört kaum was. Die Aufseher haben die mitgebrachten Lebensmittel und Zigaretten total durchwühlt.

8. Sie hat wohl extra den teuersten Cheeseburger in McDonald's bestellt!

9. Um 5 Uhr morgens stellt sich im Bett heraus, sie sei „nicht von der leichtsinnigen Sorte".

10. Du hast den Keller nur für fünf Minuten verlassen. In dieser kurzen Zeit hat sie es irgendwie geschafft, sich vom Stuhl loszubinden und versteckt sich jetzt in einer dunklen Ecke mit einem großen Messer in der Hand.

Was ist ein klares Zeichen dafür, dass dein Date schiefläuft? Wenn die Frau dauernd auf die Uhr schaut, die sie selbst auf ihrem Handgelenk mit einem Kugelschreiber gezeichnet hat.

* * *

Beim ersten Date sollten Sie nicht versuchen, sie zum Oralsex zu bewegen, indem Sie Ihren Kopf diskret, aber kräftig mit Ihren Händen in Richtung Hosenbund drücken.